KB082995

소중한 마음을 가득 담아서

_____ 님께 드립니다.

포기하지 않는 자들의 자문법

어떻게 할 것인가

김무식 지음

STiCK

포기하지 않는 자들의 자문법

어떻게 할 것인가

초판 1쇄 인쇄 2017년 7월 17일
초판 1쇄 발행 2017년 7월 24일
지은이 김무식

발행인 임영묵 | **발행처** 스틱(STICKPUB) | **출판등록** 2014년 2월 17일 제2014-000196호
주소 (10353) 경기도 고양시 일산서구 일중로 17, 201-3호 (일산동, 포오스프라자)
전화 070-4200-5668 | **팩스** (031) 8038-4587 | **이메일** stickbond@naver.com
ISBN 979-11-87197-18-8 (03320)

[원고투고] stickbond@naver.com
출간 아이디어 및 집필원고를 보내주시면 정성스럽게 검토 후 연락드립니다. 저자소개, 제목, 출간의도, 핵심내용 및 특
징, 목차, 원고샘플(또는 전체원고), 연락처 등을 이메일로 보내주세요. 문은 언제나 열려 있습니다. 주저하지 말고 힘차
게 들어오세요. 출간의 길도 활짝 열립니다.

스틱도서번호 S029 | 표지 (한국제지) 이코페 백색 210g/㎡ | 면지 (홍원제지) 미색 백상지 100g/㎡

추천사

● 이재오 (늘푸른한국당 공동대표. 15, 16, 17, 18, 19대 국회의원)

목표를 이루기 위한 끊없는 도전이 성공하기 위해서는 고난을 이겨낼 만한 인내심과 끈기가 필요합니다. 또한, 긍정적인 생각과 할 수 있다는 굳은 믿음이 있어야 합니다. 이 책을 통하여 성공할 수 있다는 확신과 희망을 간직하시기 바랍니다.

● 김호일 (14, 15, 16대 국회의원)

최근 긍정 마인드에 대한 중요성이 그 어느 때보다 필요한 시기입니다. 『어떻게 할 것인가』라는 제목의 이 책을 읽고 성공할 수 있다는 꿈과 비전을 가지고 열심히 최선을 다하는 우리 모두가 되었으면 하는 바람입니다.

● 한상대 (대한민국 국새장)

이 책은 우리가 늘 곁에 두어야 할 인생의 지침서입니다. 인간은 행복과 더불어 성공을 추구하기 위해 모두들 열심히 정진하고 있습니다. 열정이 넘치는 저자의 이야기들이 수많은 독자의 삶에 활력과 동기를 유발해 줄 것입니다.

● 이동수 (국민대통합 동서지도자 협의회 공동대표)

성공하기 위해서는 목표와 계획 그리고 이를 실행할 만한 추진력이 있어야 합니다. 이 책을 읽고 절대긍정, 절대감사 하는 마음으로 세상을 살아간다면 우리 모두 성공한 인생을 살아갈 것입니다.

● **정기보** (한민족 문화유산보존회 회장)

평소 책을 열심히 보는 사람과 그렇지 않은 사람은 성공의 크기가 매우 다릅니다. 한 권의 책에서 얼마나 큰 성공을 거둘 수 있는가는 우리의 상상을 초월합니다. 아무쪼록 이 책을 읽고 독자들이 성공하기를 기원합니다.

● **노종일** (대한민국을 사랑하는 사람들의 모임(대사모) 공동대표)

인간은 희망과 함께 긍정의 마인드를 갖추게 되면 상상력과 도전정신이 더욱 왕성해집니다. 할 수 있다는 자신감과 열정으로 더욱 나은 내일을 위한 계획과 목표설정이 무엇보다도 중요합니다. 이 책을 통하여 독자 여러분께서는 성공의 기회가 닿을 수 있다고 확신합니다.

● **문병원** (울산시의회 예산결산특별위원장)

국민 한 사람, 한 사람이 모여 위대한 꿈을 이루고 그 뜻에 걸맞은 대한민국이 될 수 있기를 희망합니다. 이 책의 출간이 더욱 많은 국민들에게 앞날의 길잡이가 될 수 있기를 기원합니다.

프롤로그

지금이 당신이 원하는 것을 이룰 최고의 시간이다

얼마나 강렬하게 당신의 성장을 원하는가? 얼마나 강렬하게 당신의 행복을 원하는가? 얼마나 강렬하게 당신의 건강을 원하는가?

인간은 누구나 살아가면서 성공과 행복, 건강을 소망한다. 모두 세 가지 소망을 강렬하게 원하지만, 많은 사람이 그것을 쉽게 얻지 못한다. 과연 어떻게 하면 그것을 얻을 수 있을까?

괴테는 "노력은 적게 하고, 많은 것을 얻으려는 곳에 한숨이 숨어있다."라고 했다. 우리는 성공과 행복 그리고 건강을 얻기 위해서 최대의 노력을 기울이지 못하는 것이 사실이다. 괴테의 말처럼 노력하지 않고 세 마리 토끼를 잡으려고 우리는 서성거린다. 무엇이든 의무감으로 하게 되면 하루하루가 바늘방석이다. 즐기면서 재미있게 할 수 있는 사람이 되어야 한다.

행복은 항상 가까이에 있다! 당신이 지금 당장 세상에서 가장 행복한 사람이 되는 데 걸리는 시간은 단 1초다. 자신이 세상에서 가장 행복한 사람이라고 생각을 바꾸기만 하면 된다.

행복한 인생은 자신이 가진 것에 스스로 만족할 줄 알아야 한다. 인생의 크고 작은 목표들을 이루기 위해서는 뚜렷한 목적이 있어야 한다. 돈을 벌기 위해서는 더 많이 저축하고 더 적게 지출해야 한다. 어리석은 짓은 하지 말아야 한다.

큰 그림을 그리고 큰 꿈을 꾸고 큰 비전을 가져라! 꿈꾸는 것을 즐기는 사람이 되어야 한다. 꿈은 어느 사람도 간섭하거나 방해하지 않는다. 성공한 사람은 꿈을 품는 것에서 출발했다. 그들은 꿈을 품고 그 꿈을 현실로 만들었다.

계획을 세워라! 계획 없이는 성공할 수 없다. '나는 무엇을 잘할 수 있지? 나는 어떤 길을 선택해야 할까? 나는 다른 사람과 무엇이 다른가? 내 장점은 무엇인가? 내 존재목적은 무엇인가? 내 사명은 무엇인가?'를 자신에게 묻고 또 물어야 한다. 그리고 실행에 옮겨야 한다. 빌 게이츠는 자신의 성공비결은 열정을 갖고 남보다 한발 빨리 움직인 실행력에 있었다고 말한다.

포기해서는 안 된다! 그 어떤 고난이나 장애물도 지나고 나면 모두 성공으로 가는 디딤돌이다. 무슨 일이든 포기만 하지 않는다면 하나의 과정이고 교훈이 되고 성장의 밑거름이 된다.

무엇이 내 인생을 만드는가? 올바른 생각을 해야 한다! 생각하라, 그러면 부자가 되리라. 생각하라, 그러면 성공하리라. 생각하라, 그러면 행복하리라. 크게 생각할수록 크게 이룬다.

성공을 원한다면 남을 돕는 일을 인생의 중심목적으로 삼아야 한다! 그리고 그 목적의 힘을 믿어라. 그러면 더 큰 성공을 거두며 더 깊은 행복을 누릴 것이다. 삶에서 가장 중요한 것은 인간관계이며, 행복은 결국 사랑이다.

가장 행복하고 성공한 사람은 자신이 좋아하는 일을 하면서 돈을 버는 사람이다! 무언가를 얻고 성취하고 잘 해내기 위해서는 그만큼의 노력과 고통이 반드시 필요하다. 정말로 원한다면 절실한 만큼 행동하고 노력하라. 노력이 없는 절실함은 원하지 않는 것이다. 지금이 당신이 원하는 것을 이룰 최고의 시간이다.

현재의 내 모습은 과거에 내가 쌓아온 것이며, 미래의 내 모습은 현재의 내가 쌓아가는 것들로 만들어진다! 이 세상에 중요하지 않은 순간이 없으며 소중하지 않은 순간이 없다. 매 순간을 소중히 생각하고 집중해야 한다. 모든 순간은 당신의 인생을 만들어가는 아름다운 과정들이다.

우리는 모두 앞을 향해 달려나가야 한다! 인생의 길에서 한곳에 머무를 수 있는 사람은 아무도 없다. 변화가 없으면 세상을 살아가지 못하는 법이다. 계속해서 새로운 문제를 해결하고 과감하게 도전하는 사람이 세상을 변화시킬 수 있다. 현실에 안주하는 사람은 사회를 진보시킬 수 없다. 있는 그대로의 모습으로 유지해 나갈 뿐이다.

우리는 어떠한 일이 있어도 계속해서 앞으로 나아가야 한다! 인생은 수많은 고통과 맞서 싸워나가는 끊임없는 도전의 역사다. 한 권의 책이 한 사람의 일생에서 얼마나 큰 영향을 미치는가는 동서고금의 역사를 통하여 익히 전해져 내려온다.

어느 날, 문득 40대 직장인들에게 꿈을 줄 수 있는 비전을 제시할 수 있을까? 고민하던 중, 책을 내기로 결심하였다. 독자들에게 용기와 희망을 주는 말과 자기 사업이나 전직을 희망하는 사람에게 새로운 아이디어와 메시지가 담긴 말을 주고 싶었다. 성공한 사람들의 일화나 실례 등을 기록함으로써 많은 도움이 될 것으로 믿어 의심치 않는다.

우리는 언제나 새로운 사람으로 탈바꿈하고자 노력해야 한다. 스스로 꿈꿔왔던 것이나, 훨씬 더 행복하고 뜻있게, 생명 넘치는 사람으로 바뀌었으면 하는 바람이다. 당신의 삶 또한 긍정적이고 사랑스럽게 변화하는데 밑거름이 되기를 희망한다.

우리 삶의 단위는 바로 오늘이다. 살아 있다는 것은 축복이자 기회이다. 『어떻게 할 것인가』를 쓰는 동안, 한 가지 바람이 있다면 이 책을 읽는 분들의 가치관이 조금이라도 달라졌으면 하는, 그래서 스쳐 지나가는 소중한 기회를 제대로 볼 수 있기를 바란다. 어떻게 하면 세상을 살아가는 데 많은 도움이 될 것인가를 우리 함께 고민해보자.

차례

제3장 지금 이 순간이 바로 기적인가

제4장 지금 이 순간이 바로 현실이다

제1장

지금 이 순간이
바로 행복인가

chapter01

01
당신의 행복은
무엇인가

인간의 삶에서 무엇이 가장 중요한가?

당신은 무엇이라 생각하는가? 정답은 행복이다. 과연 어떻게 하면 행복을 얻을 수 있는가? 당신의 행복은 무엇인가? 행복은 오직 자신만이 손을 내밀어서 잡을 수 있다. 공부든, 일이든, 놀이든 무언가에 미치도록 빠진다는 것은 멋지고 행복한 일이다.

행복한 일은 미련을 남기지 않고 열심히 하는 것이다.

게리 켈러는 말한다. "당신의 '단 하나'는 무엇인가? 누구에게나 자신의 삶을 의미 있게 만드는 단 하나가 있다. 인생 전체를 감싸는 혹은 개인적인 삶, 인간관계, 커리어, 사업, 재정문제 등 삶의 여러 부분에서 가장 본질에서 생각하는 단 하나가 있을 것이다. 직업적인 맥락에서 나의 단 하나는 내가 가진 지식과 경험을 전달하고 사람들과 공유하는 일이다." 무엇이든 이것저것 하지 말고 오직 단 하나에 매달려야 한다.

스스로 한 약속과 다짐은 자신감을 불러오고 무엇이든 할 수 있게 한다. '나는 할 수 있다. 나는 반드시 해내고 만다. 나는 행복하다. 나는 성공한다.'라는 말을 하루 수십 차례 외쳐보라. 그러면 하루하루 달라지는 모습을 피부로 느낄 수 있을 것이다. 당신이 행복을 원한다면? 당신은 행복을 잡을 수 있을 것이다. 아니 반드시 잡게 된다.

고대 그리스에 피그말리온이라는 조각가가 있었다. 그는 아름다운 여인의 모습을 조각했다. 작품을 만들다가 조각상과 사랑에 빠져버렸다. 피그말리온은 차가운 돌덩어리에 열정적인 사랑을 고백하였다. 어느 날, 기적이 일어났다. 그의 모습에 신이 감동하여 조각상의 여인에게 생명을 주게 된 것이다. 신이 피그말리온의 열정에 두 손을 들고 소원을 이루어주었던 것이다.

항상 열정적으로 생각하고 행동하라. 일의 가치를 제대로 알려면 언제나 열정적으로 사고하고 유쾌하게 실행해야 한다. 일은 즐거운 것이다. 일해서 얻은 것은 무엇이든 기분 좋다. 고생이 크면 클수록 쾌감은 한결 더한다는 말이 있다. 자신이 하는 일에 긍지를 가져야 한다.

유명한 세일즈맨이 있었다. 그는 강화유리를 판매하는 회사에 근무하였다. 회사에서는 영업사원들에게 강화유리의 장점을 고객에게 설명하고, 고객이 그것을 이해할 수 있도록 화법이나 판매방법, 가격대비 가치에 대해 교육했다. 그러나 그는 회사에서 표본으로 제공하는 강화유리와 망치를 들고 고객을 방문했다.

고객에게 강화유리에 대해 간단한 설명을 한 후에 망치로 유리를 강하게 내리쳤다. 고객들은 모두 만족을 하고 그와 계약을 했던 것이다. 회사는 그에게 특별승진과 고액의 보너스를 제공하고 그의 비법을 공개해달라고 부탁했다. 그는 자신의 영업비법을 공개했다. 회사는 모든 영업사원에게 이 방법을 사용하라고 지시했다.

그러나 그는 여전히 다른 사람들보다 높은 실적을 올렸다. 그 이유는 자신이 내리치는 것이 아니라 고객에게 망치를 쥐여주고 유리를 내리쳐보도록 하였다. 그는 다른 사람과 '차별화'라는 영업전략을 고수하였기 때문에 항상 높은 실적을 올리는 것이었다.

일을 소중히 생각하는 사람은 성취감과 행복을 느낄 수 있다. 좋아하는 일을 즐겁게 하다 보면 언젠가는 성공하게 된다.

"신문에 광고를 내죠. 그 내용은 56달러로 56년형 포드를 살 수 있다고 하는 겁니다." 자동차 업계의 전설적인 인물 아이아코카는 사장에게 자신의 아이디어를 이야기했다. 그의 아이디어의 구체적인 내용은 1956년에 생산된 포드를 사고자 하는 사람은 자동차 가격의 20%만 먼저 지급하고 나머지는 매달 56달러씩 지급한다는 내용이었다.

사장은 그의 말을 듣고 동의했다. 그리고 기적이 일어났다. 3개월 만에 필라델피아에서의 판매량이 꼴찌에서 단숨에 1위로 올라섰던 것이다. 아이아코카는 이 공로로 워싱턴 지역 판매책임자가 되었다. 그는 계속해서 창의적인 방법을 제안했고, 꿈에 그리던 포드자동차 사장의 자리에 성큼 올라서게 되었다.

세상에는 크고 작은 모든 일이 도전이고, 모든 결과물은 도전을 통해서 얻어진다. 도전하지 않으면 어떤 것도 성취할 수 없다. 도전을 즐기기 위해서는 두려움을 없애야 한다. 마음속의 두려움을 없애고 성취감의 기쁨을 꿈꿔라.

자신을 스스로 사랑하고 자신이 하는 일을 사랑해야 한다. 삶을 사랑하라. 당신은 어떻게 생각하는가? 자신의 삶을 사랑하고 있는가? 행복하다고 생각하는가? 성공했다고 생각하는가?

<u>성공했다고, 사랑한다고, 행복하다고 생각하며 말하고 행동하라!</u>

제시 리텐하우스는 이렇게 말했다. "1페니를 두고 삶과 흥정을 벌였다. 삶은 내게 더는 아무것도 주려 하지 않았다. 얼마 없는 돈을 세어 보며 매일 저녁, 아무리 빌어도 소용없었다. 삶은 그저 고용주일 뿐이라 우리가 요청한 것만 줄 뿐이다. 하지만 일단 받을 돈을 정해 놓고 나면 힘들어도 할 일은 해내야 한다. 나는 보잘것없는 임시직일 뿐이다. 그것을 알게 되자 절망할 수밖에 없었다. 삶에 얼마나 많은 돈을 요구하든 삶은 기꺼이 내주게 되어 있거늘."

<u>자신에게 던지는 질문이 가장 중요하다.</u> 자신의 삶은 거기에서 결정된다. 성공은 남이 하지 않는 일과 방식을 찾는 것이 비결이다. 성공적인 삶을 살아가는 사람은 자기 확신이 강하다. 자신감과 열정은 어떤 일도 능히 할 힘과 에너지

를 우리에게 준다. 불가능해 보이는 일도 능히 해결할 수 있다.

무엇을 보더라도 자세히 보라. 사물을 대할 때는 관찰하듯 유심히 바라보는 습관을 들여야 한다. 좋은 습관은 성공의 지름길이다. 성공은 주위 환경에 많이 좌우된다.

맹자는 아버지를 잃고 어머니와 단둘이 살았다. 맹자의 어머니는 베를 짜거나 남의 집 일을 거들어 주며 가난하게 살았다. 집이 공동묘지 근처라서 맹자는 매일 같이 죽은 사람을 애도하는 노래를 듣고 자랐다. 하루는 맹자가 땅을 파면서 노래하는 것을 보고, 여기서 계속 살다가는 맹자가 묘지기밖에 될 것이 없다고 맹자의 어머니는 생각이 들었다.

그래서 시장 근처로 이사했다. 거기서는 맹자가 장사꾼 흉내를 내며 노는 것을 보았다. 맹자의 어머니는 다시 서당 근처로 이사했다. 매일 서당에서 글 읽는 소리를 듣게 된 맹자는 책을 읽으며 놀고 있었다. 그때부터 맹자는 학문에 몰두하여 위대한 사상가로 거듭 태어났다. 인간은 살아가는 환경이 무엇보다 중요하다. 좋은 환경과 주위 여건에 따라서 사람은 엄청나게 달라진다.

중국속담에 이런 말이 있다. "가장 힘든 길을 가려면 한 번에 한 발씩만 내딛으면 된다. 단, 계속해서 발을 움직여야 한다."

무슨 일이든지 열심히 해야 한다. 일의 소중한 가치를 잘 알아야 한다. 당신의 행복을 위해 지금 하는 일을 사랑하고 즐겨라. 즐겁게 하는 일은 성공과 행복을 가져온다. 성공하는 사람은 무슨 일이든 굳게 믿는다.

미국 남북전쟁 때의 일이다. 어느 날, 링컨은 그랜트 장군을 북군의 총사령관으로 임명했다. 그리고 참모들에게 우리가 승리할 거라며 이야기를 하였다. 참모들이 링컨에게 물었다. "병력이나 상황이 바뀌지 않는데, 어떻게 북군의 승리를 확신하십니까?" 그러자 링컨은 웃으면서 이렇게 말했다. "그랜트 장군이나 못지않게 이기고 싶어 하기 때문이요." 그랜트 장군이 승리를 확신하고 집중하는 것을 보았기 때문에 링컨은 전쟁에서 이길 것이라고 굳게 믿었던 것이다. 자신에 대한 믿음으로 가득 차 있으면 무슨 일이든 잘해낼 수 있다. 그러나 부정적으로 생각하는 사람은 자신을 믿지 못한다. 잘해낼 수 있다는 믿음이 없으면 어떠한 재능이나 소질도 힘을 발휘하지 못한다.

어떤 남자가 강에서 고기를 잡고 있었다. 그런데 그는 고기가 크면 놓아주고 작으면 그물에 집어넣었다. 이를 지켜보던 사람이 물었다. "왜 큰 고기는 놓아주고 작은 고기만 잡고 있나요?" 그러자 그는 이렇게 대답했다. "우리 집에는 프라이팬이 작아서 큰 물고기를 요리할 수 없거든요."

어리석은 사람은 우물 안의 개구리다. 자기 눈앞에 보이는 것만 바라본다. 무엇이든지 크게 생각하고 다른 시각으로 바라보아야 성공할 수 있다. 새로운 방향으로 새롭게 생각하리. 같은 문제를 두고 어떤 사람은 새롭게 생각하고, 어떤 사람은 늘 해오던 방식으로 행동한다. 고정관념을 가지고는 성장하거나 발전할 수 없다.

스티브 잡스는 말했다. "우리는 우리가 그린 비전에 모든 것을 걸고 있다. 다른 기업과 똑같은 물건을 만들 바에는 우리들의 비전에 계속 모든 것을 걸고 싶다. 누구나 만들고 있는 제품은 다른 곳에서 만들게 하면 된다. 우리에게는 다음에 어떤 꿈을 그리느냐가 중요하다."

고정된 틀에 갇히지 말고 창조적으로 자신을 이끌어야 한다. 자기 생각으로 세상을 변화시키겠다는 사고를 할 수 있어야 성공하게 된다. 망설이지 말고 앞으로 힘차게 걸어가라.

성공하는 사람은 세상을 변화시키고 자신의 재능을 굳게 믿고 온 힘을 다한다. '나는 무엇이든 할 수 있다.'라는 생각을 가지고 날마다 새롭게 도전하라. 성공과 행복은 오직 자신만이 손을 내밀어서 잡을 수 있다. 자, 그러면 지금부터 당신의 행복을 찾아 나서라!

02
경청하는 사람이
성공한다

어떻게 하면 대화를 잘할 수 있을까?

제일 먼저 상대방의 말을 경청해야 한다. 대화하는 도중에 자신의 인격이 드러난다. 인격이 부족한 사람은 상대방을 존중할 수 없다. 상대를 존중하고 배려하는 가운데서 서로의 인간관계가 좋은 방향으로 발전한다.

눈앞에 있는 사람이 배려와 양보에 감사할 줄 몰라도 끊임없이 베풀어야한다. 비록 그는 감사하지 않겠지만, 그 순간 자신은 가치 있는 인간이 되고 세상을 아름답게 만드는 것이다.

"당신의 한계는 당신이 만든 것이다." 나폴레온 힐의 말이다.

인간은 무한한 능력을 갖추고 있는 존재다. 자신이 만든 마음의 감옥에 갇혀 한계를 느끼고 두려워하는 것이 우리 인생의 현주소다. 자기 자신을 극복할 수 있다면 누구나 다 위대한 삶을 살아갈 수 있다.

"우리가 도달해야 할 경지에 비추어보면 지금 우리는 잠이 반쯤 덜 깬 상태다. 불길은 눅눅히 젖었고 계획은 위축되었다. 우리는 정신적, 육체적 재원의 극히 일부만을 사용할 뿐이다. 크게 보면 인간 개개인은 자신의 한계에 크게 못미치는 삶을 살고 있다."

인간은 무한한 잠재능력을 갖추고 있는 존재다. 스스로 생각한 한계를 넘어서면 새로운 세상이 보인다. 가장 큰 절망을 이겨내고 나면 세상은 아주 다른 모습으로 나타난다. 어둡게만 보였던 세상 속에 희망이 보이고, 패배로만 가득 차 보였던 인생에도 성공의 기회가 우리 앞에 보이기 시작한다.

러디어드 키플링은 말한다. "만약 모든 사람이 이성을 잃고 너를 탓할 때, 냉정함을 유지할 수 있다면, 만약 모두가 너를 의심할 때 너 자신을 믿고 그 의심마저 이해해줄 수 있다면, 만약 기다리면서도 기다림에 지치지 않을 수 있다면 속고도 속이지 않는다면, 미움을 당하고도 미워하지 않는다면, 그러면서도 너무 선량하게 보이거나 너무 현명한 척 말하지 않는다면, 만약 꿈을 꾸면서도 꿈의 노예가 되지 않을 수 있다면, 만약 생각하면서도 그 생각에 얽매이지 않을 수 있다면, 만약 승리와 재난을 만나고도 이 두 사기꾼을 똑같이 대할 수 있다면, 만약 네가 말한 진실이 악인들에 의해 왜곡되어 어리석은 자들을 옭아매는 덫으로 악용되어도 참아낼 수 있다면, 평생을 바친 것들이 무너지는 것을 보고도 낡은 연장을 집어 들고 다시 세울 수 있다면, 만약 네가 얻은 모든 것을 단 한 번의 도박에 걸 수 있다면, 그것을 모두 잃고 처음부터 다시 시작하면서도 잃은 것에 대해 불평 한마디 하지 않는다면, 만약 심장과 신경과 힘줄이 모두 닳아 없어진 후에도 네 몫을 다하기 위해 힘을 낼 수 있다면, 남은 것이 '버텨라.'라고 말하는 의지밖에 없을 때에도 여전히 버틸 수 있다면, 만약 군중과 얘기할 때도 도덕성을 유지할 수 있다면, 왕들과 함께 걸으면서도 서민적인 풍모를 잃지 않는다면, 만약 적도 사랑하는 친구도 너를 해칠 수 없다면, 만약 모두를 중하게 여기되 누구에게도 치우치지 않는다면, 만약 가차 없이 흐르는 1분을 60초의 장거리 달리기로 가득 채울 수 있다면, 이 세상과 그 안의 모든 것이 네 것이 되리. 그리고 더 고귀한 사실로서 너는 비로소 어른이리라."

인격은 스스로 갖추어 나가야 한다. 스스로 유혹을 이겨내고 그 어떤 집착에도 연연해 하지 않고 자신의 길을 꿋꿋이 개척해나가는 현명한 지혜를 가져야 한다.

자신이 하는 모든 일에 자신감을 보여라. 정신적, 육체적, 영적으로 인내심을 보이면 다른 이들 또한 새로운 경지에 도달할 수 있게 될 것이다. 자기 생각, 계획, 방식에 시기적절하고 적당한 변화를 주어라. 변화를 두려워해서는 안 된다.

변화에 대해서 미국의 소설가 B.J. 손턴은 "모든 위대한 변화는 차례로 쓰러지는 도미노처럼 시작된다."라고 했다.

탁월한 성과를 올리기 위해서는 도미노 효과를 만들어내야 한다.

성공은 한꺼번에 일어나지 않고 차례로 일어난다. 성공은 작은 성공 위에 쌓이고 계속해서 반복적으로 일어나면서 위대한 성공으로 이어지게 된다. 많은 업적을 남긴 사람은 오랜 시간에 걸쳐 이루어낸 것이다. 문제의 핵심은 오랜 시간이다.

우리는 모든 일에 많은 시간을 들여 정성을 기울인다. 아무리 훌륭한 재료를 가지고 있다 하더라도 정성을 다하지 않으면 좋은 물건을 만들 수 없다. 정성이 없으면 훌륭한 가치를 실리지 못한다. 정성이 들어가지 않는 일이 좋은 결실을 얻지 못하는 것은 당연하다. 작고 사소한 일도 정성을 다해 마무리를 잘하는 사람이 되어야 한다.

21세에 억만장자가 된 파라 그레이는 말한다.

"강연을 시작할 때 내가 즐겨 쓰는 수법 중 하나는 일련의 질문을 던지는 것입니다. '저에 대해 들어본 적이 있습니까? 라디오에서 내 노래가 나오는 걸 들어본 적 있습니까? TV 광고에서 저를 본 적 있습니까? MC의 소개가 없었더라도 제 이름을 알았겠습니까?' 물론 질문의 대답은 모두 '아니오!'입니다. 그러나 청중을 침묵하게 하는 건 대개 다음과 같은 질문입니다.

'그런데 도대체 어떻게 제가 여기까지 와서 여러분 앞에서 강연하게 되었을까요?' 대답은 다음과 같은 내용입니다. '할 얘기가 있기 때문입니다. 바로 제 얘기지요. 그걸 나처럼 말할 수 있는 사람은 아무도 없어요. 바로 제 인생이고 이 삶은 다른 누구의 삶도 아닙니다. 그래서 다른 사람들도 저마다 자기 얘기가 있다는 걸, 저마다 위대하고 독특한 점이 있다는 걸 말하고 싶었습니다. 그게 뭔지는 모르지만, 분명히 존재합니다. 우리 모두 가지고 있습니다. 여러분도 마찬가지입니다.'

이 말을 할 때 나는 사람들의 눈에 눈물이 반짝이는 걸 볼 수 있습니다. 그들 중 많은 수가 삶 자체나 사랑하는 사람의 학대, 가혹한 상황, 심지어 언론매

체 보도로 불씨가 차갑게 식은 사람들입니다."

현실에 감사하면서 긍정적인 생각으로 살아갈 때 미래의 삶은 더욱 밝아진다. 반대로 현실에 만족하지 못하고 불평불만이 가득하다면 행복으로 가는 문은 굳게 닫힐 것이다.

지금보다 더 좋은 시간은 없으며 오늘보다 더 좋은 날은 없다. 오늘이 자신의 생애에서 마지막 날인 것처럼 생각하고 온 힘을 다해 살아야 한다. 부정적인 감정과 생각은 자신의 삶을 가로막는다. 편한 마음과 즐거운 생각으로 우리의 모든 희망을 충족시켜줄 문을 활짝 열어야 한다. 마음을 편안하게 가질수록 긍정적인 삶이 우리를 기다린다.

현자는 말한다. "내가 큰 성공을 거뒀을 때에는 단 하나의 일에만 모든 정신을 집중했다. 그러나 성공이 들쭉날쭉했을 때는 나의 집중력도 여러 군데에 퍼져 있었던 것이다."

원하는 것이 무엇이든 성공을 원한다면 핵심 속으로 파고들어야 한다. 파고든다는 것은 다른 일은 모두 무시하고, 해야만 하는 일에 오로지 집중해야 한다. 탁월한 성과는 얼마나 많이 집중했느냐에 달려 있다. 중요한 일만 파고들어라. 우리는 자신의 삶을 조절할 수 있다. 꼭 해야만 할 일, 하지 않으면 안 되는 일, 가장 시급한 일부터 먼저 하고 나머지 일들은 보류해야 한다.

목표를 정하고 자신 있게 해야 할 일은 무슨 일이 있더라도 마무리하는 사람이 되어야 한다. 계획을 세우고 수동적이 되기보다는 적극적인 태도를 보여야 한다. 매일의 목표를 정하고 그 목표를 실현할 수 있다는 믿음을 가져야 한다. 자기 자신을 믿는 것은 그 어떠한 일보다 중요한 행동이다. 당신은 이 세상의 주인공이다.

빌 게이츠의 어린 시절 꿈은 세상의 왕이 되겠다는 것이었다. 게임에 많은 관심이 있었던 그는 할머니와 카드게임을 즐겨했다. 컴퓨터를 좋아했던 빌 게이츠는 고교시절 친구들과 컴퓨터 구조를 주제로 공부하기 시작했다. 그는 컴퓨터가 많은 변화를 가져올 것이라고 믿었다.

전 세계 가정에 개인용 컴퓨터를 보급하고 자신이 최고의 기업가가 되겠다는 목표를 세웠다. 그 당시에는 컴퓨터가 기업용으로 사용되던 시절로 규모가 엄청나게 크고 가격 또한 고가였기 때문에 일반 가정에서 사용한다는 것은 상상할 수 없는 일이었다. 그러나 그는 하버드를 중퇴하고 친구 폴 앨런과 함께 마이크로소프트를 설립했다. 그 후, 끊임없는 도전과 노력으로 세계 최고의 부자가 되었다.

사람은 자신만의 목표를 세울 수 있는 의지가 있어야 한다. 수많은 난관이나 장애물이 우리를 가로막더라도 그것을 헤치고 용감하게 나아갈 수 있는 용기와 자신감이 필요하다. 자신에게 무엇이 가장 중요한지를 정확히 알아야 성공할 수 있다.

대인관계에서 서로 이해가 부족하면 자기 입장만 생각하고 상대방을 무시한다. 항상 자기는 옳고 남은 틀렸다고 생각한다. 남을 이해하고 서로 상대방의 처지를 생각하고 배려해야 원만하게 좋은 관계를 유지할 수 있다.

그러기 위해서는 경청하는 자세가 가장 중요하다. 다른 사람의 이야기를 들을 때는 그에 대한 내 생각과 감정에 귀 기울여야 한다. 상대방의 말을 들으면서 자기 생각을 정리하고 상대방에게 말할 수 있어야 한다. 자기를 부정하는 말을 하지 말고, 남에 대하여 나쁘게 말하지 말라.

말의 힘을 의식하고 잘 다스려야 한다. 남이 어떤 말과 행동을 하든지 자신과 관련지어 반응해서는 안 된다. 다른 사람이 하는 말이나 행동은 그들의 관점에서 말하는 것이지 자신하고는 아무런 관련이 없다. 그들의 의견이나 행동을 무시하고 자신의 소신대로 밀고 나갈 때 우리는 쓸데없는 고통에서 벗어날 수 있다. 자신의 말은 줄이고, 남의 말을 잘 듣는 사람이 되어라. 반드시 경청하는 사람이 성공한다.

03
당신은 변화하고
있는가

"**인간으로서** 가장 위대한 도전은 자기 자신을 긍정적으로 변화시키는 것이다." 조셉 캠벨이 말이다.

긍정적인 사람은 어떤 일이라도 두려워하지 않는다. 그들은 아무리 힘들고 어려운 상황이라도 능히 해낼 수 있다는 자신감과 열정으로 가득 차 있다. 변화의 시작은 지금부터다.

지금 변화하지 않으면, 지금 행동하지 않으면, 내일도 항상 오늘과 같은 날이 되풀이될 뿐이다. 내일이 오늘과 다르길 바란다면, 내일이 오늘보다 더 행복해지기 바란다면 지금부터 변화해야 한다. 내일의 성공과 행복을 위해 오늘 행복할 수 있는 일을 시작하라. 변화의 시작, 성공과 행복의 시작은 바로 지금부터 행동으로 옮겨야 한다.

어떤 문제라도 그 속에 답이 숨어 있다. 가장 먼저 할 일은 문제의 핵심을 찾아내야 한다. 문제의 핵심만 알게 되면 쉽게 해결할 수 있다. 포기하지 말고 계속해서 도전하라.

웨스 비비스는 말한다. "우리에게 닥친 일이 원하는 대로 되지 않을 때 그것이 바로 인생이다. 화를 내며 그만두고 싶다는 생각이 들 수 있다. 하지만 좌절한 만큼 성장할 것이다. 화나게 하는 것만큼 성장할 것이다. 포기하는 마음은 어리석은 마음이다. 그만두면 다 괜찮아질 거라고 믿는 것은 어리석은 마음이다. 우리도 모르는 사이 이미 이만큼 오지 않았던가. 지금 그만두면 그동안 노력한 것에 대한 그 어떤 성과도 얻을 수 없다. 무슨 일을 하든지 어려움은 있다. 하지만 끝까지 포기하지 않는 사람에게는 길이 존재하기 마련이다. 어려움에 봉착했다고 해서 포기 말고 한 걸음 더 나아가라. 그러고 나면 어느새 어려움은 저만치 사라져 있을 것이다. 눈앞에 닥친 문제에 이렇게 말해라. '내가 너보다 더 크다.' 포기하지 않고 끝까지 버티면 이 말이 사실임을 증명하는 것이다."

최악의 사태에 대해 생각하면서 대비하는 자세가 필요하다. 우리는 하는 일이 잘 풀리고 마음먹은 대로 모든 것이 진행될 때 마냥 그 순간이 오래갈 것으로 생각하는 경향이 있다.

언제나 긴장을 놓쳐서는 안 된다. 항상 빈틈없이 준비하는 마음의 자세를 가져야 현명한 사람이다. 주위 사람들의 소리에 귀를 기울여라. 남들의 경험을 눈여겨봐야 한다. 인간의 경험은 대동소이하다. 상대방의 환경이나 상황을 주의 깊게 관찰하고 그 속에서 교훈을 얻어야 성장할 수 있다. 인간은 서로 부대끼며 살아가고 남들과의 소통에서 서로 보완하고 균형점을 찾는다.

올바른 행동이란 타인이 그들의 목표를 이루고 훌륭한 삶을 살아갈 수 있도록 도와주는 것이다. 함께 살아가는 사람들을 섬기고 그들을 더 행복하고 풍요롭게 해주는 것이 올바른 삶이다.

인생은 개인에서 출발하여 사회의 구성원이 되어 활발하게 움직일 때 그 빛을 발휘하게 된다. 개인의 삶에서 우리 모두의 삶으로 서로가 배려하고 격려하며 사방으로 뻗어 나간다.

꿈과 성공을 외부로 돌리는 것은 세상을 향해 자신을 여는 것이다. 우리는 세상과 온 인류의 일부가 된다. 자신만 바라보고 살아서는 안 된다. 내가 가진 것을 나누고 남들의 인생에 조금이라도 도움이 되어주는 것이 진짜 인생이다.

타인의 행복을 간절히 원할 때 마침내 훨씬 더 큰 성공과 행복이 우리 자신을 찾아온다. 성공한 사람은 언제나 상대방의 관점에서 자신을 바라본다. 자신의 이익과 즐거움만 생각해서는 안 된다. 남의 이익과 성공을 위해서 어떻게 하면 도와줄 수 있을까를 먼저 고민해야 한다.

리자청은 홍콩 최고의 부자다. 그는 청년시절부터 문제해결의 고수였다. 처음에는 찻집의 종업원으로 근무했고, 나중에는 영업사원으로 일했다. 영업사원인 리자청이 살수기를 판매할 때였다. 오전에 계속 돌아다녔지만 한 대도 팔지 못했다. 오후에 방문한 건물의 복도가 지저분한 모습을 보고 갑자기 좋은 생각이 떠올랐다. 그는 살수기에 물을 채운 다음에 물을 복도에 뿌리기 시작했다. 그러자 지저분한 복도가 순식간에 깨끗해졌다. 깨끗해진 복도로 인해 건물 주인이 좋아하였다. 그는 오후에 가지고 있던 10대의 살수기를 모두 팔게 되었다. 그는 자신이 파는 상품이 좋다고 백번 말하는 것보다 직접 시범을 보여서 결과를 한눈에 확인하는 방법을 동원하였던 것이다.

무슨 일이든 골똘히 생각하면 좋은 방법이 떠오르게 마련이다. 성과를 올리기 위해서는 종전의 고정된 관념에서 벗어나 반대로 생각하는 역발상의 시각을 가져야 성공할 수 있다. 남이 하지 않는 방법, 남이 어렵다고 하지 않는 곳에서 뜻밖에 좋은 해결책이 나온다.

어느 공장에서 갑자기 기계가 멈춰 작업이 중단되었다. 직원들이 원인을 알기 위해 아무리 찾아보았지만, 방법이 없었다. 외부 전문가가 기계를 자세히 살펴보더니 톱니바퀴에 표시하고 망치를 두세 번 두드리자 기계가 다시 돌아갔다. 모두 좋아하며 전문가를 칭찬했다.

그런데 다음 날 고액의 청구서가 날아왔다. 회사 사장은 전화로 항의했다. "겨우 두세 번 두드리고 1,000달러라니 그게 무슨 소리요." 잠시 후, 팩스로 명세서 내용이 도착했다. "망치로 두드린 값 50달러, 문제점을 발견한 값 950달러, 합계 1,000달러."

숨은 의미를 찾아라. 그저 아무 의미 없이 일어나는 사건은 없다. 어떤 일이 일어날 때에는 그 안에는 반드시 숨겨진 의미가 있다. 자신에게 일어난 일에 대해 불평하고 원망해서는 결코 안 된다. 나에게 일어난 일이 어떠한 의미가 있는지 생각해 보아야 한다.

세계적인 소프라노 신영옥은 자기관리가 철저하다. 그녀는 이렇게 말했다.
"저는 지금도 보컬트레이닝을 받아요. 최상의 소리를 내기 위해서요. 하루만 노래를 부르지 않으면 제가 먼저 압니다. 제가 내야 할 완벽한 음이 나오지 않거든요. 제 방에는 아주 큰 거울이 있어요. 그 거울 앞에서 무대에서 신는 하이힐을 신고 매일 노래 연습을 합니다.

공연 무대, 호텔, 집. 이것이 제 삶의 공간 전부예요. 나도 친구들과 느긋하게 저녁을 먹고 싶지만, 상상할 수 없는 일이죠. 그렇게 하려면 공기 나쁜 곳에 앉아 있어야 하는데, 목에는 치명적인 일이에요. 제 방은 습도와 청정도 유지할 수 있지만, 레스토랑은 그렇지 않거든요. 그래서 아예 나서지 않습니다. 그리고 사람을 만나면 말을 해야 하잖아요. 저는 노래할 때 외에는 가능한 목을 쓰지 않습니다."

자기 일에 몰두하는 사람은 책임감이 강하다. 자신에게 <u>맡겨진 일을 끝까지 책임</u>진다. 우리는 이러한 프로정신을 가져야 한다.

어떠한 선택을 하건 책임감을 가지고 끝까지 완수하는 사람이 되어야 성공할 수 있다. 어떤 어려움이 있더라도 집중력을 잃어서는 안 된다. 끝까지 일을 마무리하기 위해서는 철저한 책임감과 프로정신을 가지고 있어야 한다. 언제나 최악의 사태에 대해 생각하면서 대비하는 자세가 필요하다.

마쓰시타 회사에는 다음과 같은 표어가 걸려 있다.
"만약 당신이 지혜를 갖고 있다면 지혜를 공헌하시오. 만약 당신이 지혜를 갖고 있지 않다면 땀을 공헌하시오. 만약 두 개 모두를 공헌하지 못한다면 회사를 떠나시오."

무슨 일이든 자신이 가지고 있는 능력과 에너지를 총동원해서 맡은 일을 완수하는 책임감 있는 사람이 되어야 한다. 설령 재능이 떨어진다 하더라도 대신에 자신의 땀방울을 흘리면서 온 힘을 다하는 마음의 자세를 가져야 인생을 슬기롭게 살아갈 수 있다.

어느 날, 제자들이 스승을 찾아갔다. 제자가 스승에게 인생에 대한 불안과 스트레스에 대하여 하소연을 했다. 그러자 스승은 옆에 있는 다양한 종류의 컵 몇 개를 꺼내 놓았다.

도자기, 플라스틱, 유리, 크리스털 등으로 만들어진 컵이었다. 평범해 보이는 컵, 비싸 보이는 컵, 이국적인 느낌이 드는 컵 등이 있었다. 스승은 제자들에게 각자 원하는 컵을 골라 차를 따라 마시라고 했다. 제자들이 각자 자기 마음에 드는 컵을 골랐다.

잠시 후, 스승은 조용하게 말했다. "자네들은 모두 근사해 보이고 비싼 컵만을 골랐다네. 평범하고 저렴한 컵은 고르지 않았어. 최고만을 원하는 것이 자네들에게는 당연한 일이겠지만 바로 그것이 문제와 스트레스의 근원이야. 컵이 훌륭하다고 차 맛이 달라지지 않는다네. 컵은 차값보다 더 비싸고 어떨 때는 차보다 더 튀어 보인다네. 하지만 우리가 모두 원하는 것은 컵이 아니라 차일세. 그런데도 자네들은 가장 좋은 컵만을 골랐어. 그러고는 다른 사람이 가져간 컵에 눈독을 들이기 시작했다네. 이제 생각해보게. 인생이 차와 같다고, 직장, 돈, 직위 등이 바로 컵일세. 그것들은 인생을 담기 위한 도구에 불구해. 그리고 우리가 선택한 컵의 종류가 인생의 질을 정의하지도 바꾸지도 않는다네. 하지만 때로는 컵에만 집착하다가 우리는 신이 우리에게 내려주신 차를 즐기지 못하는 거지. 신은 컵이 아닌 차를 주셨네. 자, 이제 차를 들게나."

오늘 당신이 한 말과 행동이 당신의 미래를 결정한다. 성공하느냐 실패하느냐는 자신이 어떻게 하느냐에 달려 있다. 그러므로 좋은 습관을 들여야 한다.

브라이언 트레이시는 "우리에게 일어나는 일을 통제할 수는 없다. 하지만 그 일을 대하는 태도는 바꿀 수 있다."라고 했다. 자신의 태도를 바꿀 수 있다면 인생을 변화시키는 좋은 기회를 맞이하게 될 것이다.

스스로 생각하는 한계 이상을 넘어 노력하는 자세를 가져야 한다. 온 힘을 다한 만족감, 자기 노력에 대한 자부심을 느껴보라. 그러면 만족감과 자부심이 당신을 스스로 자랑스러워할 수 있는 사람으로 만들어줄 것이다. 세상을 바꿀 수는 없어도 자신을 바꾸면 세상이 달라 보인다.

싸움닭을 만들기로 유명한 사람이 있었다. 그는 왕의 명령을 받고 싸움닭을 훈련하게 되었다. 열흘이 지나 왕이 물었다. "이제 준비가 되었는가?" 그러자 그는 "아직 멀었습니다. 지금 훈련을 시작하고 있습니다." 다시 열흘이 지나 왕이 또 물었다. "아직도 훈련이 덜 되었습니다. 적을 노려보면서도 여전히 지지 않으려는 태도가 가시지 않습니다." 그리고 열흘이 지났다.

그가 왕에게 말했다. "대충 된 것 같습니다." 왕이 궁금하여 물었다. "도대체 어떻게 된 것이냐?" 그러자 그는 이렇게 대답했다.

"상대 닭이 아무리 소리를 지르고 덤벼도 조금도 동요하지 않습니다. 멀리서 바라보면 흡사 나무로 만든 닭 같습니다. 다른 닭들이 보고는 더는 반응이 없자 다들 그냥 가버립니다."

강한 것이 살아남는 것이 아니라, 변화에 적응할 수 있어야 살아남는다.

chapter⁰¹

04
당신은 얼마나
생각하는가

올바른 길을 따라 걸어가려면 사색하는 자세가 있어야 한다.

돈 후안은 이렇게 말했다. "어떤 인생이든 인생은 인생이다. 자신의 가슴에서 울려나오는 소리를 따라 인생을 걸어가는 사람은 아무리 비참한 삶을 살지라도 그 삶은 천한 것이 아니다. 인생의 모든 길을 주의 깊게 살펴라. 인생의 여로를 떠나기 전 자신이 꼭 그 길을 걸어가야 하는지 깊이 생각하라. 그러고 나서 마지막으로 자신에게 한 가지 질문을 해보라. 이 길이 과연 <u>자신의 가슴이 걸어가라고 재촉하는</u> 길인가를."

어느 선풍기 회사가 있었다. 불황의 여파로 선풍기가 팔리지 않아 창고에 대량의 재고를 쌓아 놓고 있었다. 선풍기 판매를 위해 사장 이하 영업직원들은 골머리를 앓았다. 어느 날, 한 직원이 이 문제에 대해 골똘히 생각하다가 회사 밖에서 꼬마들이 여러 색깔의 바람개비를 가지고 노는 모습을 보았다. 그 광경을 보고 그는 기발한 생각이 떠올랐다. 컬러 선풍기를 만들면 고객들에게 좋은 반응을 얻을 수 있다고 생각하였다.

자신의 아이디어를 사장에게 말했다. 사장은 바로 공장장에게 컬러 선풍기를 만들라고 지시하였다. 마침내 컬러 선풍기가 시판되자 날개 돋친 듯 팔려나가기 시작했다. 그 많던 재고 선풍기는 얼마 지나지 않아 바닥이 나고 공장에서는 연일 철야작업을 해도 수요에 따라가지 못할 정도로 대성공을 거두었던 것이다. 무엇이든 생각하기에 따라서 위기가 기회로 바뀌게 된다. 간단한 생각 하나가 위대한 기적을 가져오게 하는 힘을 가지고 있다.

괴테의 어머니는 괴테에게 특별한 가르침을 주었다. 항상 재미있는 이야기를 들려주다가 중간에 그만두면서 이렇게 말했다.

"다음 이야기가 어떻게 전개될지 혼자 생각해보아라."

그리고 어머니는 방을 나가 버린다. 혼자 남은 괴테는 모든 상상력을 동원해서 그 해답을 찾기 위해 노력했다. 괴테는 혼자서 창의적으로 상상하고, 사색한 시간이 모여서 위대한 인물로 기듭 태어난 것이었다. 올바른 길을 따라 걸어가려면 사색하는 자세가 있어야 한다.

리처드 J. 라이더는 말한다. "우리는 종종 길을 잃고 헤매곤 한다. 내면의 목소리는 진짜 중요한 것이 무엇인지 끊임없이 말해주지만, 짐짓 못 들은 척 외면하기도 한다. 그렇게 서서히 '내가 이곳에 태어난 이유'가 희미해진다. 아이는 어느새 성인이 되고, 눈앞의 현실적인 문제에 쫓겨 아무렇게나 선택하고 심지어 강요당하기까지 한다. 결국, 내가 이곳에 태어난 이유는 단지 '먹고살기 위해서'가 되어버리고 만다. 그리하여 나의 꿈이 아닌, 다른 사람의 꿈을 실현하게 하려고 어릴 적 꿈을 애써 잊고 지낸다. 순진하고 꿈에 부풀었던 어린 시절은 이제 망각의 세계 저편으로 밀려가고 만다. 꿈은 사라졌다. 과연 꿈은 사라진 것일까? 이집트에서는 3천 년 전의 씨앗이 되살아나 꽃을 피우기도 한다. 황무지 같은 사막이라도 큰비가 내리면 금세 싹이 돋고 꽃이 피어난다. 어린 시절 우리를 이끌었던 내면의 부름은 여전히 그 자리에 있다. 재능을 발휘하고자 하는 본인의 욕망은 얼마든지 되살아날 수 있다."

자신의 재능을 발견하고 그것을 발전시키고 성장시켜 나가야 한다. 유명한 기업 IBM 건물 내부에는 'THINK'라는 문구가 걸려 있다. 창업주 토머스 왓슨이 이른 아침부터 간부회의를 하고 있었다. 오후까지 회의를 계속했지만, 해결점을 찾지 못해, 회의장 분위기는 침울했다. 간부들은 모두 가슴을 졸이고 아까운 시간만 낭비하고 있었다.

갑자기 왓슨이 일어나서 칠판에 'THINK'라는 글자를 쓰고는 이렇게 말했다. "우리에게 부족한 점이 뭐라고 생각하나. 모든 문제에 대해서 충분히 생각하지 않는다는 거야. 우리는 생각으로 월급을 받는 사람들이 아닌가 말이야."

그날 이후, THINK는 IBM의 사훈이 되었다. 인류의 문명은 모두 생각의 산물이다. 생각하지 않고서는 어떠한 것도 이룰 수 없다. 생각한다는 것은 할 수 있는 모든 것을 추구하는 것이다. 생각하고 원하고 행동하라. 당신이 시도해볼 만한 방법이 하나라도 남아 있다면 온 힘을 다한 것이 아니다. 온갖 노력을 하지 않고 중간에 포기한다면 반드시 후회할 것이다. 기회를 준비하는 자세를 가져라.

현자는 말한다. "매일 아침 새로운 기회가 마치 조간신문이 오듯이 당신 앞으로 배달되고 있다. 하지만 하루도 빠짐없이 배달되는 기회에 당신은 너무 익숙해져 있다. 그래서 지금은 눈치를 채지 못하고 무감각해져 있다. 성공의 기회가 지나치는 것을 눈치채지 못하고 왜 나에게는 기회가 오지 않느냐며 투덜거리고 있는 것이다. 지금, 수많은 성공의 기회를 마치 신문 보듯이 대충 넘겨보고서 쓰레기통에 버리고 있지는 않은가."

우리는 언제나 현실을 직시하고 늘 깨어 있어야 한다. 깨어 있는 사람은 꿈과 희망을 가슴 속에 항상 갖고 있다.

한 소년이 있었다. 그는 중학교 때 전 과목에서 낙제를 받았고, 고등학교 때 물리시험을 0점 받기도 했다. 한마디로 열등생이었다. 그러나 소년은 기죽지 않았다. 가슴 안에 뜨거운 소망을 지니고 있었다. '나는 세계적인 만화가가 될 거야!' 고등학교 졸업 앨범에 자신의 만화를 실으려고 그는 만화를 그려 여기저기 보냈다. 그러나 모두 거절당했다. 계속해서 그는 몇 장의 만화를 신문사로 보냈다. 얼마 후, 다른 내용으로 보내 달라는 연락을 받고 밤을 새워 다시 그려 보냈다. 그러나 그것마저 거절당했다.

그는 실망하지 않고 만화만이 자신의 전부이고 언젠가는 성공할 것이라는 굳은 믿음을 가지고 있었다. 그는 다시 미친 듯이 그리기 시작했다. 그리고 '찰리 브라운'이라는 주인공을 만들어냈다. 마침내 그 만화가 신문에 연재되었고, 독자들의 뜨거운 반응을 얻게 되었다. 소년의 이름은 바로 전설적인 만화가 찰스 슐츠이다.

꿈은 언제나 어려운 길의 끝에 있다. 쉽게 이룰 수 있는 것이 꿈이라면 그것은 꿈이 아니다. 이미 이루어진 현실이다. 누구에게나 꿈은 어려움 속에 존재한다. 꿈은 반드시 고통과 괴로움을 동반한다. 하지만 고통과 괴로움에 놓인 그 길이 올바른 길이라는 것을 굳게 믿고 계속해서 도전해나갈 수 있어야 한다.

성공은 저절로 굴러들어오는 것이 아니라 자신이 만들어내는 상품이다. 성공은 목표 설정과 성실, 끈기가 있어야 한다. 성공한 사람은 작은 일을 소홀히 하지 않는다. 게으름 피우지 않고, 목표 설정을 한 후 그것을 이루기 위해 끊임없이 도전해야 한다. 대인관계에서도 믿음과 신뢰를 다해야 좋은 결실을 본다.

어느 날, 나폴레온 힐이 앤드루 카네기에게 성공한 사람들을 인터뷰해서 그들이 성공하게 된 비결을 찾아내고 그 내용을 기사로 쓰겠다고 말했다. 그 말을 듣고 카네기는 이렇게 말했다.

"성공한 사람들의 이야기를 쓰겠다는 당신의 아이디어는 어느 정도 칭찬받을 만한 일입니다. 그런 목표를 달성하려는 당신의 의지를 꺾을 의도는 없지만, 이 말은 꼭 해주고 싶군요. 현재의 사람들뿐 아니라 후대에까지 오랫동안 남는 지속적인 연구를 하고 싶다면 당신은 성공의 모든 요인은 물론 실패의 모든 요인까지 체계적으로 정리해야 할 것입니다. 이 세상에는 성공과 실패의 원인을 조금도 이해하지 못하는 사람들이 수없이 많습니다. 학교와 대학에서는 많은 것들을 가르치지만 사실상 개인의 성공원칙은 가르치지 않습니다. 그들은 젊은이들이 추상적인 지식을 습득하는 데 4~8년의 세월을 허비하게 하면서도 정작 그것을 활용하기 위해 무엇을 해야 하는지는 가르치지 않습니다. 세상에는 실용적이며 이해하기 쉬운 성공철학이 필요합니다. 이러한 성공철학은 훌륭한 인생을 살아온 위인들의 경험에서 얻어낸 사실적인 지식을 바탕으로 체계적으로 정리된 것이어야 합니다."

성공한 사람은 모두 자기만의 철학이 있다. 우리는 그들의 경험이나 가치관을 배우고 익혀서 실천해야 한다. 새로운 시각으로 새로운 선택을 하고, 지금까지의 경험과 고정관념에서 벗어나야 한다. 그리고 모든 가능성을 열어둔 상대에서 성공철학에 따라 아주 새롭게 시작해야 한다.

"근심하고 걱정하는 지민이 살아남는다."

엔디 그로브의 말이다. 그는 세계 최대의 반도체 기업 인텔의 창업자이다. 그로브는 경영자든 종업원이든 동일 업종에 종사하고 있는 몇백만 명과 경쟁 상태에 놓여 있으며, 여기에서 우위를 확보하기 위해서는 끊임없이 자신을 갈고닦아야 한다고 말한다.

그는 경영자나 종업원이냐 하는 문제는 중요하지 않고, 다른 업계와의 경쟁에서 승리하는 것이 관건이라고 강조한다. 경쟁에서 승리하려면 두뇌를 써서 효율적으로 대처하는 것이 현명하다고 생각한다.

리더의 가장 중요한 책임은 부하가 최고의 업적을 낼 수 있도록 하는 것이다. 그는 부하 직원과의 대화를 중시하며, 직원을 부르지 않고 자신이 직접 현장으로 달려가 대화에 임했다. 그리고 부하 직원한테서 배울 점이 있으면 언제나 경청했고, 가장 큰 정보는 가끔 무심코 주고받는 대화 속에 있다는 것을 깨달았다.

그로브는 상대의 처지에서 솔직하게 이야기했다. 상대방의 이야기에 귀 기울이며 주의 깊게 들었다. 언제나 객관적으로 사물을 바라보았다.

탈무드에는 다음과 같은 말이 전해 내려온다. "현인이란 누구인가? 그것은 모든 사람으로부터 배우려는 사람을 말한다. 존경받는 사람이란 누구인가? 그것은 다른 사람을 공경하는 자를 말한다."

성공하기 위해서는 할 일보다 하지 말아야 할 일을 먼저 정해야 한다. 하지만 사람들은 반대로 한다. 이것도 하고 싶고 저것도 하고 싶고 그러다가 아무것도 하지 못한다. 모든 것을 하려는 사람은 아무것도 하지 못하게 된다. 자신이 하지 말아야 할 일을 걸러내야 한다. 그래야 시간을 효과적으로 사용할 수 있고 쓸데없는 일에 에너지를 낭비하지 않는다. 조용히 자신만의 시간을 가지는 사람이 현명하다.

chapter⁰¹

05
당신은
현명한가

왕이 대청 위에서 책을 읽고 있었다. 뜰에서 수레바퀴를 깎고 있던 노인이 계단에 올라와 왕에게 물었다.

"지금 읽고 계신 것이 무엇입니까?"
"옛 성인의 말씀이라네."
"그분은 지금 살아 계신가요?"
"아니, 이미 돌아가셨지."
"그렇다면 지금 옛 성인의 껍데기를 읽고 있는 거로군요."

왕이 화를 내면서 말했다.
"네 이놈, 무엄하구나. 어째서 내가 읽고 있는 게 껍데기라는 말이냐. 그 이유를 설명하지 못하면 목숨을 부지하지 못할 것이다."

노인이 대답했다. "제가 하는 일로써 설명하겠습니다. 수레바퀴를 깎는 일 중에서 가장 어려운 것이 바퀴의 굴레 구멍입니다. 조금만 헐렁해도 바퀴가 빠져버리고, 조금만 빡빡해도 굴러가지 않습니다. 그런데 이것은 <u>저의 감으로 아는 것</u>인데 말로 설명할 수가 없습니다. 옛 성인도 정말 전하고 싶었던 것은 못

전하고 세상을 떠났을 것입니다. 그러니 지금 읽고 계신 책에는 옛사람의 깨달음이 아니라 껍데기만 담긴 게 아닐는지요."

현명한 눈으로 사물을 바라보며 뛰어난 통찰력으로 현실을 직시하라. 당신이 처해 있는 현실은 과거에 자신의 주된 생각과 믿음이 그대로 반영된 결과이다. 미래는 지금 이 순간 당신이 말하고 행동하고 생각하는 모든 것의 결과물이다.

우리는 자기 생각을 적극적이고 긍정적이며 낙관적으로 생각하고 말하며 행동할 수 있어야 성공할 수 있다. 반대로 소극적이고 부정적이며 비관적으로 생각하고 행동하며 말한다면 당신은 반드시 실패할 것이다. 절망의 구렁텅이에 빠져 한평생 불행한 삶을 살아간 것이다.

당신의 생각을 바꾸면 세상이 달라져 보이고, 그 생각은 글이나 말을 통해 분명하게 나타나게 된다. 인간의 말과 행동은 무의식적으로 자신의 습관과 잠재의식에서 비롯된다. '나는 할 수 있다. 나는 반드시 하겠다.'라는 굳은 마음가짐이 있다면 무슨 일이라도 능히 성취할 수 있다.

반대로 '나는 할 수 없어. 나는 능력이 없어 못할 거야!'라는 부정적인 생각과 말을 한다면 아무 일도 하지 못한다. 자신감과 긍정적인 마음은 열정을 불러오며, 마음의 평화와 안정을 가져다준다. 긍정적인 태도나 믿음은 결국은 좋은 일이 일어나고 성공하게 된다.

무하마드 알리는 언제나 경기 중에 '나는 가장 위대하다.'라고 소리쳤다. 그는 10여 년간 계속해서 이 말을 반복하여, 세상에서 가장 위대한 복서가 되었다.

성공하기 위해서는 언제나 원하는 일이 마치 이 순간에 일어나고 있는 것처럼 현재 시제로 말하고 생각하라. 그 내용을 매일 되풀이하여 사용해야 한다. 확신에 찬 말이나 글은 되풀이하여 많이 사용할수록 그 효과가 드러난다. 잠자리에 들거나 깨어날 때, 종이에 기록해서 벽이나 자동차에 또는 냉장고나 욕실에 붙여 놓고 외쳐야 한다. CD나 테이프에 당신의 목소리를 녹음하며 계속해서 들으면 효과적이다.

자신이 원하는 일을 실제로 경험하고 있는 것처럼 상상하며 바라보라. 확신에 찬 말을 입으로 말하고 눈으로 보며 가슴으로 느끼면 언젠가는 놀랄 만한 성공을 거두게 될 것이다. 할 수 있다고 생각하는 사람은 할 수 있으며, 할 수 없다고 생각하는 사람은 할 수 없다는 말이 있다.

해리포터 시리즈로 억만장자가 된 조앤 롤링은 28살에 아이와 단둘이 남은 이혼녀가 되었다. 국가에서 생활보조금을 받으며 생계를 유지하였다. 어느 날, 작가가 되겠다며 유모차를 끌고 집 앞 카페에서 글을 쓰기 시작했다. 원고를 마무리하고 복사비가 없어 타자기로 일일이 하나하나 쳐서 출판사에 제출할 정도로 비참한 생활을 하였다.

훗날 그녀는 하버드대 졸업식에서 과거의 비참한 현실을 이렇게 표현했다. "실패는 삶에서 불필요한 것들을 제거해준다. 나는 내게 가장 중요한 작업을 마치는 데에 온 힘을 쏟아부었다. 그런 견고한 바탕 위에서 나는 인생을 재건하기 시작했다. 자신을 기만하는 일을 그만두고 정말 중요한 일을 시작하라."

조앤 롤링은 자신의 어려운 현실을 직시하고 위대한 선택을 함으로써 자신의 삶을 승리로 이끌었다. 온갖 시련과 역경에도 불가능을 가능으로 만들었다. 인생의 방향을 결정하는 힘은 당신의 마음속에 존재한다. 인생을 승리로 이끌기 위해서는 어디에 초점을 맞추어야 하는지, 무엇을 믿을 것인지, 무엇을 기대하는지에 대하여 자신이 잘 알고 있어야 한다.

그러기 위해서는 선택의 순간에는 한발 물러서서 전체 그림을 보아야 한다. 목표를 여러 각도에서 상황을 살피고 분석해야 한다. 판단력을 흐리게 만드는 반복 효과에 속아서는 안 된다. 보고 싶은 것만 보는 것을 경계하며, 지도가 아닌 지형을 관찰하라. 닭의 30cm 시야를 버리고 독수리의 3km 시야를 바라보라. 과거를 닫고 미래를 향한 창문을 열어야 한다.

세계적인 기업 나이키의 창업자 필 나이트는 해야겠다고 한번 마음을 먹으면 주저하지 않고 행동으로 옮겼다. 그에게 그런 모험 정신이 없었으면 나이키는 세상에 나오지 못했을 것이다.

그는 어릴 때 운동을 좋아했다. 특히 육상에 뛰어난 재능을 보여 고등학교 시절에 육상선수로 대회에 나가 좋은 성적을 거두었다. 그 후 대학 때도 육상선수로 활약했다. 대학원을 마치고 회계사로 근무했지만, 그 일에 보람과 행복을 느끼지 못했다.

어느 날, 필 나이트는 중대한 결심을 하고 신발 사업을 시작했다. 그는 친구들에게 이렇게 말했다. "신발을 팔 거야. 또 때가 오면 내 브랜드의 신발도 직접 만들 거야. 두고 봐, 반드시 아디다스를 이기고 말 거야."

그러자 한 친구가 비웃었다. "너 지금 제정신이니. 신발 사업을 한다는 것도 우습고, 아디다스를 이기겠다고? 아디다스는 세계 최고의 브랜드야. 그런데 내가 무슨 수로 이긴다는 거야." 그러나 그는 신발 사업을 추진했으며, 사업을 함께할 파트너는 자신을 가르쳤던 육상코치 빌 보어만이었다.

"빌, 우리 한번 해봐요. 우리가 달려봐서 알지만 신발이 얼마나 불편해요. 몇 미터만 달려도 뒤꿈치가 다 까져 피가 나고 쿠션도 형편없어서 오랜 시간 달릴 수 없잖아요." "그래, 우리가 아주 멋진 신발을 만들어보자."

그는 '블루 리본 스포츠'라는 회사를 만들었다. 우선은 신발을 판매하기로 마음먹고 일본 운동화 제조업체의 미국 내 독점 판매권을 얻었다. 그는 신발을 트럭에 싣고 전국 각지를 돌아다니면서, 고등학교 대학교 육상 선수들에게 신발을 판매하고, 각 도시의 신발 업자를 찾아가 영업을 하였다.

하지만 생각만큼 실적이 좋지 않았고, 일본 측에서 판매권을 언제 회수할지도 몰랐다. 이윽고 필은 "이대로는 안 되겠어요. 우리도 자체 브랜드를 만들어야겠어요." "필, 과연 우리가 해낼 수 있을까?"

"해야죠. 아니 하고 말 겁니다. 코치님이 늘 제게 말씀하셨잖아요. 주저하지 말고 앞을 향해 달리라고요."

그리고 그는 가볍고 쿠션감이 뛰어난 신발을 만들기 위해, 수백 번의 실패 끝에 드디어 신발 무게를 줄이고 쿠션감이 탁월한 운동화를 만들어 냈다. 그것이 바로 '나이키'였다.

개발한 첫해는 겨우 1,000여 켤레를 팔았지만 실망하지 않고 계속해서 제품개발에 노력을 기울였다. 예상대로 신발 판매는 가속도가 붙기 시작했다. "광고해야겠어요." "필, 무슨 좋은 생각이라도 있니?" "농구스타 마이클 조든을 광고모델로 기용하고 그의 이름으로 제품을 만드는 겁니다." "과연 잘될까?" "무조건, 한 번 해보는 거예요." 필 나이트의 생각대로 탄생한 것이 나이키 최고의 히트 상품인 '에어조든'이다.

어느 날, 그는 농구장에서 조든에게 말했다. "조든, 우리 회사에서 만든 '에어조든'을 신고 경기를 하세요. 그러나 문제가 있습니다." 조든은 "뭐죠?" "농구 규정상 에어조든은 규칙에 어긋납니다. 협회에서 통일된 색깔의 농구화만 신어야 해요. 그 규정은 어기면 벌금을 내야 하는데, 우리 회사에서 비용을 지급하겠습니다."

마이클 조든은 검은색에 빨간색이 섞인 에어조든 농구화를 신고 경기를 하였다. 매 경기 벌금 5,000달러를 나이키에서 대신 냈다. 마침내 대성공을 거두었다. 벌금으로 지급한 돈보다 몇천 배나 더 많은 수익을 내게 되었다. 드디어 아디다스를 뛰어넘고, 세계 최고의 스포츠 신발 회사로 거듭났다.

나이키는 미국을 대표하는 상품으로 자리매김했다. 그는 좌절과 절망에도 굴하지 않고, 한 번 계획을 세웠으면 멈추지 않았다. 'Just do it.'(일단 한 번 해봐.) 나이키 광고 내용처럼 쉬지 않고 달려, 오늘의 성공을 거두게 되었다.

이 세상 모든 것은 뿌린 대로 거두게 된다. 땀 한 바가지를 흘린 사람에게는 하나의 열매가 얻어지고, 땀 열 바가지를 흘린 사람에게는 열 개의 열매가 얻어진다.

어떤 일을 할 때 온 힘을 다하지 않고 게으름을 피운다면 절대로 좋은 결과를 얻을 수 없다. 자신의 삶도 괴롭고 우울한 날만 계속될 것이다. 모든 것은 마음먹기에 따라 달라진다. 현명한 눈으로 세상을 바라보고, 뛰어난 통찰력으로 세상을 살아나가야 한다.

구글은 단순함으로 세계적인 기업으로 탄생하였다. 구글 이전에 포털사이트를 장악하고 있던 야후는 수많은 서비스가 메인 화면에 뜨면서, 인터넷 속도가 빠르지 않은 나라에서는 서비스 창이 다 뜰 때까지 시간이 오래 걸렸다.

그러나 구글의 메인 페이지는 구글이란 글씨 하나만으로 단순하게 꾸며져 있다. 화면이 뜨는 속도가 빨라서 많은 사람이 단순함에서 오는 속도의 쾌감에 만족하였다. 구글은 특별한 날에는 로고를 새롭게 디자인하고 선물을 제공하였다. 광고로 얻던 수익은 검색 광고라는 시스템으로 극복했다. 복잡한 서비스에서 단순한 서비스로 탈바꿈했으며, 복잡함에서 오는 속도의 느림을 단순함에서 느낄 수 있는 빠른 속도로 야후를 제쳤다.

마침내 구글은 단번에 세계 1위 포털 사이트로 등극했다. 성공은 멀리 있거나 거창한 것이 아니다. 아주 단순하고 간단한 것에서 출발한다. 세상의 많은 사람이 원하고 필요로 하는 것을 제공할 수 있다면 결국은 상상할 수 없을 정도의 크나큰 성공을 거둘 수 있다. 무엇이든지 그냥 지나치지 말고 의문을 가지고 유심히 관찰하는 습관을 지금부터 기른다면 당신은 분명히 성공할 수 있다.

한 가정주부가 있었다. 그녀는 자신의 집이 지옥처럼 느껴졌다. 고통스러운 허리 통증에도 중병을 앓고 있는 남편을 종일 돌보아야 했다. 10여 년을 병으로 신음하던 남편이 세상을 떠나자, 그녀는 마침내 고통의 시간에서 벗어나기 시작했다. 그녀는 젊었을 때 대학교에 다니고 싶은 꿈이 있었다.

고대 이집트에 관심이 많았지만, 가정 사정으로 대학에 진학하지 못했다. 어느 날, 그녀는 중년 여성에게 교육적 사회적 수업을 제공하는 대학교 안내문을 보게 되었다. 그녀는 대학에 등록하고 열심히 수업을 들었다. 교내 활동도 적극적으로 하였다. 회원 담당 총무를 맡게 되었으며, 몇 개월 후 의장으로 선출되었다. 그녀는 이렇게 말했다.

"처음에는 무서웠어요. 위원회 회의를 주관하는 일은 매우 어려웠지만 온 힘을 다해 노력하다 보니 잘할 수 있게 되었어요." 그리고 자신이 그토록 원하던 이집트에 관해서 공부하기 시작했다. "남편이 죽고 나서 저는 이집트를 공부할 수 있었어요. 학위를 따기 위해서 통신대학에 들어간 후 사람들을 가르치겠다고 결심을 했어요. 그전까지는 할 수 있다는 자신감이 전혀 없었답니다. 그리고 교사 자격증을 취득해서 이제 성인교육 교사 자격이 있지요."

그녀는 권위자들의 회담에 참석하기 위해서 정기적으로 런던을 방문했다.

"그런데 어느 날 '왜 항상 내가 이렇게 찾아가야 하는 걸까?'라는 생각이 들더군요. 그래서 저는 고대 이집트 협회를 만들었죠. 이제는 전문가들이 저희를 찾아온답니다." 그리고 마침내 그녀는 이집트로 초청을 받으면서 자신의 꿈을 이루게 되었다. "그동안 저는 너무 두려워서 비행기를 타지 못했죠. 그러나 두려움으로 시도를 막지 못했습니다. 자신감 만들기 수업에서 배웠던 긍정적인 생각하기, 긴장 풀기, 머릿속으로 그려 보기와 같은 방법을 활용해서 공포증을 조금씩 없애게 되었고 이제는 아무렇지도 않아요."

이 세상에서 우리가 하지 못할 것은 없다. 어떤 두려움이나 공포도 그 대상이 무서운 것이 아니다. 자신이 두렵다고 생각하고, 자신을 공포 속으로 몰고 간다.

무슨 일이든 자신감과 열정을 가지고 세상을 살아가라. 어떤 두려움과 공포 그리고 역경도 용감하게 헤쳐나갈 수 있다. 어려움을 알아야 편한 것의 소중함을 알 수 있다. 고난과 역경을 통해서 얻어진 교훈과 경험이 당신을 성공으로 이끄는 디딤돌이 된다.

현자는 말한다. "나비가 날기까지 얼마나 많은 노력을 하는지 몰라. 허물을 벗고 나비가 될 때는 끊임없이 움직이며 스스로 날개를 펴야 하는데, 그 고난의 과정을 거쳐 몸에서 기름이 나오면서 날개를 펴고 비로소 날게 되는 거야." 우리는 현명한 눈으로 사물을 관찰할 수 있는 지혜로운 사람이 되어야 한다.

chapter01

06
절실한 마음이
성공을 부른다

마음을 열어라. 그 마음속에는 천국과 지옥이 있다.

자신이 하는 일이 재미있고 즐거우면 매일매일의 생활이 행복하고 천국이다. 그러나 일이 힘들고 마음에 들지 않는다면 괜히 짜증이 나고 모든 것이 불만투성이다. 불행한 삶의 연속이며 지옥이다. 마음을 어떻게 먹느냐에 따라서 인생의 성공과 실패가 좌우된다. 성공하기 위해서는 절실한 마음이 반드시 필요하다.

조 지라드는 자동차 판매에 관한 신화적인 인물이다. 12년 동안 무려 13,000대의 자동차를 팔았다. 그의 기록은 기네스북에 올랐으며, 개인적으로 자동차 판매 12년 연속 최고기록은 아직 깨지지 않고 있다.

그러나 지라드가 처음부터 이렇게 성공한 인물은 아니었다. 좌절의 순간이 많았지만, 그는 어떤 어려운 상황에서도 희망을 버리거나 절망하지 않았다. 고객을 절실한 마음으로 받들었으며, 얻고자 하는 일을 위해 전심전력을 다 기울였다.

조 지라드는 하루에 평균 5대 이상의 자동차를 팔았다. 하지만 그는 35세까지 실패한 낙오자였다. 첫 직업은 구두닦이였고, 40여 개의 직업을 전전하였다.

어느 날, 그는 새로운 마음가짐으로 쉐보레 자동차 판매사원으로 취직하였다. 하루는 친척 아주머니가 사망하여 장례식장에 가게 되었다. 그는 수많은 문상객을 보며 이런 생각을 했다. "저 사람들이 모두 내 고객이었으면 얼마나 좋을까?" 직원에게 달려가 물어보았다. "오늘 참석한 문상객이 몇 분인가요." 그러자 직원이 말했다. "한 250명 정도가 됩니다." 몇 달 후 이번에는 친척의 결혼식이 있었다. 결혼식장의 담당자를 찾아가 물었다. "결혼 하객들의 평균 숫자가 얼마나 되나요." 담당자는 "대개 신랑 측에 250명, 신부 측에 250명 정도가 됩니다."

조 지라드는 이렇게 생각하였다. "한 사람의 인생에서 가장 중요한 순간이자 사건이 결혼식과 장례식의 하객 평균이 250명이라는 것은 결코 우연이 아니야. 결국, 한 사람의 일생이라는 건 250명의 테두리 안에서 움직이는 거야." 그는 한 사람의 영향력은 250명 정도에게 미치며, 자신에게 만족한 고객은 주변의 250명에게 좋은 영향을 주게 되고, 불만족한 고객은 250명에게 나쁜 영향을 주게 된다는 것을 깨달았다.

그는 자신의 마음을 활짝 열고 고객 한 사람 한 사람을 귀빈으로 정성껏 모셨다. 그 결과 고객들로부터 무한한 신뢰를 얻었고 그의 명성은 더욱 높아져 갔고, 위대한 자동차 판매왕이 되었다.

우리의 마음은 자신이 어떻게 선택하느냐에 따라 천국이 되기도 하고 지옥이 되기도 한다. 긍정의 창을 열면 꿈을 이룰 수 있고 성공과 행복을 맛볼 수 있다. 반대로 부정의 창을 열면 아무것도 이룰 수 없고 실패와 불행한 삶을 살아가게 된다. 이렇듯 우리가 어떻게 생각하고 판단하느냐에 따라 행복과 불행이 결정된다. 힘들고 어려운 상황에 놓여 있어도 마음속으로 긍정적인 생각을 하게 되면 얼마든지 성공할 수 있다.

탈무드에 나오는 이야기다. 어느 날, 개구리 세 마리가 우유 통에 빠졌다. 개구리들은 빨리 빠져나오려고 발버둥쳤지만 매끈한 우유 통 안은 발 디딜 곳이 없었고 너무 깊었다. 그렇게 계속 허우적거리다 힘이 빠져버렸다. 첫 번째 개구리는 이것이 하느님의 뜻이라고 생각하고 그대로 죽음을 받아들였다. 두 번째 개구리는 우유 통이 너무 깊어 빠져나간다는 것은 도저히 불가능하다고 판단하고 역시 아무것도 하지 않다가 죽어버렸다. 그러나 세 번째 개구리는 낙관도 비관도 하지 않았다. 그저 이 상황을 현실로 받아들이고 주어진 조건에서 온 힘을 다하기로 했다.

그리고 코를 우유 밖으로 내밀고 가라앉지 않도록 뒷다리를 계속 움직였다. 점차 지쳐갔으나 끝까지 포기하지 않았다. 얼마나 움직였을까? 그때 개구리 발끝에 딱딱한 무언가가 닿았다. 버터였다. 뒷다리를 쉬지 않고 움직인 덕분에 우유가 버터로 변한 것이다.

결국, 개구리는 그 버터를 딛고 통 밖으로 빠져나올 수 있었다. 우리도 세 번째 개구리처럼 어떤 어려운 환경에서도 희망의 끈을 놓지 않고 온 힘을 다한 다면 무슨 일이라도 해시나갈 수 있다.

이 세상에서 가장 중요한 것은 긍정적인 마음이다.

어떤 상황에서도 희망적인 생각과 말, 행동을 해야 한다. 성공한 사람은 인생에 대한 명확한 목표와 비전을 갖고 있다. 그들은 자신의 미래를 위한 목표가 무엇이며, 그 목표를 달성하기 위하여 무엇을 준비해야 하고 어떤 행동을 취해야 하는지를 잘 알고 있다.

그들은 그 목표를 자신의 비전카드나 서명서로 만들어 항상 가지고 다니며 그 내용대로 실천하고, 그렇게 되기를 염원하고 있는 사람들이다. 이는 마치 건물이나 자동차를 만드는 데 설계도면이 필요하듯이, 그들도 자신의 꿈을 현실화하기 위한 가장 중요한 인생 설계도, 즉 자신만의 비전카드가 필요하다.

역사 속의 위인이나 위대한 성공을 이룬 사람들의 성공 스토리는 한 가지 공통점을 발견할 수 있다. 반드시 커다란 난관이나 역경이 존재하였다. 그들은 그것을 슬기롭게 극복했고 성공에 도달했다는 점이다. 이것이 바로 성공의 법칙이다. 실패한 사람은 고난이 다가오면 쉽게 포기하고 불평만 늘어놓는다. 하지만 성공한 사람은 그 어려움을 넘어야 하는 산으로 생각하고 좋은 방법을 연구하며 자신을 발전시켜 나간다.

이 세상에 공짜는 없으며, 성공이라는 왕관을 얻기 위해서는 반드시 시련이라는 과정을 거쳐야 한다. 그것이 아무리 힘들고 험난하다 하더라도 참고 이

거내야 한다.

사이클 영웅으로 불리는 랜스 암스트롱은 2005년 투르 드 프랑스에서 일곱 번째 우승을 차지하였다. 그는 어린 시절 무척이나 몸이 약했다. 그러나 그의 어머니는 언제나 그에게 "부정적인 것을 긍정적인 기회로 삼아라."라고 말하면서 그를 품에 안아주는 대신 강하게 키웠다.

그는 어머니 손에 이끌려 운동을 시작했다. 허약한 체질을 단련시키려고 수영 사이클 마라톤을 동시에 하는 철인 3종 경기를 하게 되었다. 그는 타고난 근성과 엄청난 집중력으로 16세에 프로로 전향하였다. 이제 그는 사방에서 탐을 내는 유명한 선수가 되었다.

그 후 미국 사이클 연맹에 가입한 것을 계기로 그는 사이클로 종목을 바꾸었다. 그의 눈부신 활약은 계속되었다. 20세에 미국 아마추어 선수권 대회를 우승하고 바로 프로 사이클의 세계에 입문했다. 다음 해, 그는 세계적인 레이스에 참가하여 우승했다. 승승장구하면서 기록을 경신해 나가던 암스트롱은 드디어 세계 사이클 랭킹 1위로 등극한다.

그러던 어느 날 그에게 청천벽력 같은 소식이 다가왔다. 고환암이라는 진단을 병원에서 받게 되었다. 그의 나이 겨우 25세에 엄청난 불행이 다가왔다. 하지만 그는 현실에 굴복하지 않고 항암치료를 받기 시작했다. 고환암이 뇌까지 전이돼, 세 번의 수술과 항암치료로 체중은 9kg이나 빠졌고 머리카락과 눈썹도 사라졌다.

그러나 그는 결코 희망을 버리지 않았다. 18개월의 투병생활을 멀리하고, 그는 다시 사이클을 시작했다. 이번에 그의 목표는 투르 드 프랑스 정복이었다. 투르 드 프랑스는 해발 3천 미터가 넘는 알프스 피레네 산악 구간을 포함해, 총연장 3,500km의 코스로 거의 3주일 동안을 달리는 지옥의 레이스다.

마침내 1999년 발병 3년 만에 고환암을 극복하고 돌아온, 그는 세계적인 도로 사이클 경주 대회인 투르 드 프랑스에서 기적의 우승을 하게 되었다. 그 후, 암스트롱은 연속 7년 동안 끊임없는 질주로 투르 드 프랑스 통산 22차례의 구간 우승 기록과 최다 기록인 7차례 우승의 신기록을 거두게 되었다.

위대한 인간 승리였던 것이다. 불굴의 의지는 자신의 마음에서 생겨난다. 강한 정신력과 용기는 올바른 정신 상태에서 비롯된다. 행복은 올바른 정신상태 속에 있으며 정신적인 조화이다.

반대로 불행은 정신적 부조화이며, 잘못된 정신 상태로 사는 사람은 잘못된 삶을 산다. 그리고 끊임없이 고통을 겪게 된다. 고통은 그릇된 생각 속에 그 뿌리를 두고 있다.

행복은 깨달음 속에 있다. 사람은 자신의 뿌리와 잘못 그리고 자기기만을 없애야 행복할 수 있다. 그릇된 정신 상태가 있는 곳에 속박과 불안이 있다. 정신 상태가 올바르면 자유와 평화가 다가온다.

자신의 마음속에는 때로는 세상을 다 얻은 것처럼 행복할 때도 있다. 어떤 날은 가슴이 찢어질 정도로 고통스러운 불행한 마음이 가득 찰 때도 있다.

어떤 문제이든지 그 자체는 아무것도 아니다. 단지 당신의 마음이 긍정적으로 볼 것인지 아니면 부정적으로 볼 것인지에 따라서 상황은 180도 달라진다. 어떤 경우라도 주어진 현실을 그대로 받아들이고 그 일에 동요하지 않고 흔들리지 않는 것이 무엇보다 중요하다.

나이가 들어갈수록 인생은 더욱 복잡하게 되지만, 마치 산의 정상에 올라가면 자신이 사는 곳이 까마득히 발아래 보인다. 세상을 바라보는 안목도 한층 크고 깊어진다. 마음의 문을 활짝 열고 다른 사람의 의견을 존중하고, 서로 아껴주는 자세가 필요하다.

우리는 다른 사람에게 베푸는 마음을 가져야 한다. 누군가에게 베푸는 것은 선물이다. 흔히 베푼다고 하면 사람들은 부담이 있지만, 그것은 물질을 먼저 떠올리기 때문이다.

물질이 아니라도 남에게 베풀 수 있는 것은 너무나 많다. 다른 사람을 대할 때 편안한 눈빛과 부드러운 눈빛을 베풀어야 한다. 눈빛만으로 말할 수 있는 이

심전심이 있다. 훌륭한 사람은 눈빛 하나로 모든 사람을 압도할 수 있다. 자비롭고 미소 띤 얼굴로 타인을 대하면 상대방은 마음을 열고 다가오게 된다.

그러나 무표정한 얼굴을 하거나 화난 표정을 짓는다면 상대방은 멀리 달아나 버린다. 표정에서 오는 분위기가 무엇보다 중요하다. 좋은 표정과 부드러운 눈빛을 지니고 다른 사람을 대해야 한다. 공손하고 아름다운 말로써 사람을 대하라. 말 한마디로 사람을 악의 구렁텅이에서 빠져나오게 할 수 있다. 말은 인간관계에서 가장 중요하다. 좋은 말은 자신이 먼저 베풀어야 되돌려받을 수 있다.

언제나 예의 바르고 친절한 태도를 보여야 한다. 식사하거나 물건을 살 때 예의 바른 태도의 종업원을 만나면 기분이 좋아진다. 다음에도 계속 그 가게를 이용하게 된다. 예의 바르고 친절한 자세는 우리 몸으로 베풀 수 있는 행위로서 마음만 있다면 언제나 가능하다.

착하고 어진 마음으로 타인을 상대해야 한다. 진심이 담긴 마음은 상대방을 따뜻하고 자비로운 마음으로 바라보는 것이다. 상대방이 힘들고 곤란한 처지에 있을 때는 위로하는 마음으로, 서로 의견이 맞지 않을 때는 내가 먼저 양보하는 넓은 마음을 가져야 한다. 서로 조금씩 상대방의 마음을 이해하라. 진심 어린 마음으로 대할 때 아름다운 관계가 이루어진다.

지하철이나 버스에서 노약자를 보면 자리를 양보하는 마음으로 대할 때 아름다운 관계가 이루어진다. 양보함으로써 얻어지는 보람과 기쁨은 아무리 강조해도 지나치지 않다. 자신의 것을 함께 나누고 공유하는 것이야말로 훌륭한 행동이다. 따뜻한 눈빛과 부드러운 표정을 지니고 있는 사람은 아름다운 말투와 예의 바른 태도가 몸에 배어 있다.

어진 마음으로 상대에게 자리를 양보하고 기꺼이 자신의 것을 내어줄 수 있는 마음을 가져라. 우리는 한평생 관계를 맺고 살아가는 과정에서 무엇보다 소중한 것은 남에게 베푸는 것이다. 물질이 아니라도 베풀 수 있는 것은 수없이 많다.

고등학교를 수석으로 졸업한 17세 소녀 첼리사 피어스는 어머니와 3명의 형제와 함께 낡은 아파트에서 살았다. 그러나 어머니가 일정한 직업이 없어 월세를 내지 못하는 바람에 아파트에서 쫓겨나 노숙자 보호소에서 지내게 되었다. 집도 없이 떠도는 상황에서도 그녀는 꿈을 포기하지 않고 노력을 게을리하지 않았다. 보호소 불이 꺼지는 밤중에도 촛불을 켜고 열심히 공부했다. 그 결과 그녀는 고교시절 내내 1등을 놓치지 않았고 높은 점수로 수석졸업을 하게 되었다. 졸업식 날 학생 대표로 단상에 오른 그녀는 이렇게 말했다.

"나는 나를 더 강하게 만들어야 한다는 걸 알고 있었다. 나는 노숙자였다. 내 가족은 바닥에 매트를 깔고 잠을 잤다. 하루 삼시 세끼를 챙겨 먹으면 운이 좋은 날이었다. 매일 같이 샤워하고 음식을 먹고 깨끗한 옷을 입는 일에 어려움을 겪고 있었다. 그러나 오히려 이럴 때일수록 나 자신에게 계속 공부해야 한다고 주문했다. 왜냐하면, 미래는 더는 지금과 같아서는 안 되었기 때문이다. 누구든 쉽게 포기하지 말고 자신의 꿈을 위해 오늘 당장 필요로 하는 일을 한다면, 여러분 모두에게 원하는 미래가 열릴 것이다."

그녀가 처한 상황이나 현실은 지옥이었다. 하지만 그녀의 마음은 천국 속에서, 현재보다 더 나은 미래를 꿈꾸며 열심히 공부하여 수석졸업의 영광을 얻게 되었던 것이다. 밝은 마음을 가진 사람은 행복한 인생을 영위한다. 그러나 불만에 가득 찬 사람은 불행한 인생을 보내게 된다. 마음은 나의 천국이라는 말이 있다. 가난한 사람일지라도 부자의 마음을 가질 수 있으며, 비록 왕일지라도 노예의 마음을 지닐 수 있다.

인생은 자기 자신을 비추는 거울이다. 선량한 사람에게 있어 세상은 선한 것이며, 악인에게는 세상은 악한 것으로 비친다. 우리는 열린 마음을 가지고 바른 생활을 하며, 자신뿐만 아니라 다른 사람을 위해서 행복을 공유하고 나누어 가면서 살아가야 한다.

07
최선을
다하라

작은 시계점이 있었다. 어느 곳에서나 흔히 볼 수 있는 가게였지만 늘 고객들로 붐볐고, 매출은 남들 가게의 몇 배나 많았다. 시계점 주인의 성공은 남다른 비결이 있었다. 그는 가게를 개업한 이후 계속해서 은행에서 바꿔온 새 돈을 손님에게 거스름돈을 주어 왔다. 그는 이렇게 말했다.

"새 돈이나 헌 돈이나 쓰임새는 똑같지요. 그러나 구김이 없는 새 돈을 받으면 기분이 더 좋지 않습니까. 처음 가게를 열었을 때 손님에게 어떤 서비스를 할까 고민했습니다. 그래서 새 돈을 거슬러주는 방법으로 고마움을 표현하기로 했어요."

주인의 이런 미덕은 고객을 감동하게 했고, 그리하여 가게는 새 돈을 거슬러주는 가게로 불리었고 마침내는 대성공을 거두게 되었다. 그는 물건을 사지 않아도 헌 돈을 새 돈으로 바꾸어 주었으며, 이렇게 세심하게 손님을 배려하는 아름다운 행동이 고객들에게 즐거움을 안겨 주었고, 언제나 가게에는 따뜻한 정이 넘쳤다.

만약 주인이 새 돈이나 더러운 헌 돈이나 똑같다고 생각했다면, 여느 가게와 다른 게 없다는 느낌을 주었을 것이며, 수많은 손님이 다른 시계점으로 발길을 돌렸을 것이다. 아주 작고 사소한 일이지만 인간의 심리를 간파한 현명한 지혜이며, <u>타인의 심리를 파악</u>해야 고객의 마음을 얻을 수 있고, 성공할 수 있는 법이다.

물건을 판매할 때는 고객의 관점에서 생각하고, 고객의 각도에서 문제를 보는 것을 공부해야 한다. 고객이 원하는 것을 줄 수 있다면 판매는 기분 좋게 성사되며, 고객에게 상품이나 서비스가 꼭 필요하다고 설명한다면 고객 스스로 상품을 사게 된다. 고객은 자신의 욕구로 물건을 사지 억지로 권유한다면 거절하고 만다.

인간은 본능에 따라 존중받고 기분 좋은 느낌을 좋아하지, 강요하고 부정되는 경우에는 거부감을 가진다. 과거의 승리에 안주하고 만족해서는 안 되며, 남들에게 봉사하고 자신의 능력을 키우며 보다 큰일을 해야 한다. 두려움을 향해 끊임없이 걸어가는 사람이 되어야 하며, 대담하게 도전하는 사람이 되어야 하며, 세상의 모든 것을 자주 보고 느끼는 사람이 되어야 하며, 상상력과 창의력이 풍부한 사람이 되어야 성공할 수 있다.

세상은 현실에 만족하지 못하고 더 나은 방향으로 바꾸려는 사람들이 이 세상을 만들고 창조해 왔다. 현실에 만족하거나 안주하는 사람은 언젠가는 후회하는 날이 오게 되며, 실패의 쓰디쓴 맛을 보게 될 것이다. 당신이 지금 현재 가지고 있는 것을 사랑해야 하며, 원하는 것을 얻으려면 반드시 도전해야 하고, 도전하는 과정에서 즐거움을 찾고, 목표지점에서 절대로 눈길을 떼서는 안 된다.

억만장자인 주식의 귀재 맷 세토는 열 살 때부터 경제 관련 잡지를 읽기 시작했고, 경제학 서적을 탐독했다. 그는 경제에 관한 공부를 하면서 주식시장을 연구하고 주식을 사고팔기 시작했으며, 16세 때에는 개인 투자 기금 회사의 관리를 맡아 연 30% 이상의 수익을 올리는 기염을 토했다. 그는 이렇게 말했다.

"나는 열 살 때 처음으로 장사했다. 학교 근처에서 노점을 하는 사람보다 내가 더 장사를 잘했다고 자부한다. 당시 우리 학교에서는 요요가 유행했는데 친구들은 모두 던컨사의 요요를 좋아했지만, 학교와 집 주변에서는 던컨의 요요를 팔지 않았다. 나는 수소문 끝에 우리 집에서 멀리 떨어져 있는 상점을 찾았는데 그 가게에서 요요를 많이 가지고 있었다. 나는 장사를 해 보자는 생각이 들었고, 요요를 사겠다는 친구들의 주문을 받고 선금을 받았으며, 매주 학생들에게 주문받은 양을 엄마에게 이야기하면, 차를 몰고 가게에 가서 내가 부탁한 요요를 사다 주셨다. 그 장사는 대성공이었으며, 아무도 내가 요요를 어디서 구매하는지 몰랐으며, 아는 친구가 있다 해도 혼자 그렇게 멀리 갔다 올 방법이 없었다. 자기 엄마에게 부탁해야 갈 수 있는 거리이므로 나에게 주문하는 것이 효과적이었다. 나는 이 장사로 모두 50달러를 벌었다. 열 살짜리 아이에게 50달러는 결코 적은 돈이 아니었다. 나는 이 장사를 통해 돈보다 더 가치 있는 것을 배웠으며, 이때부터 수요와 공급의 원리를 터득했으며, 주식과 투자에 필요한 기술을 터득하였다.”

지혜로운 사람은 무슨 일이든지 자신이 할 수 있는 일에 온 힘을 다하며, 다른 사람에게 많은 이익을 주기 위하여 최대한의 노력을 기울인다. 미덕은 지혜의 본질이고, 미덕이 아닌 것은 추할 수밖에 없다.

미덕은 다른 사람을 위하는 좋은 행위이며, 아름다운 세상을 만들기 위한 우리의 노력이다. 그것은 너무나 아름다운 것이기 때문에 모든 사람에게 행복을 줄 수 있으며, 사랑과 자선 그리고 선행은 미덕이 연주하는 아름다운 선율이며 세상을 밝게 비추는 태양이다.

인간의 위대함을 나타낼 수 있는 것은 바로 미덕이며, 물질적인 부유함이나 빈곤에 좌우되는 것이 아니며, 오로지 미덕만이 서로가 사랑할 수 있으며, 행복할 수 있으며, 그 사람이 세상을 떠난 후에도 오래도록 역사에 남아 후세의 거울이 될 수 있다.

췌장암 조기 발견기기를 만든 15세 천재소년 잭 안드라카는 고등학교 2학년 학생이었다. 그는 췌장암의 바이오마커인 메소텔린 검출방법을 발명하였으며, 2012년 영국에서 열린 세계 최대의 과학경진대회에서 상금 7만 5천 달러의 고든 무어상을 수상한 천재 과학자다.

이미 국제과학경진대회에서 여러 차례 수상한 바 있는 과학 영재 잭 안드라카는 아버지의 친구가 췌장암으로 세상을 떠나자 이 연구에 몰두하게 되었다. 그는 인터넷에서 과학 저널도 읽고 구글을 통해 알아본 결과 췌장암의 조기 발견율은 15%에 불과하다는 사실을 알았으며, 60년이나 오래된 검사방법은 30%가 넘는 오진으로 췌장암 환자를 정상으로 잘못 판정한다는 내용을 알게 되었다.

그는 췌장암을 조기 발견할 더 나은 방법이 있어야 한다고 생각하고, 인터넷을 이용해 췌장암의 바이오마커 메소텔린을 찾을 수 있었다. 고등학교 생물 수업시간에 카본나노튜브와 항체에 대한 설명을 듣는 순간 머릿속에서 아이디어가 생겨났으며, 메소텔린에 대한 항체와 나노기술의 대표적인 산물인 탄소나노튜브를 이용해 암을 치료했다는 사실을 알게 되었다.

그 후, 안드라카는 췌장암 조기 발견 시스템을 연구하기 위해 대학에서 췌장암 연구를 하는 교수들에게 메일을 보냈으며, 존스홉킨스대학의 아니트반 마이트라 교수를 만나게 되었다. 교수는 실험실을 내줄 테니 연구해 보라는 것이었다. 그는 7개월 만에 드디어 정확도 100%의 췌장암 조기 발견기기를 완성하였다. 마이트라 교수는 이렇게 말했다.

"이 친구에게 내가 해준 이야기는 토머스 에디슨과 전구를 생각해보라는 것뿐이었다. 이 소년은 우리 시대의 에디슨이다. 몇 년 뒤 그를 통해 우린 수많은 '전구' 같은 반짝이는 무언가를 얻게 될 것이다."

안드라카가 이처럼 성공한 원인은 바로 가정교육에 있었다. 그의 형인 루크는 2010년 인텔 ISEF 수상자로 결정돼 9만 6천 달러를 받았다. 산성화된 광산 배수시설이 환경에 어떤 영향을 미치는가에 관한 연구를 통해서였다. 2011년에 MIT THINK 상을 받았다.

그의 아버지는 엔지니어이고 어머니는 마취학 전문의 의사이다. 그의 어머니는 언론 인터뷰에서 집에 과학 잡지 등 책이 수백만 권 있으며, 가족끼리 식탁에 앉아 각자 생각하고 어떻게 서로 다르게 생각하는지 이야기해 보고 토의해보는 습관을 들인 것이 천재 소년을 만든 계기가 됐다고 말했다.

잭 안드라카는 인터넷에서 불가능한 것은 없다고 말한다. "이 나이에 이걸 어떻게 했느냐고요. 제가 얻은 최고의 교훈은 바로 인터넷 세상에 모든 것이 있다는 걸 발견한 것입니다. 저명한 학자 교수님 등의 많은 논문을 인터넷을 통해 쉽게 접했고, 모든 아이디어를 인터넷에서 구했어요. 인터넷을 심심풀이로 이용하는 실태를 벗고 세상을 바꿀 수 있는 도구라고 생각해보세요. 저는 이제 겨우 15살이잖아요. 저도 했는데, 당신들은 훨씬 나을 수도 있죠. 인터넷 화면을 멍하니 바라보며 시간을 죽이지 마세요. 정보를 얻어가세요, 간단한 생각이, 할 수 있다는 생각이 인터넷을 통해 무궁무진하게 발전할 수도 있는 겁니다."

그의 말대로 세상을 바꿀 수 있고, 세상을 발전시킬 수 있는 것은 좋은 미덕이다. 자제하는 마음은 모든 미덕의 근본이다. 자신을 억제한다는 것은 일종의 용기라고 할 수 있으며, 인격을 갖추는 데 없어서는 안 될 기본요소이다. 충동과 정열이 향하는 대로 행동한다면 그 순간부터 정신적인 자유를 포기하는 것이며, 제멋대로 인생의 문제에 밀려다닌다면 머지않아 욕망의 노예로 전락해버린다. 정신적인 자유를 누리기 위해서는 본능적인 충동은 누르지 않으면 안 된다.

천명의 적을 이긴 사람보다 자신을 이긴 사람이 더 강하다는 말이 있듯이, 마음이 강한 사람은 엄격하게 자신을 단련시키고 사고방식이나 말씨, 또는 행동을 스스로 조절할 수 있어야 한다. 자신의 욕망을 자제하고 양심의 명령에 복종해야 하며, 도덕적인 정신을 단련하는 것은 인격을 형성하는 데 가장 중요한 역할을 하고, 우리는 자신을 억제할 수 있는 사람이 되어야 한다.

인간은 모두 평등하다. 부자이거나 가난한 사람이거나, 지위가 높거나 지위가 낮거나, 공부를 많이 한 사람이거나 하지 않은 사람이거나, 모든 사람은 차별이 없다. 우리는 평등하지 못한 마음 때문에 한결같지 못한 삶을 살고 있다. 평등한 마음 갖기 연습을 많이 하며 살아가야 하며, 평등심을 연습하고 기르다 보면 나와 너, 주체와 객체라는 상대적인 생각이 저절로 없어지고, 갈등과 의심이 사라져서 평등한 마음으로 인생을 아름답고 멋있게 살아갈 수 있게 된다.

유명한 스님이 있었다. 어릴 때부터 불교를 깊이 신봉하였고 남을 돕는 마음이 남달리 지극했다. 일찍이 벼슬길에 올라 지방의 태수로 있던 어느 해, 전무후무한 흉년이 들어 백성은 기아에 허덕이고 있었다. 태수는 굶어 죽어가는 불쌍한 백성을 도와줄 방법을 찾았으나, 국법을 어기지 않고서는 그들을 살릴 길이 없었다. 유일한 방법은 군량미로 사용하고자 비축해 놓은 곡식을 방출하는 것이었다.

그러나 군량미를 방출하기 위해서는 왕의 윤허를 받아야 하고, 멀리 있는 왕에게서 윤허를 얻는 사이에 백성은 수없이 죽어갈 판이었다. 태수는 스스로 뜻을 분명히 밝히고, 창고의 문을 열어 곡식을 백성에게 고루 분배함으로써 그들의 목숨을 살렸다.

이 사실을 일게 된 왕은 국법을 어긴 태수를 처형하라는 명령을 내렸다. 마침내 태수는 형장으로 끌려나갔고, 형장 주위에서는 온 고을 주민이 땅을 치며 통곡하고 있었다.

"우리 태수님이 무슨 죄가 있단 말이오. 죄가 있다면 우리 목숨을 구한 죄밖에 없소. 태수님을 죽인다면 이 나라의 법은 죽은 법이나 다름이 없소. 제발 태수님을 살려주시오. 우리를 위해 법을 어겼으니 우리가 대신 죽겠소."

그러나 죽음을 눈앞에 둔 태수는 한마디의 변명도 하지 않았고, 너무나 태연한 모습으로 앉아 있었다. 모든 것을 지켜본 형리는 마음속 깊이 탄복하여 태수에게 물었다.

"죄 없이 억울하게 죽는데 어찌 그리도 태연하오. 그대는 죽는 것이 좋소." "나는 죽음을 좋아하지도 싫어하지도 않소." "한낱 미물도 죽기를 싫어하거늘 어째서 그대는 죽음을 싫어하지도 않소." "마땅히 해야 할 일을 하였으면 그뿐! 어찌 죽고 사는데 마음을 두겠소." 형리는 잠시 형 집행을 정지하고 모든 사실을 왕에게 알렸다.

왕은 크게 감격하여 특별사면을 하고 많은 하사품과 함께 태수의 선정을 치하하였다. 그러나 태수는 모든 것을 내려놓고 불문에 귀의하였다. 태수의 미덕은 오직 자비로 충만하였으며, 죽음 앞에서도 너무 초연하였고 지혜로운 행동이었다.

아름다운 행동은 자신의 욕망을 자제하고, 그보다 더욱 강력한 힘을 지닌 양심의 명령에 복종해야 하며, 다른 사람을 도와주고 베푸는 행위에서 비롯된다. 뛰어난 자제심은 어떤 유혹이나 충동에도 휘말리지 않으며, 자신을 엄습해오는 갖가지 욕망에 초연하는 자세를 가지게 해주며, 스스로 자제하고 마음의 평정을 유지하게 해준다. 자제심이 있다면 취해야 할 행동들을 언제나 심사숙고한 후에 냉정하게 행동할 수 있게 된다. 자신을 억제할 수 있는 것은 아름다운 행동이며 미덕이다.

세계적인 영화배우이자 행동하는 자선사업가로 살다간 세기의 여인 오드리 헵번이 자신의 딸에게 이런 말을 남겼다. "아름다운 입술을 갖고 싶다면 친절한 말을 하라. 사랑스러운 눈을 갖고 싶으면 사람들에게서 좋은 점을 보아라. 날씬한 몸매를 갖고 싶으면 너의 음식을 배고픈 사람과 나누라. 아름다운 머리카락을 갖고 싶으면 하루에 한 번 어린이가 손가락으로 너의 머리를 쓰다듬게 하라. 아름다운 자세를 갖고 싶으면 결코 너 자신이 혼자 걷고 있지 않음을 명심해서 걸어라. 사람들은 상처로부터 복구돼야 하며, 낡은 것으로부터 새로워져야 하고, 병으로부터 회복되어야 하고, 무지함으로부터 교화되어야 하며, 고통으로부터 구원받고 또 구원받아야 한다. 결코, 누구도 버려서는 안 된다. 기억하라. 만약 네가 도움을 주는 손이 필요하다면 너의 팔 끝에 있는 손을 이용하면 된다. 네가 더 나이가 들면 손이 두 개라는 것을 발견하게 될 것이다. 한 손은 너 자신을 돕는 손이고 다른 한 손은 다른 사람을 돕는 손이다."

아름다움은 타인을 도와주고 베푸는 행동에서 자연스럽게 나오게 되며, 자신만을 위한 이기적인 행동은 언제나 다른 사람에게 추하게 보이기 마련이다. 무슨 일이 일어나든 그것의 가장 바람직한 부분만을 보아야 하고, 상황을 좋은 쪽으로 밝게 해석하고 인생을 희망차게 생각하는 사람이 되어야 하며, 언제나 주의 깊고 굳건한 인내심과 자제력에 의해 자신을 단련시켜야 한다. 아름다운 행동 즉 미덕은 지혜의 본질이고, 미덕이 아닌 것은 추할 수밖에 없다.

08
좋은 친구는
소중하다

친구가 없으면 한평생 고독하다.

많은 사람 속에 있어도 혼자 있는 것 같고 불행하다. 그러나 좋은 친구가 있으면 인생이 즐거움과 행복으로 가득해진다. 친구가 없는 사람은 고난과 역경 속에서 도와줄 사람이 없다. 혼자서 해결해야 하며 큰일을 감당하기 어렵다.

반대로 친구가 많으면 큰 위기에 빠져도 여러 사람의 도움을 받아 무난히 해결할 수 있게 된다. 친구가 없으면 정신적으로 고독하고 무슨 일이나 주위의 도움 없이 혼자서 처리해야 하므로 성공하기 힘들다. 하지만 친구가 많은 사람은 좋은 정보와 조언으로 어려운 일도 거뜬히 해결하고 승리할 수 있다.

최고는 최악을 친구로 삼는다. 최악이 없으면 최고는 순식간에 바닥으로 추락한다. 최악이라는 고통과 시련 속에서 빛을 밝히는 최고만이 즐거움과 행복을 느낄 수 있다. 최고가 탄생하는 배경에는 언제나 최악의 고통과 역경이 함께한다. 최악의 조건은 최고가 되기 위해서 반드시 거쳐야 하는 관문이다.

우리는 흔히 정상에 오른 사람은 어느 날 갑자기 되었다고 생각한다. 사람들은 과정은 모르고 결과에 대해서만 알고 있다. 성공한 사람이 누리는 영광과 만족을 보면서 부러워하고 자신도 그렇게 되고 싶어 한다. 그것은 최고가 되기까지의 과정을 잘 모르고 하는 말이다. 과정 없는 결과는 없으며, 원인 없는 결과도 없다. 결과가 있으면 그만큼의 노력이 숨어 있다. 숨어 있는 노력과 최악의 고난과 고통을 이겨내는 인내가 성공할 수 있는 유일한 비결이다.

성공한 사람은 언제나 온 힘을 다하면서도 부족함과 아쉬움을 느낀다. 그런 느낌은 다음에는 더 잘해야겠다는 아쉬움과 잘할 수 있다는 자신감에서 비롯된다. 성공한 사람은 겸손하며, 겸손은 실력 있는 사람이 보여주는 미덕이다. 최고의 경지에 오른 사람은 언제나 초보자의 마음과 겸손한 마음으로 살아간다.

그러나 자신이 최고라고 인정하고 안주하는 순간에 몰락의 시간은 다가온다. 최고가 되었어도 또다시 새로운 최고가 될 수 있도록 끊임없이 노력해야 최고를 지키는 유일한 비결이 될 수 있다. 또한, 최고를 지키기 위해서는 무엇보다도 인간관계가 좋아야 한다. 그중에서도 좋은 친구관계를 유지할 수 있어야 한다.

한 귀족의 아들이 방학이 되어 시골에 놀러 가, 수영하려고 강에 뛰어들었다. 하지만 소년은 그만 발에 쥐가 나서 물에 빠져 죽게 되었다. 이때 지나가던 한 소년이 생명을 구해 주었다. 이를 계기로 두 소년은 친해졌다. 시골소년이 13살이 되어 초등학교를 졸업하자 귀족소년이 물었다.

"넌 커서 뭐가 되고 싶니?" 그러자 시골소년은 "의사가 되고 싶어. 그렇지만 우리 집은 가난하고 식구들이 많아서 상급학교에 진학하지 못하고 일을 할 수밖에 없어. 둘째 형이 런던에서 안과의사로 일하지만, 아직 내 학비를 마련해 줄 형편은 못 돼."라고 힘없이 대답하였다.

이 말을 듣고 귀족소년은 자신의 아버지를 설득하여 시골소년을 런던의 의과대학에 다닐 수 있도록 해주었다. 바로 이 시골소년이 포도당구균이라는 세균을 연구하여 페니실린이라는 기적의 약을 발명해낸 알렉산더 플레밍이었다. 그 후, 제2차 세계대전이 일어났다. 전쟁 중에 귀족소년은 폐렴에 걸려 다시 한 번 목숨이 위태로워졌다. 이 소식을 들은 시골소년 플레밍은 전쟁터로 달려가 자신이 발견한 페니실린을 이용해 만든 약으로 귀족소년의 목숨을 구해주었다.

이렇게 시골소년이 두 번이나 목숨을 구해준 귀족소년은 바로 영국의 위대한 지도자 윈스턴 처칠 수상이었다. 플레밍과 처칠, 두 사람이 서로 도움을 주고받는 과정에서 우리는 좋은 친구관계를 유지하는 것이 얼마나 중요한가를 알 수 있다.

주위의 친구를 보면 그 사람을 알 수 있다는 말이 있다. 술을 즐기지 않는 사람은 술꾼과 어울릴 수 없다. 진실한 사람은 거짓말을 밥 먹듯이 하는 사람과 어울릴 수 없다.

타락한 인간과 사귀게 되면 취미가 속되고 사고방식도 불건전해진다. 나쁜 친구와 사귀게 되면 인격은 필연적으로 저속해지고 말과 행동이 불손해진다. 주위 사람에게 나쁜 영향을 미치게 된다. 우리는 언제나 선량하고 밝은 친구의 영향을 받고 자유의지를 양심적으로 펴나가야 한다.

자신보다 뛰어난 친구를 사귀고 그 모범을 본받을 수 있어야 할 것이다. 긍정적이고 적극적인 생각을 하는 훌륭한 사람과 사귀는 것은 항상 좋은 자양분이 된다. 반대로 나쁜 친구와 사귀게 되면 악에 물들 가능성이 높아진다. 우정은 너무나 소중하다. 항상 가까이 있어서 좋은 친구가 있고, 멀리 떨어져 있어서 좋은 친구가 있다.

진실한 우정을 유지하는 것은 아무리 강조해도 지나치지 않다. 우정을 키우는 방법은 어떻게 하면 그 친구의 장점을 키울 수 있는지 알아내는 것이다. 세상을 얻는 비결은 좋은 친구관계를 유지하는 것이다. 친구를 가질 수 없다면 당신의 인생은 무의미하고, 고독한 삶을 살아갈 수밖에 없다. 우정은 서로 나누는 것이다. 깊은 우정을 나누면 서로의 장점을 발견하게 되고 더욱 키울 수 있게 된다.

가장 좋은 친구는 서로에게 진심 어린 충고를 할 수 있어야 한다. 비록 그 말이 듣기 싫고 마음을 아프게 하더라도, 서로의 마음을 열게 되면서 우정은 더욱 깊어진다.

두 친구가 있었다. 어느 날, 친구 집에 놀러 와 술대접을 받았다. 처음에 친구는 재미있게 이야기하며 웃음을 그치지 않았다. 저녁이 되어 등불을 켜자 갑자기 얼굴빛이 달라지더니 입을 다물고 자리에서 일어났다. 주인은 친구가 다른 일이 있어 그러려니 생각하고 더 이상 붙잡지 않았다. 그러나 한 번 그러고 간 뒤로 친구는 다시는 찾아오지 않았다. 사람을 보내 알아보았더니 친구가 병에 걸려 누워 있다는 것이었다.

그는 친구를 찾아가 살펴보니 얼굴빛이 나빠지고 기운이 없어 보였지만, 특별하게 아픈 구석이 있는 것은 아니었다. 친구 역시 특별한 병명을 대지 않았다. "그래도 어디 짚이는 것이 있지 않겠나." "글쎄, 언짢은 일이 있긴 있었네." "그게 뭔가. 원인을 알아야 병을 고칠 게 아닌가."

친구는 어찌 된 사연을 이야기했다. "전에 그대 집에서 술을 먹지 않았나?" "그렇지." "수는 술을 받아먹다가 문득 술잔을 들여다보니, 뱀이 있어 징그럽기 그지없었네. 그러나 호의로 주는 술이라 눈을 딱 감고 마셔 버렸지. 그 뒤로 병을 앓게 되었네."

그는 마음에 짚이는 것이 있어 빙그레 미소를 짓고, 억지로 친구를 일으켜 자기 집으로 데려갔다. 그리고 전날처럼 다시 술을 내오게 했다. 친구는 펄쩍 뛰었지만, 그는 두고 보자며 벽에 등불까지 밝히게 했다.

그는 친구에게 술을 주며 말했다. "술잔을 들여다보게." 친구는 술잔을 들여 보았더니, 술잔 속에는 뱀이 한 마리 들어 있었다. 친구는 화를 냈다. "그대는 나를 말려 죽일 심산이오?"

옷을 떨치며 일어서는 친구를 붙들어 앉히고 그는 말했다. "그게 어디 뱀인가? 자세히 들여다보게." 그러고는 껄껄 웃었다. 친구는 정신을 차려 자세히 술잔 속을 노려보았다. 그리고 그것이 진짜 뱀이 아니라 그림자인 것을 깨달았다. "이게 무슨 변괴인가?" 친구는 술잔 속의 술을 쏟아버렸다. 놀랍게도 술이 없어지자 술잔에는 아무것도 보이지 않았다. 실제로 뱀이 있었던 것도 술잔바닥에 그려진 것도 아니었다. "그건 저 활 그림자라네." 그는 벽에 걸린 활을 손짓해 보였고, 활의 몸통에 그려진 뱀이 불빛에 되비쳐 술잔에 어린 것이었다. 그 뒤로 친구의 병은 말끔히 나았다.

이 세상에 무슨 일이든지 그 원인을 찾아보면 해답이 나오게 마련이다. 뱀이 들어있다고 생각하고 술을 먹은 친구는 어리석게도 주인에게 자초지종을 물어보지도 않고, 혼자서 자기 마음대로 상상을 하고 고민하다가 병을 앓게 되었던 것이다.

순자는 이렇게 말했다. "쑥은 수풀 속에 자라면 일부러 받쳐 주지 않아도 곧게 자란다. 흰 모래도 더러운 진흙 속에 섞이면 진흙과 똑같아진다. 난의 향기 나는 뿌리를 백지라고 한다. 그러나 백지를 역겨운 냄새가 나는 썩은 물에 담가두면 군자도 가까이하지 않고, 평범한 사람들도 더 이상 백지에 탄복하지 않는다. 이것은 백지가 본래 아름답지 않기 때문이 아니라, 썩은 물에 잠겼기 때문이다."

순자의 말은 어떤 친구를 가까이하느냐에 따라 자신의 인품이 달라지므로, 친구를 사귈 때는 항상 훌륭한 친구를 가까이 두어야 한다. 정직하고 신의가 있고 지식이 깊은 친구를 사귀어야 한다. 이리 붙었다가 저리 붙었다 하는 사람, 앞에서는 아첨하고 뒤에서는 험담을 늘어놓는 사람, 말만 번지르르한 사람은 멀리해야 한다.

가까이해야 할 친구는 품행이 단정하고 선량한 마음을 지닌 사람이다. 또한, 기꺼이 남을 도울 줄 알고, 항상 노력하고 발전하는 사람이어야 한다. 유익한 친구를 사귀고 해로운 친구는 멀리해야 한다. 친구를 사귀는 데 있어 많은 친구를 사귀는 것보다 깊이 있는 사귐이 중요하다. 적당한 선택 기준 없이 친구가 많은 것을 자랑으로 여기는 사람은 매일 친구를 만나느라 바쁘다. 친구와 시간을 보내는 데 열중하다 보면 일상생활이나 업무에 지장을 초래한다. 친구가 너무 많으면 유익한 친구를 가려 사귀기 힘들어진다. 많은 친구 중에는 품행이 단정하지 않거나 선량하지 않은 사람이 있다. 반드시 벗을 사귀는 데 신중해야 한다.

친구관계는 흐르는 맑은 물처럼 쉬지 않고 끊임없이 멀리 흘러가야 한다. 간소하면서도 고상하고 온화하면서 사리가 분명하게, 서로의 우정을 나누어야 한다. 서로 아름답고 유익한 친구관계가 지속하여야 좋다.

제나라 환공이 제후를 규합하여 천하의 패자로 군림할 수 있었던 것은 관중의 능력이었다. 제나라가 융성하고 관중이 영달을 얻기까지는 포숙아의 우정의 덕이 컸다. 관중은 포숙아에 대한 고마운 마음을 회고하며 이렇게 말했다.

"내가 젊어 가난했을 때 포숙아와 함께 장사하면서 나는 언제나 그보다 더 많은 이득을 취했다. 그러나 포숙아는 나를 욕심쟁이라고 말하지 않았다. 그는 내가 가난한 것을 알고 있었기 때문이다. 또 몇 번씩 벼슬에 나갔으나 그때마다 쫓겨났다. 그는 나를 무능하다고 흉보지 않았다. 내게 아직 운이 따르지 않았다고 생각한 것이다. 나를 낳아준 이는 부모이지만 나를 진정으로 알아준 사람은 포숙아다."

관중과 포숙아의 두터운 우정은 관포지교라는 말로 후세에 널리 알려졌다.

09
당신은 어떤 사람인가

욕망에 사로잡힌 사람의 길은 험난하고, 신념을 지닌 사람은 평탄하다. 강렬한 욕망은 예외 없이 엄청난 의지가 있다. 문제는 우리가 스스로 그 욕망을 다스리지 못하는 데 있다.

주체할 수 없는 욕망은 오로지 그 욕망을 채우기 위한 욕심으로 가득 차 있다. 스스로 강렬한 욕망에 저항해야 한다. 자신의 욕망을 줄일 수 있어야 정신적으로 건강해지고 인간관계가 깊어지며 활력이 샘솟는다. 이기적 욕망을 줄일 수 있다면 편안하고 안정된 삶을 살아갈 수 있다. 욕망은 자신이 자신을 억제해야 한다.

자신에게 어울리는 일을 찾아서 매진하는 사람은 아름답다. 자신에게 어울리는 일은 신바람이 나고 재미가 있다. 그 일을 하지 않으면 늘 마음 한구석이 아쉬워진다. 어울리는 일은 차분하면서도 마음은 언제나 미래를 향하고 있다. 어울리는 일을 찾아내는 일이 바로 자신을 발견하는 것이다. 어울리는 일은 현실의 틀에서 벗어나 도전하면서 느끼는 아름다운 일이다. 욕망에 사로잡히면 모든 것을 잃어버리게 된다.

어떤 상인이 도시로 물건을 사러 갔다. 며칠 후면, 할인 판매가 있다는 사실을 알고 그는 그때까지 기다렸다가 물건을 구매하기로 마음을 먹었다. 가지고 있는 돈을 몸에 지니고 있으면 위험할 것 같아서 조용한 곳으로 가서 그 돈을 전부 땅에 파묻었다.

상인은 다음 날, 그곳에 가보니 돈이 없어진 것을 확인하였다. 주위를 둘러보니 외딴곳에 집이 한 채 있었으며, 그 집의 벽에 구멍이 뚫려 있다는 사실을 발견했다. 그는 분명히 그 집에 사는 사람이 구멍으로 자기가 돈을 땅에 숨기는 것을 보고 있다가 나중에 꺼내 간 것으로 판단했다.

얼마 후, 상인은 그 집으로 가서 사는 사람에게 이렇게 말했다. "선생님은 도시에 살고 계시니까 머리가 영리하시겠군요. 저에게 지혜를 알려주십시오. 저는 물건을 구매하려고 이 도시에 왔는데 지갑 두 개를 가지고 왔습니다. 한 지갑에는 은화 오백 개가 들어 있고 다른 지갑에는 은화 팔백 개가 들어 있습니다. 저는 그 작은 지갑을 남몰래 어느 곳에 묻어 두었습니다. 그런데 나머지 큰 지갑도 땅속에 묻어 두는 것이 좋겠습니까. 아니면 믿을 만한 사람에게 맡기는 것이 좋겠습니까?"

그 집의 사람이 대답했다. "나라면 아무도 믿지 않겠소. 작은 지갑을 묻어 둔 곳에 함께 묻어두겠소."

상인이 돌아가자 욕망에 사로잡힌 그 남자는 훔친 돈지갑을 처음 묻어 두었던 자리에 묻었다. 상인은 그 광경을 몰래 지켜보다가 자신의 지갑을 무사히 찾아내었다.

<u>스스로 일해서 얻은 것이 값지고 귀중하며</u>, 불로소득으로 얻은 재산은 쉽게 빠져나간다. 욕망을 자제하고 양심의 명령에 복종해야 하며, 도덕적인 정신과 선량한 마음을 가져야 한다. 욕망의 노예가 되고 싶지 않다면 자신의 감정을 조절할 수 있어야 한다. 욕망에 이끌리는 사람은 자신의 책임과 의무를 다할 수 없다.

지혜로 자신의 인격을 가꾸려면 변덕스러운 감정을 통제할 수 있어야 한다. 우리는 하늘을 우러러 한 점 부끄럼 없는 양심적인 사람이 되어야 한다. 그렇지 않으면 욕망에 사로잡힌 무절제한 인간으로 전락해버리고 말 것이다.

하버드 스펜서는 이렇게 말했다. "뛰어난 자제심은 이상적인 인간이 지닌 완벽함 중의 하나이다. 우리들은 충동에 휘말리지 않고 자신을 엄습해오는 갖가지 욕망에도 휘둘리지 말며, 스스로 자제하고 마음의 평정을 유지하며 머릿속에 떠오르는 감정들을 정리 정돈함으로써 그 최종적인 결정에 따라가야 한다. 그렇게 한다면 취해야 할 행동들을 언제나 <u>심사숙고한 뒤에 냉정하게 결정</u>할 수 있을 것이다. 이러한 노력이 바로 교육, 그중에서도 특히 도덕교육을 행하는 것과 연결된다."

주의 깊고 굳건한 인내심과 자제력은 우리에게 가장 필요한 덕목이다. 성격이나 습관은 철저하게 기르도록 가르쳐주어야 한다.

어떤 일에서나 어려움을 건너고 만족감을 맛볼 것인가 아니면 불평불만을 늘어놓을 것인가는 그 사람의 선택에 달려 있다.

우리는 언제나 자신에게 주어진 환경이나 상황을 <u>긍정적으로 해석하고 인생을 희망 있게 바라보는</u> 사람이 되어야 한다. 인생은 자신의 감정을 어떻게 갖느냐에 따라서 성공과 실패가 좌우된다. 성공한 사람은 언제나 적극적이고 명랑하게 인생을 즐겁게 보낸다.

반대로 실패한 사람은 부정적이고 우울하게 어둡고 괴로운 인생을 만들어 나간다. 자신의 성격 그 자체가 주위 사람들에게 영향을 미치고 또다시 자기에게 돌아온다. 우리는 언제나 세상을 밝고 아름답게 바라보아야 한다. 주위 사람들에게 선한 영향력을 끼치는 현명하고 지혜로운 사람이 될 수 있도록 항상 노력해야 한다.

뮤지컬 배우 최정원은 2008년 스웨덴의 전설적인 보컬 ABBA의 초청으로 스웨덴을 대표하는 뮤지션들의 갈라 콘서트에서 7일간 아바를 대표해 도나를 연기한 전 세계 대표배우 중의 한 명이었다. 당시 그룹 아바는 〈맘마미아〉에서 배역별로 세계최고 뮤지컬배우를 초청해 스웨덴에서 공연했다.

그녀는 다섯 살 무렵, 유치원을 다닐 때부터 당시 유행했던 노래를 하면 동네에서 모두 잘한다고 칭찬을 받았다. 어릴 때부터 그녀는 남녀노소 할 것 없이 여러 동작이나 성대모사를 혼자 거울을 보며 연습해 경지에 오를 정도였다. 초등학교 시절에도 거울 앞에서 역할놀이를 계속했다. 4학년 때 연기를 잘하는 것을 보고 어머니가 연기학원에 다니게 했다. 〈에밀레종〉이라는 연극에 출연한 그녀는 아이 같지 않다는 평을 들으면서 세종문화회관에서 공연하였으며 방송에도 나가게 됐다. 어린 나이에도 연극을 통해 이름이 널리 알려지게 되었다.

그런데 6학년이 되자 연극을 그만두게 되었다. 평범한 중학생 시절을 보낼 수밖에 없었으나, 웅변대회에 나가서 대상을 받는 기염도 토했다. 고등학교에 들어가서는 트럼펫을 사서 독학을 했는데 어머니가 레슨을 시켜주었다. 그녀는 트럼펫은 머릿속으로 정확한 소리와 계음을 생각하지 않으면 소리를 내기 어려우므로, 흡사 배우와 같다는 느낌이 들었다. 트럼펫을 통해서 음악을 공부하게 되었고, 훗날 뮤지컬 배우가 되는 데 큰 도움이 되었다.

드디어 최정원에게 다시 연기를 시작하게 된 계기가 다가왔으니 고등학교 2학년 때 주말의 명화에서 뮤지컬 영화 〈사랑은 비를 타고〉를 보는데, 가족들은 모두 손뼉 치며 즐겁게 감상하는데 그녀의 눈에는 눈물이 줄줄 흘러내렸다. 남자 주인공의 사랑에 흠뻑 빠진 모습에 감동하고, 뮤지컬을 해야겠다는 굳은 신념을 지니게 되었다.

그 이후 그녀는 뮤지컬과 관련된 책을 읽고 공부를 하게 되었다. 고등학교 3학년 때 롯데월드 예술단의 뮤지컬 배우 오디션에 지원했다. 혼자서 책과 영화를 통해 보고 느끼고 익혔던 연기와 춤과 함께 마이클 잭슨의 벤을 불러서 합격한 것이 뮤지컬 배우의 시작이었다. 그녀는 드라마나 영화 출연제의가 들어오면 모두 거절한다. 무대 현장에서 생생히 받는 관객들의 박수소리 때문에 오직 뮤지컬 배우로만 전념하고 있다. 최정원은 관객의 박수소리와 성원에 힘입어 뮤지컬 배우로서 국민으로부터 사랑받고 있는 것이다.

신념을 지니고 있는 사람은 아무리 힘들고 어려운 일이라도 능히 해결하고 잘할 수 있다. 세상을 올바른 방향으로 이끄는 것은 <u>굳은 신념과 용기를 가진 사람</u>이다. 의지가 박약한 인간은 아무런 공적도 남기지 못한다. 굳은 신념을 지닌 사람의 일생은 세상을 비추는 등불이다. 그들의 사상이나 정신은 사람들에게 깊은 감동을 준다.

　사람은 반드시 자기만의 원칙이 있어야 한다. 다른 사람에게 비위를 맞추기 위해 경솔하게 원칙을 바꾸면 안 된다. 신념이 없는 사람은 자기 생각과 다른 주장에 부딪히면 어찌해야 할 바를 몰라 크게 당황해 하고, 아주 쉽게 자기 뜻을 포기해버린다.

　할아버지와 손자가 나귀를 끌며 가고 있었다. 처음에는 할아버지가 나귀를 타고 손자는 걸어갔다. 잠시 후 길에서 마주친 소년들은 어떻게 자기만 편안하게 나귀를 타고 어린 손자를 힘들게 할 수 있느냐며 할아버지를 비난했다. 할아버지도 생각해보니 소년들의 말이 맞는 것 같았다. 손자는 아직 어리니 이렇게 오래 걷는 것은 분명 힘들 것이었다.

　그래서 할아버지는 나귀에서 내리고 손자를 태웠다. 손자가 나귀를 탄 지 얼마 되지 않아 지나가는 사람들과 마주쳤다. 사람들은 입을 모아 나귀를 타고 있는 손자를 욕했다. 어떻게 나이 든 할아버지를 걷게 하고 자기만 편안하게 나귀를 탈 수 있는가, 하고 손자는 생각하였다. 손자는 할아버지에게 죄송하다고 말하고 나귀에서 내렸다.

　그리고는 아예 나귀를 타지 않고 같이 걷기로 했다. 잠시 후 두 사람은 또다시 지나가는 사람의 비웃음거리가 되었다. 두 사람은 나귀가 있는데도 타지 않고 힘들게 두 다리로 걸어가고 있으니 어리석다고 비웃었다. 할아버지와 손자는 사람들이 하는 말을 듣고 이 말도 일리가 있다고 생각하였다. 짐을 지는 나귀는 편하게 가고 왜 사람이 걸어가는가 생각하고 두 사람은 같이 나귀를 타기로 했다.

　그러나 또 얼마 가지 않아 두 사람은 또 다른 비난에 부딪혔다. 사람들은 이 두 사람에게 욕을 하였다. 두 사람이 나귀 등에 올라타고 있으니 나귀가 얼마나 힘들겠냐고 나무랐다. 할아버지와 손자는 이 말도 일리가 있다 생각하고 당장 나귀 등에서 내려왔다.

우리는 어떤 일을 할 때 자신의 주관과 신념이 확고해야 세상을 올바르게 살 수 있다. 원칙이 없이 중심을 잡지 못하면 평생 고민하고 주저하게 되며 불행한 삶을 살아가게 될 것이다.

로키산맥 해발 3,000M 높이에 수목한계선이 있다. 이곳의 나무들은 너무나 매서운 바람 때문에 곧게 자라지 못하고, 마치 사람이 무릎을 꿇고 있는 모습을 한 채 서 있다. 눈보라가 얼마나 심한지. 이 나무들은 생존을 위해 그야말로 무릎을 꿇고 사는 법을 배워야 한다.

그런데 세계적으로 가장 유명한 명품 바이올린은 바로 이 무릎 꿇은 나무로 만들고 있다. 우리는 모두 온갖 매서운 바람과 눈보라 속에서 순응하는 법을 배운다. 제각기 삶을 연주하고, 때로는 슬픈 곡조를 어떤 때는 기쁘고 행복한 곡조를 연주하곤 한다.

만약 당신이 지금 현재 어두운 터널을 지나고 있다면, 이제 곧 자신을 행복으로 이끌어줄 더욱더 아름다운 선율을 연주할 연습을 하고 있다고 생각하라.

조금만 더 힘을 내어야 한다. 인생이라는 매서운 바람과 눈보라 속을 헤치고 나아가야 한다. 거대한 산 앞에 겸손히 무릎 꿇은 자가 되어 자신만의 선율을 연주하면서 세상에서 하나밖에 없는 명품 바이올린 같은 삶을 살아가야 한다. 우리는 누구나 다 행복하게 살기를 원한다. 모든 일을 미리 생각해 두어야 하며, 평소에 준비해두지 않고 일이 닥친 후에야 대응책을 생각하려면 이미 늦다.

살다 보면 우리 뜻대로 할 수 없는 온갖 불행과 재난이 시도 때도 없이 밀려온다. 일이 생기기 전에 미리 생각해두면 일을 원만하게 해결할 수 있다.

10
많이
베풀어라

한 청년이 있었다. 그는 늘 자신이 때를 잘못 타고난 탓에 가난한 것이라고 불평했다. 그의 얼굴은 항상 불만과 부정적인 생각으로 잔뜩 일그러져 있었다.

어느 날, 스승이 그에게 물었다. "젊은이, 왜 그리 얼굴을 찡그리고 있나." "전 왜 이렇게 가난한지 모르겠습니다." "가난하다고 내가 보기엔 자네는 아주 부자인걸."

그는 놀라면서 "제가 부자라고요?" 스승은 청년에게 조용하게 말했다. "내가 자네의 손가락 하나를 자르고 천 달러를 준다고 하면 그렇게 하겠는가." "아니요, 하지 않겠습니다."

그러자 스승은 "자네, 한쪽 손을 자르고 10만 달러를 준다면 하겠는가." "하지 않겠습니다."

스승은 다시 물었다. "자네의 두 눈을 50만 달러에 팔게나." "다른 데 가서 알아보세요."

한참 후, 스승은 의미심장하게 질문했다. "자네가 지금 당장 죽는다면 100만 달러를 주겠네. 어쩌겠는가?" "말도 안 되는 소리 마세요."

스승은 청년에게 이렇게 충고했다. "그렇다면 자네에겐 이미 <u>100만 달러의 재산</u>이 있는 셈이 아닌가. 그런데 가난하다고 어깨를 축 늘어뜨리고 있을 텐가?" 청년은 스승의 말을 듣고 아무 말도 하지 못했다.

인생을 바라보는 시각에 따라 불행이 행복으로 변한다. 불행에서 벗어날 수 있는 유일한 방법은 행복하다고 생각하고, 행복한 눈으로 세상을 바라보고, 모든 일에 만족하면서 살아가는 것이다. 그러나 불행의 강에 자신의 몸을 던지고 슬픔으로 자신의 몸을 적시는 사람은 영원히 행복할 수 없다.

행복과 불행은 동전의 양면처럼 아주 순식간에 일어나고 눈 깜짝할 사이에 위치가 바뀐다. 우리 인생에는 수많은 일이 복잡하게 섞여 있으며, 사람들은 종종 망연자실하거나 당황하거나 꿈을 잃고 방황한다.

인생은 언제나 고난의 연속이며, 어쩌다 작은 성공을 거두고 의기양양해 있으면 갑자기 어디선가 진눈이 쏟아서 정신을 쏙 빼놓을 때도 있고, 꿈을 잃거나 실의하며 방황하고 있을 때 갑자기 막혔던 앞길이 확 트이면서 순식간에 성공을 거머쥐기도 한다.

우리는 뜻을 이루면 아주 기쁜 나머지 자신의 처지를 잊어버리고 말지만, 바로 옆에 와 있는 재난을 발견하지 못한다. 우리 주변에는 이런 일이 수도 없이 많이 일어난다.

행운이 부드러운 미소를 지으며 다가오면 우리는 모든 일이 순조롭게 진행되고 있다고 생각하고, 눈앞에 놓인 돈을 내 호주머니에 집어넣는 것처럼 달콤한 유혹이 다가오지만, 앞으로 어떤 결과가 펼쳐질지 아무도 모른다.

행복의 뒷면에는 반드시 불행이 도사리고 있으며, 기쁨에 취해 큰 소리로 자신 있게 외쳐대지만 얼마 지나지 않아 불행이 닥쳐올지도 모른다. 재물에 대한 욕심을 버리는 것은 예상치 못한 불행을 대처하는 좋은 방법이며, 모든 일에 조금 더 담담해지고 눈앞의 이익에 현혹되어서는 안 된다.

좋은 일이 생겼을 때는 너무 호들갑스럽게 기뻐하지 말고 모든 유혹에 초연하게 대처하는 지혜로운 사람이 되어야 한다. 무슨 일이 생기더라도 평상심을 잃지 말고 의연하게 대처해야 한다.

옛날에 변방 지역에 사는 한 노인이 있었는데 사람들은 모두 그를 새옹이라 불렀다. 어느 날 새옹의 집에서 기르던 말 한 마리가 도망쳤다. 이웃 사람들은 이 소식을 듣고 새옹을 찾아와 위로하자, 새옹은 아무렇지도 않은 듯 이렇게 말했다. "물론 말을 잃어버린 것은 나쁜 일이지만 이것 때문에 더 좋은 일이 생길지 누가 알겠소."

얼마 후, 도망쳤던 새옹의 말이 다른 준마 한 마리를 데리고 돌아오자, 이웃들이 찾아와 새옹에게 축하를 하면서, 말을 잃어버렸을 때 했던 이야기가 선견지명이 있는 말씀이라며 그를 칭찬하였다. 그러자 새옹은 근심스러운 표정으로 말했다. "이번 일 때문에 안 좋은 일이 생길지 누가 알겠소."

새옹의 집에 준마 한 마리가 늘어나자 새옹의 젊은 아들이 기뻐하고, 거의 매일 준마를 타고 달리느라 시간 가는 줄 몰랐다. 어느 날, 새옹의 아들은 말을 타고 달리면서 지나치게 재주를 부리다가 땅에 떨어져서 다리를 다쳐 절름발이가 되었다. 이웃들은 이 소식을 듣고 위로의 말을 건네자, 새옹은 태연하게 말했다. "이것 때문에 더 좋은 일이 생길지 누가 알겠소."

얼마 지나지 않아, 전쟁이 일어나고 신체 건강한 청년들은 모두 싸움터에 나갔으며, 이들 중 거의 모두 목숨을 잃었다. 그러나 새옹의 아들은 절름발이였기 때문에 다행히 군대에 가지 않았고 목숨을 건지게 되었다.

좋은 일과 나쁜 일은 절대적인 것이 아니고, 상황이 변하면 나쁜 일이 좋은 결과를 만들어 내기도 하고, 반대로 좋은 일이 나쁜 결과를 만들어 내는 것이다.

순자는 말한다. "엄숙하고 신중하되 절대 나태하지 말아야 한다. 기쁜 소식을 전하러 온 손님이 아직 집에 있지만, 슬픈 소식을 전하러 온 손님이 벌써 문 앞에 기다리고 있다. 우환은 종종 행복과 아주 가까이 있다. 그러나 사람들은 대부분 화와 복이 어디에서 오는지 모르고 있다. 반드시 미리 내다볼 줄 알아야 한다."

인생을 바라보는 시각에 따라 불행이 행복으로 변한다. 언제나 긍정적인 마음으로 세상을 바라보며, 자신의 꿈과 목표를 향하여 열심히 노력해야 한다.

왕이 전쟁에서 승리하고 돌아온 장군들을 위해 큰 잔치를 베풀었다. 잔치에는 후궁들도 초대되어 장군들의 노고를 위로하기 위해 춤과 노래를 선보였다. 잔치는 밤늦게 계속되어 모두 술에 취해 시간 가는 줄을 몰랐다.

그런데 갑자기 불어온 세찬 바람에 촛불이 모두 꺼져 주위는 칠흑 같은 어둠 속에 잠겼다. 이때 한 후궁의 비명이 들려 왔으며, 잠시 후 불이 켜지자 후궁이 울면서 왕에게 이렇게 말했다. "마마, 아까 불이 꺼졌을 때 누군가 소녀의 가슴을 만졌습니다. 제가 그자의 갓끈을 끊었으니 이 중에 갓끈이 끊어진 자를 잡아서 큰 벌을 내리십시오."

그러자 왕은 잠시 생각을 하더니 모두에게 이렇게 말했다. "들으시오. 지금 다시 불을 끌 테니 모두 갓끈을 끊도록 하시오. 술을 많이 마시면 실수를 하게 되는 법이니 잠시의 실수로 큰 벌을 내린다면 살아 있는 자가 얼마나 되겠소." 다시 불을 끄자 장군들이 모두 갓끈을 끊어버렸다.

그 후, 반란이 일어나 왕을 죽이려고 군사들이 대궐로 쳐들어왔을 때, 목숨을 바쳐 왕을 구한 장군이 있었다. 바로 그가 후궁의 가슴을 만진 장군이었다. 세상은 누구나 실수를 하게 마련이며, 그 실수를 추궁하기보다는 <u>너그럽게 관용을 베풀 줄 아는 현명한 사람</u>이 되어야 한다.

타인의 행복을 바라는 것은 곧 자신의 행복을 추구하는 것이다. 인생의 행복은 평정을 잃지 않는 성격, 인내력과 관용, 주위 사람들에 관한 호의와 배려 등이 필요하다. 낙천적인 성격을 가진 사람은 <u>언제나 좋은 면을 바라보고</u>, 재난이나 역경 속에서도 희망을 바라본다.

또한, 어려움과 고통을 행복으로 바꾸어 만족감을 얻을 수 있는 지혜를 가지고 있다. 아무리 하늘이 어두워도 구름 사이로 새어나오는 태양의 빛을 발견해낸다. 설사 태양은 안 보이더라도 언젠가는 반드시 모습을 나타내고 빛난다는 사실을 알고 있다. 그들의 눈은 언제나 기쁨으로 충만해 있으며, 보이는 것 모두를 아름답게 바라보며 희망찬 시각을 가지고 있다. 그들은 괴로운 일도 기꺼이 떠맡으며, 불평과 고민을 하거나 아무런 도움이 되지 않는 부정적인 생각이나 행동에 쓸데없이 에너지를 낭비하지 않는다.

눈앞의 악을 미래의 선으로 바꾸고, 시련을 자신의 가슴으로 받아들인다. 자신의 약점을 찾아내어 보강하고, 어떤 일에도 기쁨을 느끼고 쾌활하고 행복한 삶을 살아가야 한다. 큰 기쁨을 갖고 있는 사람은 슬픔 속에서도 즐거움을 발견한다.

제레미 테일러는 이렇게 말했다.

"나는 세금 징수원에게 몽땅 털려버렸다. 그들은 아무것도 안 남기고 가져가 버렸지만, 그것이 나와 무슨 상관이란 말이냐. 주위를 둘러보자. 나에게 태양과 달, 사랑하는 아내, 나를 마음 편안하게 해주는 친구들을 남기 수었다. 게다가 선교를 계속할 수도 있다. 나의 신앙심과 양심은 빼앗아 갈 수가 없다. 나는 예전처럼 변함없이 명상에 잠기고 있다. 큰 기쁨거리를 많이 가진 사람은 슬픔이나 불만 속에서도 즐거움을 발견한다. 한 줌의 고민밖에는 받아들이지 않는 것이다."

밝고 명랑한 성격은 선천적이다. 인생에서 행복을 누릴 것인가 아니면 불행을 당할 것인가는 자신에게 달려 있다. 인간은 누구나 생각하는 관점에 따라 항상 두 가지의 선택이 있다. 행복을 선택할 것인가 아니면 불행을 당할 것인가는 스스로에 달려 있다.

갈림길에서 행복과 친해지든 불행에 굴복하든 그 어느 쪽을 선택하게 되는 것이다. 우리는 노력하면 얼마든지 부정적인 면이 아니라 긍정적인 면을 바라볼 수 있는 성격을 가질 수 있다.

먹구름이 우리를 향해 가득 몰려와 있어도, 그 뒷면에 찬란한 태양이 빛나고 있음을 굳게 믿으며, 꿈과 목표를 향하여 열심히 노력해야 한다.

긍정적인 생각은 언제나 인생의 밝은 면을 또렷하고 아름답게 바라볼 수 있으며, 쌀쌀한 마음을 비추어 따뜻하게 하고, 실의에 빠진 사람에게 용기를 북돋아 준다. 눈동자의 반짝임은 지성에 빛을 더하여 아름다운 것을 더욱 아름답게 해준다. 반짝임이 없으면 태양의 밝은 빛을 느낄 수 없으며, 세상의 모든 것이 생명이 없는 빈 껍질같이 보이게 된다. 밝고 명랑한 것은 인간을 키우기 위한 최상의 토양이다. 마음에는 밝음을 정신에는 강한 힘을 부여한다.

언제나 명랑한 기분을 가져라. 쾌활한 마음은 약과 같이 사람에게 유익하다는 말이 있다. 쾌활함은 휴식과도 같고, 힘도 다시 솟아나지만 괴로워하고 불만이 많으면 기력은 쇠약해지고 심신이 소모될 뿐이다.

성공한 사람은 항상 감사하는 생활을 하고 현재의 인생을 즐기고 기쁨을 느끼는 사람이다. 그들은 언제나 바쁘게 일하며 어떤 일에도 기쁨을 느끼고 쾌활하고 행복한 삶을 즐긴다.

인생을 긍정적으로 바라보는 사람은 아무리 힘들고 괴로운 시련이 닥쳐와도 미래의 꿈과 목표를 향하여 지금의 고통을 즐겁게 참아낸다. 자신에게 닥친 불행을 행복으로 승화시킬 줄 아는 현명한 사람이다. 사람은 누군가에게 도움이 되고, 의미 있는 존재가 되면 기쁨과 행복이 가슴 가득 차오르게 된다.

에밀리 디킨슨은 말한다. "만일 내가 누군가의 찢어지는 가슴을 멈추게 할 수 있다면 나 헛되이 사는 것 아니리. 만일 내가 누군가의 아픔을 편안하게 해줄 수 있다면 또는 누군가의 고통을 진정시킬 수 있다면 또는 중요한 한 마리 울새를 제 보금자리로 돌아가게 할 수 있다면 나 헛되이 사는 것은 아니리."

다른 사람을 위로할 수 있는 말이라도 할 수 있다면, 따뜻한 마음으로 상대방의 손을 잡을 수 있다면 자신의 삶은 가치 있다. 가치 있는 삶은 내가 부자가 되고, 지위가 높고, 지식인이 되는 것이 아니다. 내가 가진 것 중에 남에게 나누고 베풀어 주는 것이다. 다른 사람의 삶에 도움을 주는 것이야말로 진정한 기쁨이고 행복이다.

제2장

지금 이 순간이
바로 축복인가

chapter02

11
다른 사람을
도와라

이슬람의 성자인 마호메트는 이렇게 말했다. "모든 선한 행동은 자선이다. 형제의 얼굴을 향해 웃는 것은 자선이다. 동료를 격려하는 것이나 기부금을 내는 것이나 똑같이 덕이 있는 행동이다. 길을 찾는 사람에게 바른길을 알려주는 것은 자선이다. 눈먼 사람을 돕는 것도 자선이다. 길에서 돌이나 가시 같은 장애물을 치우는 것도 자선이다. 목마른 자에게 물을 주는 것도 자선이다. 한 사람이 가진 진정한 부는 그가 이 세상에서 동시대인들에게 베풀어온 선한 행위가 될 것이다. 세상을 떠날 때 다른 사람들은 이렇게 말할 것이다. '그가 재산을 얼마나 많이 남겼는가.' 그러나 천사들은 '그가 지금까지 얼마나 많은 선한 행동들을 쌓아왔는가.'라고 말할 것이다."

다른 사람을 도와주는 것은 결국은 자신을 돕는 것이다. 우리가 하는 모든 말과 행동은 언젠가는 우리에게 모두 다시 돌아오게 된다. 고객에게 많이 주려고 노력하는 상인이 더 많은 매상을 올리고 결과적으로 사업이 번창하고 성공하게 된다.

성공한 사람은 많은 사람에게 이익을 안겨 주고, 자신의 재능과 경험을 알려주려고 노력한다. 많은 사람의 수고를 덜어주는 물건을 만드는데 수고를 아끼지 않는다. 자신만 생각하고 자신만 좋으면 된다고 여겨서는 안 된다. 자신만을 위해 노력하는 인생은 무의미하다. 이기적인 사람은 절대로 행복하지 않다.

이기적인 사람은 겉으로 보기에는 이타적인 사람보다 더 많은 이익을 본다. 그러나 그들은 언제나 불행하고 초조하다.

이기적인 행동으로 작은 이익을 보고 행복해하지만 얼마 가지 못한다. 그들은 언제나 남들보다 조금이라도 손해를 볼까 전전긍긍하며 살아간다. 전혀 행복하지도 않은 삶을 살아간다.

우리는 자기 혼자 행복한 삶이 아니라 다 함께 행복한 인생을 살아가야 한다. 다른 사람에게 힘이 되어주고 용기를 북돋워 주는 사람이 되어야 할 것이다. 누군가에게 희망을 주고 꿈을 심어주어야 한다. 그런 인생이 진정 가치 있는 인생이다. 자신의 눈동자 속에 행복이 깃들어 있다면 세상은 온통 환할 것이다.

죽음을 앞둔 한 젊은 어머니가 자식들에게 행복한 삶을 위해서 어떻게 살아야 하는지 유언을 남겼다. "네가 한 일은 항상 돌아오게 되어 있어. 무엇이든지 간에. 너 자신만의 삶의 대본을 만들어라. 다른 사람이 대신 쓰게 하지 말고. 과거에 다른 사람이 너에게 무슨 짓을 했든지 간에 지금은 더는 유효하지 않아. 단지 네가 집착할 때만 과거는 힘을 갖게 되어 있어. 사람들이 너에게 자신이 누구인지 알려주면, 처음대로 믿어라. 걱정은 시간낭비야. 걱정하는 데 쓸 에너지를 걱정거리를 없애는 데 써라. 무엇이든지 간에 네가 믿는 것이 꿈꾸는 것, 소망하는 것, 희망하는 것보다 더 위력을 발휘해. 너는 자신이 믿는 대로 될 거야. 네가 한 유일한 기도가 '고맙습니다.'라면 그것으로 충분해. 네가 느끼는 행복은 네가 사랑을 주는 만큼 비례할 거야. 실패는 네가 다른 방향으로 향하게 해주는 표지판이야. 네가 모든 사람이 생각하는 것과 반대되는 선택을 하더라도 세상은 안 망한단다. 직감을 믿어라. 직관은 거짓말하지 않으니까. 너 자신을 사랑하고, 그 사랑을 만나는 모든 이들에게 나눠주는 방법을 배우렴. 열정이 직업으로 연결되도록 해라. 사랑은 다른 게 아니란다. 아주 기분 좋은 거야. 매일매일 새롭게 시작할 수 있어. 의심이 들면 하지 마. 대답하지 말고 행동하지도 말. 뭘 할지 모르겠으면, 가만히 있으렴. 답이 생길 거야. 어려움은 계속되지 않는단다. 이것도 지나갈 거야. 나 자신에게 진실 되게 행동하렴."

　나눔이란 물질을 나눠주는 것이 아니라 마음이 행복해지는 방법을 가르쳐 주는 것이다. 큰돈이 있어도, 많은 보석이 있어도, 마음이 행복해지는 방법을 모른다면 나눌 수 없다. 행복한 마음은 자신이 가지고 있는 것을 사랑하고 만족할 줄 알아야 한다. 아주 작고 사소한 것을 소중하고 아끼는 사람이 되어야 한다.

　나무는 꽃을 버려야 열매를 맺고 강물은 강을 버려야 바다에 이른다. 주머니에 찬 돌을 버리지 않으면 황금은 넣을 수 없다. 얻는 것보다 버리는 것이 중요할 때가 있다. 가진 것을 잃어버린 순간에 우리는 더 큰 것을 맞아들일 준비를 해야 한다.

　사람은 누구나 행복하게 살고 싶어 한다. 우리는 마땅히 행복해야 한다. 잘 사느냐, 못 사느냐 하는 기준도 행복 여하에 달려 있다. 하루하루 사는 일에 재미를 느끼는 사람은 행복하다. 남을 행복하게 하면 자신도 덩달아 행복해진다. 행복은 결코 많고 큰 데만 있는 것은 아니다. 적거나 작은 것을 가지고도 고마워하고 만족할 줄 안다면 그것이 바로 행복이다. 모자람이 채워지면 우리는 고마움과 만족함을 느낄 수 있게 된다.

　피카소의 그림을 갖고 싶은 귀부인이 있었다. 그녀는 그 그림이 진품인지 모조품인지 알 수 없어 망설였다. 한 미술 감정가가 그녀에게 말했다. "이 그림은 진품이 틀림없습니다. 이 그림을 그릴 때 내가 옆에 있었으니까요."

　그는 피카소의 절친한 친구였다. 그의 말을 듣고 귀부인은 그림을 구매했다. 하지만 그녀는 의심스러워서 피카소를 찾아갔다. 피카소에게 이렇게 물었다. "선생님, 저는 이미 이 그림을 화상에게서 샀으므로 진짜가 아니라고 해도 어쩔 수 없는 일입니다. 다만 이 그림이 진품인지 아닌지를 알고 싶을 뿐입니다."

　그 말을 듣고 피카소는 의미심장하게 말했다. "부인, 이 그림은 진품이 아닙니다." 그러자 옆에 있던 피카소의 젊은 애인이 말했다. "아니 여보, 내가 보는 앞에서 당신이 이 그림을 그렸어요. 그리고 감정가 선생도 그때 그 자리에 있었고요. 그런데 어떻게 그것이 진품이 아니라고 말할 수 있어요."

피카소는 차분하게 말했다. "내가 이 그림을 그린 것은 틀림없는 사실입니다. 하지만 이것은 오리지널이 아닙니다. 나는 그전에도 그것과 똑같은 그림을 그린 적이 있습니다. 그 시절에는 달리 할 일이 없었기 때문에 나는 똑같은 그림을 반복해서 그렸습니다. 이 그림의 오리지널은 지금 파리박물관에 있습니다."

그림이 진품인지 아닌지는 중요하지가 않다. 자신이 진정으로 좋아하면 그것으로 만족해야 한다.

마음이 가난한 사람은 행복하다는 말이 있다. 마음이 가난한 사람은 아무것도 더 바라지 않고, 아무것도 더 알려고도 하지 않으며, 아무것도 더 가지려고도 하지 않는다.

욕망으로부터의 자유를 원하는 사람이 진정으로 행복한 것이다. 우리가 불행한 것은 가진 것이 적어서가 아니라 따뜻한 가슴을 잃어가기 때문이다. 따뜻한 가슴을 잃지 않으려면 다른 사람에게 베풀 수 있어야 한다. 스스로 행복하다고 생각하는 사람은 행복하다. 스스로 불행하다고 생각하는 사람은 불행하다.

행복과 불행은 밖에서 주어지는 게 아니라 나 스스로 만들고 찾아야 한다. 똑같은 환경에서도 어떤 사람은 자기 처지를 고마워하고 만족하면서 행복하게 살아간다. 누구는 불평과 불만으로 어둡고 거칠게 불행하게 살아간다.

자신에게 물어보라? 나는 행복한가 아니면 불행한가. 누구든 행복의 대열에 끼고 싶지 불행의 대열에 끼고 싶어 하는 사람은 없다. 그러면 내가 내 안에서 스스로 행복을 만들어야 한다. 행복은 자기 혼자만 행복할 수 없다. 다른 사람과 함께 누려야만 진정한 행복이다.

한 청년이 있었다. 그는 학생 시절 줄곧 우수한 성적을 유지했다. 대학 졸업 후 수없이 좌절을 겪으며 원하는 직장을 얻지 못했다. 자신이 재능은 있지만 자기를 알아주는 사람이 없다고 생각하고 현실에 크게 실망하였다. 그는 점점 더 깊은 절망으로 빠져들었다.

어느 날, 절망의 고통을 견딜 수 없어 자살할 결심으로 바닷가를 찾았다. 그가 막 물속으로 뛰어들려는 순간 한 노인이 그를 말렸다. 노인은 그에게 왜 죽으려 하느냐고 물었다. "이 사회에서는 아무도 나를 알아주지 않습니다. 아무도 내 재능을 알아주지 않으니 살아갈 의미가 없습니다."

노인은 허리를 굽혀 모래를 한 손에 가득 집어 들었다. 그리고 청년이 보는 앞에서 모래를 뿌리고 말했다. "방금 내가 뿌린 모래를 다시 주어보게." "그게 말이 됩니까?" 청년은 안 된다고 소리쳤다.

그러자 노인은 주머니에서 반짝이는 진주알을 꺼내 모래밭에 던졌다. 그리고 청년에게 말했다. "방금 내가 던진 진주를 주워보게." "여기 있습니다."

노인은 차분하게 이렇게 이야기했다. "이제 자네 처지를 알겠는가. 자네는 자신이 아직 진주알이 아니라는 사실을 깨달아야 하네. 다른 사람이 당장 자네를 알아주지 않는다고 슬퍼하지 말아야 하네. 다른 사람이 알아주기를 바란다면 먼저 스스로 진주알이 되는 방법을 찾아야 하네."

우리는 스스로 자신을 잘 알아야 한다. 자신이 재능이 아무리 많아도 남이 알아주지 않으면 아무 소용이 없다. 그렇다고 자신을 학대하거나 비관할 필요는 없다. 자신을 철저히 갈고 닦아 모래알이 아닌 진주알로 만들어야 한다.

자신의 눈동자 속에 불행이 깃들어 있다면 이 세상은 온통 암흑이다. 반대로 행복이 깃들어 있다면 세상은 온통 밝고 환할 것이다. 행복한 마음을 가져라!

유한양행의 설립자 유일한은 1971년 세상을 떠나면서 모든 재산을 공익사업에 기부하고 자식들에겐 유산을 거의 남기지 않았다. 그가 가족에게 남긴 유산은 어린 손녀에게 대학등록금을 지원해주는 것, 딸에게 대지를 5천 평 상속하여 학생들이 뛰놀 수 있는 동산으로 꾸미게 하는 것, 장남은 대학까지 졸업했으니 앞으로 자립해서 살라는 것이었다.

그는 미국으로 건너가 고학으로 법학공부를 하였다. 한국으로 돌아와 제약회사인 유한양행을 설립하였다. 종업원에게 주식의 30%를 배분하는 우리나라

최초의 종업원 지주제를 시행하였다. 유한양행은 깨끗한 경영으로 소문나 있으며, 한때 정치자금을 거부하여 그 보복으로 세무조사를 받았으나 아무 문제가 없어, 오히려 동탑산업훈장을 받게 되었다.

그는 유한학원을 설립하여 어려운 학생들에게 학업의 길을 열어주었다. 사회적으로도 선행을 많이 베풀었다. 말년에는 50년간 맡았던 CEO 자리를 전문경영인에게 물려주어, 우리나라에서도 전문경영 시대를 열게 되었다.

그의 이런 위대한 정신은, 딸 유재라 여사에게도 이어져 자신의 재산 200억을 사회에 환원하고 세상을 떠났다. 다른 사람을 위해 나눔을 실천하는 것은 물질이 아니더라도 우리가 할 수 있는 것은 너무나 많다.

예를 들면 끼어들려고 하는 차에 선뜻 차로를 양보하는 일, 엘리베이터를 정지하여 뒤에 오는 사람이 탈 수 있도록 배려하는 일, 뒤따라오는 사람을 위해 문을 붙잡아주는 일, 마주치는 사람에게 밝은 표정으로 미소 짓는 일 등이 있다.

나누어 줄 수 있는 사람은 누구보다도 행복하다. 남에게 10을 주면 20이 되어 자신에게 돌아온다. 또한, 기쁨은 모두 합해 30이 된다. 얼마나 많이 남는 장사인가? 우리는 언제나 남을 배려하고 나누는 삶을 살아가야 한다.

자연은 우리 인간에게 많은 선물을 안겨준다.

노자는 자연에 대해서 이렇게 말했다. "하늘과 땅은 만물을 생성하고 양육하지만 자기 소유로 삼지 않고, 스스로 이룬 바 있어도 자신의 능력을 과시하지 않으며 온갖 것을 길러주었으면서도 아무것도 거느리지 않는다. 이것을 일러 크나큰 덕이라 한다."

우리를 감싸고 있는 이 대지와 공기와 햇볕과 바람, 나무와 물로부터 아무 대가도 치르지 않고 무상으로 입은 그 은혜와 보살핌은 이루 말할 수 없다. 한순간도 우리 곁에 자연이 없으면 살아갈 수 없다. 먹고 입고 거처하는 의식주가 모두 자연의 혜택 아닌 것이 없다. 우리는 살아 있는 동안 자연의 은혜와 보살핌에 감사하는 마음으로 다른 사람을 돕고 나누는 데 온 힘을 다하는 사람이 되어야 한다.

chapter02

12
감정을
조절하라

자신의 감정을 적절히 조절할 수 있는 사람이 현명하다. 최악의 스트레스 상황에서 우리는 무의식적으로 불쾌함, 무기력함, 허탈함 등과 같은 감정을 경험하게 된다. 상황을 어떻게 인식하느냐에 따라 그것에 대한 감정도 원하는 대로 만들 수 있다.

감정이 우리의 삶을 지배한다. 우리는 신체훈련이나 정신훈련을 통해 감정을 조절할 수 있으며, 자기 단련이 잘된 사람은 고난이 닥쳐도 목표를 포기하지 않으며, 빠르고 쉽게 회복할 수 있다.

감정에는 정답이 없으며, 사람마다 똑같은 상황을 두고 서로 다르게 느끼기 때문이다. 어떤 것이 옳은 것이고 어떤 것이 나쁜 것이라고 정의를 내릴 수는 없다. 감정을 아는 것은 더 나은 삶을 위한 시작이며, 자신의 감정을 충분히 느끼고 반응해야 진정한 변화가 일어난다.

한 청년이 있었다. 가난한 농부의 아들로 태어나 어렵게 중학교에 다니고 있었다. 그가 15살이 되던 해에 교통사고로 아버지가 돌아가시고 어머니는 다리를 다쳐 생활능력을 잃게 되었다. 어린 그가 할 수 있었던 선택은 중학교를 중퇴하고 농사일을 하는 것 외에는 없었다.

처음에는 하늘을 원망하고 화도 많이 냈지만, 언제부터인가 하루하루 열심히 일하는 것 외에는 아무 희망도 없는 생활을 계속하였다. 세월이 흘러 그에게 좋아하는 여성이 생겼고, 그녀는 예쁘기도 했지만, 자신처럼 홀어머니를 모시고 사는 처지라 서로 의지가 되었다. 그는 삶의 의욕이 생기기 시작했고 그녀와 결혼하기 위해 더욱 열심히 일하였다.

그러나 어느 날, 오토바이를 타고 가다 사고를 당했고 어머니처럼 다리를 절게 되었다. 설상가상으로 10년이나 교제해오던 여자 친구에게 결혼할 수 없다는 이별 통보를 받았다.

그녀의 어머니가 다리를 저는 사람에게는 딸을 시집보내지 않겠다고 했다는 것이다. 그는 마음의 상처를 입고, 세상으로부터 마음의 문을 닫아버렸고 일절 바깥출입을 하지 않았다. 그에게 결혼이란 희망이자 인생의 목표였다. 그러나 교통사고로 한순간 물거품이 되어 사라져 버렸던 것이다. 욕망에 이끌리는 사람은 자신의 책임과 의무를 다할 수 없다. 지혜로 자신의 감정을 통제할 수 있어야 한다.

우리는 아무리 힘든 고난이나 역경이 다가오더라도 <u>자신 있게 온 힘을 다하는 사람</u>이 되어야 할 것이다. 인생을 너무 복잡하게 생각해서는 안 된다. 언젠가는 모두 지나갈 일이다. 좋았다면 추억이고 나빴다면 경험이다. 쉽게 생각하는 것도 자신의 능력이라고 생각해야 한다.

<u>잊어버리는 것도 삶의 지혜이며</u>, 단순하게 생각하는 연습을 해야 한다. 자신이 처한 환경이나 상황, 신체적 약점들은 스스로 노력하기에 따라 얼마든지 해결할 수 있다. 절망적인 현실을 극복하는 힘은 자신의 마음에서 나온다. 마음의 장애에서 벗어나라. 낮은 자존감과 열등감 그리고 피해의식 등 마음의 장애는 우리의 능력과 잠재력을 빼앗아 버린다.

분명히 위기를 극복하는 힘은 누구나 다 가지고 있다. 한없이 부족해 보일지라도 자신감을 가지고 행동한다면 아무리 힘든 일이라도 능히 헤쳐나갈 수 있다. 앞으로 다가오는 미래에도 <u>할 수 있다고 확신</u>해야 한다. 마음에 채워진 무거운 사슬을 과감히 끊어내야 한다. 스스로 채운 사슬에서 벗어난다면 한계

를 뛰어넘을 수 있게 된다.

노벨은 스웨덴 스톡홀름에서 태어났다. 그는 어려서부터 열심히 공부하여 러시아어, 영어, 프랑스어, 독일어에도 능통했다. 노벨은 우연히 니트로글리세린을 알게 되었다. 니트로글리세린의 폭발기폭제를 발명하기 위해 온갖 힘을 기울였다. 이 과정에서 그는 수많은 실패를 거듭했고 가족들도 바보같이 고집스럽다고 비난했다.

그러나 노벨은 초조해하거나 절망하지 않고 더욱 열심히 연구를 계속했다. 그는 실패의 원인을 철저히 분석하고 실험을 반복하고 온 힘을 다했다. 마침내 소량의 화약으로 니트로글리세린을 폭발시키는 방법을 찾았다. 노벨은 이 기술로 특허를 내었다.

1867년 노벨은 뇌홍이라는 물질을 기폭제로 사용하기 시작하였다. 그리고 이 실험이 성공하던 날 엄청난 폭발이 일어나 노벨의 실험실은 날아가 버렸다. 이 사고로 노벨은 다쳤다. 그러나 노벨은 이 실험에서 뇌관을 발명하게 되었다.

이후 더 끔찍한 사고가 있었다. 노벨의 집 근처에 있는 실험실에서 큰 폭발 사고가 일어나 연구원 5명이 사망했다. 노벨은 이 사고로 커다란 마음의 상처를 입었다. 그는 자신이 가고 있는 길이 올바른 길인지 고민에 빠졌다. 수많은 사람이 노벨의 위험한 연구를 중단하라고 소리쳤다. 그의 가족들은 모두 말렸다. 그러나 노벨은 도저히 포기할 수 없었다. 그는 다시 한 번 굳은 결심을 하고 니트로글리세린 연구에 심혈을 기울였다. 노벨은 끊임없는 노력 끝에 마침내 니트로글리세린의 실용화에 성공했고 엄청난 부자가 되었다.

대인관계로 고민이 많은 사람이 다음과 같이 말했다. "저는 남에게 피해 주지 않으려고 정말 열심히 일해요. 남이 하기 싫어하는 일도 먼저 나서서 하죠. 그런데 사람들은 그걸 몰라주는 것 같아요. 사람들이 날, 별로 좋아하지 않는 것 같아요. 난 늘 있어도 그만, 없어도 그만인 사람이죠. 내 대인관계가 뭐가 문제일까 생각해봤는데, 아부를 못해서 그런 거 같아요. 입사 동기 중에 윗사람들이 예뻐하는 녀석이 있어요. 내가 보기엔 실력은 별로인데 아부를 잘해요. 나는 그 녀석을 보면 저렇게까지 비굴하게 굴면서 회사에서 살아남아야 할까 생각하는데 사람들은 그렇게 생각하지 않나 봐요. 다들 그 녀석을 좋아하더라고요. 반면에 사람들이 날 어려워하는 것 같아요. 내가 있으면 왠지 분위기가 어색해지는 것 같고, 도대체 나한테 뭐가 부족해서 그런 걸까요?"

타인과의 친밀한 관계는 우리 삶에 단단히 붙잡아 드는 연결고리이다. 자신의 감정을 적절히 조절할 수 있는 사람이 현명하다. 인생이라는 무대에서 주인은 자기 자신이다. 당신은 남의 시선에 아랑곳하지 않고, 자신이 옳다고 생각하는 것을 실천하는 사람이 되어야 한다.

남이 뭐라고 하든지 상대방에게 피해를 주지 않으면 된다. 자신의 행동에 대해 상대방의 평가는 아무 의미가 없다. 중요한 것은 남의 평가가 아니라 자기가 자신에게 내리는 평가다. 자신에 대한 평가가 자존감을 결정짓기 때문이다. 자신을 최고라고 평가하라. 그 평가가 당신의 자존감을 높여준다. 인생의 무대에서 당신은 가장 멋지고 근사하며 아름다운 사람이다.

어느 절에 낙엽 치우는 일을 맡은 스님이 있었다. 바람이 거세기 때문에 매일 치워야 할 낙엽이 산더미처럼 쌓였다. 절 마당에 쌓인 낙엽을 다 치우다 보면, 스님은 너무 힘들고 고통스러웠다. 이때 다른 스님이 방법을 알려 주었다.

"내일 아침 마당을 쓸기 전에 먼저 힘껏 나무를 흔들어 나뭇잎을 전부 떨어뜨리게. 그러면 모레부터는 낙엽을 쓸 필요가 없을 것이네."

스님은 아주 좋은 방법이라 생각하고 다음 날 아침엔 평소보다 조금 더 일찍 일어났다. 스님은 먼저 힘껏 나무를 흔들고 며칠 후 낙엽까지 모두 깨끗하게 쓸어왔다. 낙엽을 모두 쓸어내고 난 스님은 온종일 기분이 좋았다.

그러나 다음 날 아침 마당에 나온 스님은 너무 놀라 입을 다물 수가 없었다. 절 마당에는 평소보다 다름없이 낙엽이 수북이 쌓여 있었다. 옆에 있던 주지스님이 말했다. "정말 어리석구나. 네가 오늘 아무리 열심히 해도 내일은 또다시 내일의 낙엽이 쌓일 것이다."

낙엽 치우는 스님은 어떤 일이든 조급히 하면 안 된다는 도리를 깨달았다. 오직 매일 꾸준히 노력해야만 일을 잘 처리할 수 있다. 무슨 일이라도 쓸데없는 정력을 낭비하면 반드시 후회한다.

경솔함을 멀리하는 일은 쉬운 일이 아니다. 반드시 강인한 의지가 있어야 한다. 결단력과 자신감을 가지고 세상을 살아나가야 한다. 누구에게나 성공의 기회는 있다. 인생의 성패는 무엇에 의해 결정되는가? 자신을 정확하게 분석하고 바라볼 수 있어야 한다. 내가 지금 어디에 서 있고, 어디로 향하고자 하며, 무엇을 원하는지를 분명하게 인식해야 한다.

어떤 사람은 부자가 되는 것이 인생 최대의 목표이고, 어떤 사람은 취미생활을 마음껏 누리는 것, 어떤 사람은 헌신적으로 종교 활동을 하는 것, 어떤 사람은 어려운 사람을 위해 봉사하며 살 수만 있다면 성공한 인생이라고 여긴다.

사업에 실패하여 좌절하거나, 직장을 잃고 실업자로 힘든 나날을 보내고 있어도 반드시 재기할 수 있다는 꿈과 목표를 가지고 끊임없이 노력하는 사람은 성공할 가능성이 높다. 주위 사람들이 가능성이 없다고 생각해도, 난 할 수 있다는 자신감과 의지력만 있다면 이루어낼 수 있다.

역사상 존경받는 위인들은 모두 불가능하다고 생각한 것을 끝까지 완성하였기에 높이 평가받는 것이다. 성공하느냐 실패하느냐는 오로지 자신에게 달려 있다. 할 수 있다고 생각하는 사람은 성공할 것이고, 난 할 수 없다고 생각하는 사람은 반드시 실패한다.

감정을 조절하기 위해서는 그 감정에 직접 접근해서 다뤄야 하며, 호랑이를 잡으려면 호랑이 굴로 들어가야 하듯이 그 감정에 따라가야 한다. 감정 조절 방법으로 처한 상황이나 문제를 합리적으로 생각해야 하며, 문제해결을 위해 도움을 줄 수 있는 사람에게 구체적인 도움을 청하는 것이 좋다. 일어나 버린 상황에 대해 어쩔 수 없음을 받아들이고, 내가 어떻게 느끼는지 다른 사람에게 이야기하고, 자신이 왜 이런 기분을 느끼게 되었는지 이해하려고 노력해야 한다.

어느 날, 버스 안은 겨울의 찬 기운으로 싸늘했다. 종점에서 출발하기 5분 전에 운전기사가 들어와 시동을 걸자, 앉아 있던 50대 남자 손님이 일어서서 밖에 서 있는 20대 여성인 딸에게 어서 집으로 들어가라는 신호로 손을 흔들었다.

이 광경을 보고 운전기사가 그에게 화를 내면서 말했다. "뭐하세요?" 빨리 자리에 앉지 않고 뭐하느냐 하는 것이다. 그는 반쯤 앉은 엉거주춤한 자세로 들어가라고 딸에게 손을 흔들며 마무리 인사를 했다. 그러자 운전기사가 큰 소리로 말했다. "뭐하냐고요?"

그는 아무 말 없이 앉았지만 속으로 화를 삭이고 있는 것 같았다. 10분 후, 그는 기사를 점잖게 불렀다. "기사님!" 운전기사가 "예"하고 대답을 하자 그는 조용하게 말했다. "다른 손님에게 크게 피해를 준 것도 아니고, 그렇다고 차가 운행 중이 아닌데 저에게 너무 지나치신 것 아닙니까?" 그러자 운전기사가 한참 있다가 말했다. "제가 마음이 좀 급해서요. 미안합니다."

분노는 우리에게 일어나는 자연스러운 감정이며, 처한 환경에 문제가 발생했으니 해결하라는 신호다. 문제는 그 감정을 어떻게 관리하느냐가 관건이다. 분노를 잘 관리하면 약이 되지만 잘못 다루면 엄청난 화를 불러올 수 있다.

분노에 대해서 비벌리 엔젤은 이렇게 말했다.

"어떤 사람은 분노를 지혜롭게 다루어 인생을 술술 풀어 가고, 어떤 사람은 분노를 어리석게 다뤄 자신과 주변에 상처를 남기고 때론 화를 입는다. 분노는 행복과 불행, 성공과 실패를 모두 부른다. 분노의 주인에게는 행복과 성공을, 분노의 노예에게는 불행과 실패를 안긴다."

chapter02

13
현명한
질문이란 무엇인가

당신은 말을 잘하는 사람인가? 아니면 질문을 잘하는 사람인가? 어느 쪽인가? 말을 잘하는 사람보다 질문을 잘하는 사람이 되어야 한다. 질문을 던질 수 있는 것은 하나의 능력이다. 이러한 능력은 반드시 자신의 힘으로 체득해야 한다.

질문을 잘할 수 있는 능력을 갖추기 위해서는 스스로 교훈을 찾아낼 수 있는 지식이 있어야 한다. 스스로 교훈을 찾아 배우는 것과 이를 즐기는 것은 자신의 삶을 윤택하게 만들게 된다.

이야기할 때와 무엇을 생각하거나 질문할 때는 애원하기보다는 선언해야한다. '질문해도 될까요?' 대신 '무엇에 대해 알고 싶습니다.' 그리고 '한 시간가량 외출해도 될까요?' 대신 '외출하려고 하는 데 뭐 부탁할 일이라도 있습니까?'라고 말하라.

상대방과 이야기할 때는 그의 눈을 똑바로 바라보고 말하고, 아래나 옆을 바라보는 것은 자신감이 없음을 드러내 보이는 것이다. 상대의 눈을 똑바로 봄으로써, 두렵지 않다는 의사표시이며, 진실 된 말을 할 수 있다는 마음의 자세가 있는 것이다.

당신과 친한 사람들이 과거의 잘못을 새삼 들춰내려 할 경우에는, 그들의 감정에 초점을 맞추어라. '내가 정말 그런 짓을 했던가? 그것은 정말 내 실수였다.' 따위의 말은 절대 하지 말라. 그런 말은 서로에게 깊은 상처를 남길 뿐이며, 가장 좋은 방법은 다정한 미소로 보여주고 잠시 그 자리를 떠나라. 그럼으로써 당신은 여전히 그들의 친구가 될 수 있으며, 서로에게 상처를 남길지도 모를 대화를 피하고 싶다는 당신의 의사를 충분히 전달한 것이다.

과거의 일을 계속 되풀이해서 이야기하기보다는 과거의 경험에서 무엇인가를 배우도록 하라. 그리고 가장 상대하기 벅찼던 사람에게는 '지난 일을 가지고 다시는 이야기하지 말자. 서로에게 중요한 일, 그리고 앞으로의 일에 관해 이야기하자!'라고 말하라. 그러면 상대방도 당신의 의견에 찬성할 것이다.

어떤 사람이 그릇을 담은 광주리를 등에 지고 길을 가던 중, 부주의로 넘어지는 바람에 그릇 하나가 떨어져 깨져버렸다. 그러나 그는 뒤도 돌아보지 않고 계속 갈 길을 갔다. 지나가던 사람이 그를 불러 세워 물었다.

"그릇이 떨어져 깨졌습니다.""알고 있습니다.""그런데 왜 돌아보지도 않고 가는 것이오?""이미 깨진 것을 돌아본들 무슨 소용이 있겠습니까?"

그렇게 대답한 그는 계속해서 가던 길을 갔다. 인생의 수많은 실패처럼 되돌릴 수 없는 일은 아무리 후회해도 소용이 없다. 고통 속에서 괴로워하며 아까운 시간을 낭비하기보다는 새로운 목표를 찾아야 한다.

두 친구가 있었다. 친구를 통해 왕을 만나게 되었다. 그런데 왕은 그를 별다르게 대우해 주지 않았다. 그가 친구를 원망하자, 친구가 이렇게 말했다.

"무릇 생강과 계피는 땅에서 자라지만 그 땅 때문에 매운 것이 아니고, 여자는 중매를 서는 사람이 있어야 시집을 가지만, 중매를 서는 사람이 두 사람을 억지로 친하게 할 수는 없는 노릇이네. 자네가 임금을 모시는 일에 미흡한 것을 두고 어찌 나를 원망하는가?"

그러자 그가 말했다. "그렇지 않네. 옛날에 뛰어난 토끼가 있었는데, 일단 뛰었다 하면 오백 리를 갔고, 또 뛰었다 하면 역시 오백 리를 가는 개가 있었다네. 그런데 멀리 떨어져 있는 토끼를 가리키며 쫓아가라 하면 제아무리 뛰어난 개라

해도 따라잡지 못할 것이네. 지금 자네는 임금에게 나를 부탁해 놓고 단지 먼 곳을 가리키며 쫓아가라고 하는 것인가. '편하고 즐겁게 살 만하게 되자 이제는 잊은 듯 나를 버리네.'라는 말은 이를 두고 한 것일세." 그러자 친구가 말했다.

"내가 잘못했네. 용서하게!"

사람을 추천할 때는 역량을 최대한 발휘하도록 모든 도움을 베풀어야 한다. 자기가 추천한 사람의 성공은 나의 성공에 도움을 주게 된다. 사람을 추천하면 끝까지 책임을 져야 한다.

행복한 사람은 일을 즐기는 사람이다.

앉아서 편안하게 살려는 순간 이미 불행의 문을 열고 들어가는 것이다. 사람은 앉으면 눕고 싶고, 누우면 자고 싶고 게을러지는 것이 당연하다. 게으름은 마음을 늙게 하고 부지런함은 성공을 가져다준다.

인간에게 주어지는 행복은 일 속에 있다. 행복은 게으름 속에서는 살지 못한다. 부지런히 일하거나 움직이는 사람들에게 주어지는 선물이다. 마음의 움직임, 신체의 움직임은 우리에게 활력을 가져다주고 젊음을 유지하게 해준다.

마음의 게으름, 신체의 게으름은 우리를 나태하게 만든다. 몸은 20대이면서 마음은 60대인 사람이 있고, 몸은 60대이면서 마음은 20대인 사람이 있다. 마음의 나이는 신체의 나이와는 아무런 상관이 없다. 우리를 지배하는 것은 몸이 아니라 마음이다. 몸은 늙은이라도 마음은 젊은이로 살아가야 한다. 열심히 움직이는 사람만이 행복을 누릴 수 있다.

어느 회사에 사장 이하 직원들이 일에 몰두해 있을 때였다. 갑자기 한 젊은 판매원이 들어와 잡지 한 권을 내밀었다. 사장이 바라본 그 젊은이의 얼굴에는 긴장이 가득하고 잔뜩 피곤한 표정이었다.

"선생님, 저기 잡지 하나 구독하시겠어요?" 굉장히 급한 일을 처리하는 중이었던 사장은 젊은이가 난데없이 들어와 자신을 방해하자 화가 났으며, 오만상을 찌푸린 젊은이의 얼굴은 보기에도 기분이 안 좋았다. 사장은 판매원에게 불쾌한 표정을 지으며 사무실에서 나가달라고 말했다.

며칠 후, 이번에는 젊은 여성 판매원이 사무실을 찾아왔다. 전에 왔던 젊은 이와 달리 그녀의 얼굴은 미소가 가득했다. 그녀는 사무실에 놓인 여러 권의 잡지를 살펴보더니 명랑한 목소리로 말했다.

"어머나, 선생님께서는 글쓰기에 바쁘실 텐데도 시간을 내서 잡지를 보시는군요. 덕분에 저도 긴장이 좀 풀리는데요."

상대를 편안하게 하는 그녀의 말은 사장의 마음을 사로잡았다. 이윽고 사무실을 나서는 그녀의 손에는 사장의 주문서가 들려 있었으며, 사무실에 있는 직원 5명까지 잡지를 주문하였다.

우리는 살아가면서 자신의 주장보다는 상대방의 의사를 먼저 물어보는 것이 중요하다. 다시 말해서 말을 잘하는 사람보다 질문을 잘하는 사람이 되어야 한다. 자신의 말보다는 먼저 효과적인 질문을 던져 상대에게 호감을 얻는 것이 무엇보다 중요하다.

가장 먼저 무엇을 할 것인가를 결정하라. 어떤 직업을 선택할 것인지, 어떤 행동을 취할 것인지 먼저 결정하는 것이 중요하다. 인생의 여러 갈림길에서 내가 원하는 것을 주도적으로 선택해야 한다. 선택하지 않으면 운명에 끌려다니게 된다. 우리는 자신이 무엇을 할 것인지를 반드시 자신이 결정해야 한다.

또한, 그것을 선택하고 결정하게 된 이유가 있어야 한다. 자신이 왜 긍정적이지 못하고 부정적인 반응을 보이고 있는지 생각하다 보면 자신의 참모습을 알 수 있다.

사람들이 성공하지 못하는 이유는 결심을 행동으로 옮기지 못하는 데 있다. 자기 자신을 똑바로 바라보는 것을 두려워하기 때문이다. 자신을 정확하게 볼 수 있다면 자신을 통해서 다른 사람도 똑바로 볼 수 있다. 자신의 마음속에 내재한 의지라는 힘을 적절히 사용하고 행동으로 옮겨보라. 그러면 당신은 새로운 인생을 시작할 수 있다.

삶이란 자신이 생각하는 대로 흘러간다. 이 세상은 단 한 번 주어지는 유일한 기회이다. 그래서 이 순간이 너무나 소중하다. 환경이 나를 불행하게 만들고 나를 괴롭히는 것 같지만, 실제 원인은 환경이 아니라 내 마음이다.

자신의 마음이 실패할지 모른다는 두려움이 가득 차 있다면 아무 일도 하지 못한다. 하는 일마다 안 될 것 같은 두려움 때문에 무슨 일이라도 도전할 수 없다. 내 마음에 부정적인 것이 가득 차 있으면 이미 그 일은 성공할 수 없다. 용기 있게 행동하는 사람만이 승리하게 된다. 단 한 번만 주어지는 소중한 기회를 부정적으로 살기에는 너무나 아깝다.

아무리 현실이 힘들고 아프더라도 행복의 조각들을 찾아낼 수 있어야 한다. 자신을 행복하게 하는 건 환경이 아니라 내 마음이다. 같은 환경이라도 어떤 사람은 늘 불평만 해대며 투덜거리고 살아간다. 어떤 이는 시련을 통해 성공의 교훈을 얻고 앞날을 개척해 나간다.

살다 보면 좋은 날도 있고 나쁜 날도 있다. 부정적인 생각은 모든 것을 불행한 것으로 받아들인다. 오르막과 내리막이 이어지고, 언덕이 되고 산이 되는 것처럼 우리 인생도 일단 올라가야 내려갈 수 있다. 올라가지도 않고 불평만 하는 사람은 세상을 거꾸로 살아가는 것이다. 실패하더라도 뭔가에 도전하는 삶을 살아가야 한다.

사람은 움직이고 생각하고 도전해야 살아가는 재미가 있다. 마음먹은 대로 되지 않더라도 살아 있는 한 계속해서 도전하고 행동해야 한다. 그렇지 않으면 살아 있어도 죽은 것이나 마찬가지다.

살아간다는 것은 문제의 연속이다. 문제가 없다면 삶은 의미가 없다. 인간은 항상 문제에 직면한다. 문제가 있다면 반드시 답은 있게 마련이다. 답은 멀리 있는 것이 아니라 문제 속에 숨어 있다.

우리는 단지 그 답을 찾지 못하고 있을 뿐이다. 질문에 대한 답은 그 안에 있는 단어들의 인칭을 바꾸고 단어의 순서를 바꾸면 된다. 말을 잘하는 사람보다 질문을 잘하는 사람이 되어야 한다.

어떻게 하면 질문을 잘할 수 있을까? 질문을 잘하는 방법은 상대의 처지에서 객관적으로 바라보고, 상대의 처지에서 생각하고, 상대의 처지에서 말을 할 수 있어야 한다. 질문은 자신의 관점보다는 상대의 관점에서 선택하고 찾아야 한다.

어느 유명한 강사가 강의하려고 호텔의 강당을 예약했다. 그런데 갑자기 호텔 지배인이 사용료를 3배나 인상하겠다는 통보를 해왔다. 그때는 인쇄된 전단 배부가 모두 끝난 상태였다. 강사는 이틀 후, 호텔 지배인을 찾아가 다음과 같이 질문했다.

"저는 인상 통보를 받고 약간 놀랐습니다. 당신의 처지에 있었다면 아마 저도 역시 마찬가지였을 겁니다. 호텔 지배인으로서 당신의 의무는 가능한 많은 수익을 올리는 데 있습니다. 만일 수익을 올리지 못하면 당신은 해고당할 것입니다. 자 당신이 임대료를 굳이 올리겠다면 종이쪽지에 당신에게 생길 이익과 손해를 한 번 따로 적어보십시오."

지배인이 종이에 내용을 기록하자, 강사는 말을 계속했다. "당신은 큰 홀이 비었으니 그곳을 댄스파티나 결혼식으로 많은 수익을 올릴 수 있을 겁니다. 그러나 당신에게는 더 큰 손해가 있습니다. 이 강좌에는 많은 지식인과 문화인들이 참석합니다. 그것은 호텔로서는 좋은 선전이 아니겠습니까? 실제로 당신이 만약 5,000달러를 들여 신문에 광고를 낸다고 해도 저의 강좌가 끌어들이는 만큼의 많은 사람을 호텔로 불러들일 수는 없을 것입니다. 그것만 해도 호텔로서는 커다란 이익이 아닐까요?"

다음 날, 호텔에서 사용료를 50% 인상하겠다는 연락이 왔다. 강사는 지배인의 생각을 이해하고, 자신의 처지와 아울러 상대방의 처지에서 문제를 바라보고 훌륭한 해결책을 생각해냈던 것이다.

chapter⁰²

14
좋아하는
일을 하라

어느 95세 노인이 이런 말을 남겼다. "나는 젊었을 때 정말 열심히 일했습니다. 그 결과 나는 실력을 인정받았고 존경을 받았습니다. 그 덕에 63세 때 당당한 은퇴를 할 수 있었죠. 그런데 지금 95번째 생일에 얼마나 후회의 눈물을 흘렸는지 모릅니다.

내 65년의 생애는 자랑스럽고 떳떳했지만, 이후 30년의 삶은 부끄럽고 후회되고 비통한 삶이었습니다. '나는 퇴직 후 이제 다 살았다. 남은 인생은 그냥 덤이다.' 그런 생각으로 그저 고통 없이 죽기만을 기다렸습니다. 덧없고 희망 없는 삶, 그런 삶을 무려 30년이나 살았습니다. 30년의 세월은 지금 내 나이 95세로 보면, 3분의 1에 해당하는 기나긴 시간입니다.

만일 내가 퇴직을 할 때 앞으로 30년을 더 살 수 있다고 생각했다면 난 정말 그렇게 살지는 않았을 것입니다. 그때 나 자신이 늙었다고, 뭔가를 시작하기엔 늦었다고 생각했던 것이 큰 잘못이었습니다. 나는 지금 95세지만 정신이 또렷합니다. 앞으로 10년, 20년을 더 살지 모릅니다. 이제 나는 하고 싶었던 어학 공부를 시작하려 합니다. 그 이유는 단 한 가지, 10년 후 맞이하게 될 105번째 생일! 95세 때 왜 아무것도 시작하지 않는지 후회하지 않기 위해서입니다."

현명한 사람은 자신이 좋아하는 것을 발견하고 그 일에 전심전력으로 매진하며, 끊임없이 공부하고 연구한다. 그들은 학문의 깊이가 깊을수록 자신을 낮추며, 언제나 칭찬과 감사의 말로 시작한다. 상대방에게 잘못을 간접적으로 알게 하고, 비판하기 전에 자신의 잘못을 먼저 인정하고, 직접 명령하지 말고 요청해야 한다.

상대방의 체면을 세워주고, 아주 작은 진전에도 칭찬을 아끼지 말고, 동의는 진심으로, 칭찬은 아낌없이 해야 한다. 상대방에게 훌륭한 명성을 갖도록 해주고, 격려해주며 잘못은 쉽게 고칠 수 있다고 느끼게 하며, 당신이 제안하는 것을 상대방이 기꺼이 하게 하여야 한다.

찰리 존스는 방송국에서 육상 중계방송을 했는데, 올림픽 육상경기의 장거리 단거리 중계방송을 잘했다. 그러던 어느 날 회사에서 다음 올림픽 경기에서는 지금까지 해왔던 육상 중계 대신 수영과 다이빙 중계를 하라고 지시했다.

그는 지금까지 수영과 다이빙 중계를 하지 않았기에 적잖이 당황해 화가 치밀어 오를 정도였고, 새로 맡겨진 두 종목에 대한 부족한 지식 때문에 많은 고민을 했다. 그러면서 회사에서 자신의 능력을 알아주지 않는다는 생각에 불안한 마음이 생기고 급기야 회사에 대한 분노로 이어졌다. 심지어 그의 모든 업무가 뒤죽박죽되었다.

그러다가 그는 자신을 뒤돌아보기 시작했으며, 지금까지 가지고 있던 사고방식과 행동이 어리석었다는 것을 알게 되었다. 그때까지 자신이 쉽고 편안하며 안일하게 즐기고 있던 나태함에서 탈피하여 새로운 변화에 적응하려고 노력하기 시작했다.

수영과 다이빙을 공부하면서 새로운 각오를 다질 수 있었고, 이런 그의 노력하는 모습을 회사에서 알게 되면서 처음 그의 업무와는 비교할 수 없는 중요한 임무가 차츰차츰 그에게 주어졌다. 이것은 그가 즐겁고 긍정적인 자세로 변화를 기꺼이 수용했기 때문이다. 새로운 모습의 찰리 존스는 전보다 더 열정적으로 일했다.

얼마 안 가 그는 '프로축구 명예의 전당' 방송을 도맡아 하게 되는 위업을 달성했다. 아무리 힘든 고난과 역경이 다가오더라도 긍정적인 마음으로 자신을 무장해야 한다. 그렇지 않으면 불평과 불만이 그 자리를 대신 차지하고, 자신을 꼼짝달싹 못하게 만들고 나약한 사람이 되고 만다.

일본에서 가장 존경받는 기업가인 이나모리 가즈오는 이렇게 말했다. "생각과 마음가짐을 바꾸는 그 순간, 내 인생은 달라지기 시작했습니다. 예전에 되풀이되던 악순환이 끊어지고 선순환의 고리에 들어설 수 있었습니다. 이러한 변화를 몸소 체험하고 나서, 사람의 운명은 정해진 것이 아니라 개인의 의지에 따라 결정되고 바뀔 수 있는 것이라는 점을 확신할 수 있었습니다. 온갖 굴곡과 고난을 겪고 난 후 나는 인생 전체를 관통하는 하나의 진리를 깨달았습니다. 바로 내가 겪는 일은 모두 나의 마음가짐으로 생기는 것이라는 진리입니다. 성공이든 실패든, 행복이든 불행이든, 그 모든 것은 사람의 마음이 불러들이는 것입니다. 일의 원인을 곰곰이 찾아 들어가 보면 결국 자기 자신이 씨앗을 뿌렸음을 알게 됩니다."

현명한 사람은 학문의 깊이가 깊을수록 자신을 낮춘다. 자신을 낮추는 것은 인생의 굴곡과 고난을 가슴 속에 담고 지혜롭게 앞날을 헤쳐 나갈 수 있다.

윌리엄 제임스는 이렇게 말했다. "본래 우리의 능력에 비교해 본다면, 단지 우리는 절반밖에는 깨어 있지 못합니다. 우리는 우리의 신체적 정신적 자원의 극히 적은 부분만을 사용하고 있는 것에 불과합니다. 사물을 더욱 폭넓게 표현함으로써 개개인은 자신의 한계를 넘어 훨씬 풍부하게 생활할 수 있습니다. 우리 인간은 습관적으로 사용하지 않고 있는 여러 종류의 재능을 소유하고 있는 것입니다."

인간의 능력은 갈고닦으면 닦을수록 무궁무진한 에너지를 가질 수 있으며, 자신이 원하는 부분까지 도달할 수 있다.

사소하고 작은 일이라도 매일매일 실행하는 것은 하루에 많은 일을 하는 것보다 더 큰 영향력을 발휘한다. 우리가 상상할 수 없을 정도로 엄청나다. 매일 실천하는 작은 일을 평생 하게 된다면 언젠가는 위대한 힘을 가지게 될 것이다.

모든 위대한 업적은 그전의 다른 성과들로 이루어진 기반 위에서 탄생하였다. 사소하고 작은 일을 매일 실천함으로써 강렬한 의혹을 고취하고 목표달성이 언제나 가능하게 된다. 작은 습관은 아주 사소한 긍정적 행동을 매일 실천하도록 자신에게 고취되며, 작은 행동은 언제나 효과를 내고 습관은 일관성 있게 작용한다.

따라서 행동과 습관은 영원히 같이 갈 수 있는 법이다. 사소한 행동으로 큰 결과를 만드는 작은 습관의 힘은 정말로 위대하다. 우리는 언제나 작고 사소한 일 그리고 평범한 것을 소중하게 생각해야 한다.

현자는 말한다. "사람들은 항상 명검만 고집하려고 합니다. 그렇지만 이 세상에 정작 명검은 몇 자루 없습니다. 하지만 부엌칼은 일상생활에 다양한 용도로 쓰이고 있다는 사실은 다들 아실 겁니다. 그리고 그 종류 또한 다양하지요. 그리고 지혜로운 마부는 아끼는 제자에게 명마 대신 일반 말을 키워서 유통하는 과정을 가르칩니다. 명마는 세상에 사실상 몇 마리 존재하지 않기 때문이죠. 고정적인 수입을 보장한다는 것입니다. 한마디로 굶어 죽을 일은 없다는 거겠죠. 이처럼, 지금 여러분의 삶은 모래 위에 놓인 진흙 같은 존재라는 걸 알아야 합니다. 아직 손대지 않은 진흙이기에 결과물조차 알 수 없지요. 그렇지만 결과물이 어떤 것이든, 모양이 예쁘든 못났든 간에, 분명히 알아야 할 것은 모양마다 제각각의 용도가 있다는 것입니다. 일반적인 부엌칼처럼, 일상적인 마부처럼, 그리고 평범한 도자기처럼, 그렇게 물 흐르듯 평범하게 사십시오."

평범함 속에 위대한 진리가 숨어 있는 법이다. 현명한 사람은 학문의 깊이가 깊을수록 자신을 낮춘다. 자신이 아무리 똑똑하다고 하더라도 남이 알아주

지 않는다면 아무 의미가 없는 법이다. 자신을 낮추는 길만이 자신을 우뚝 서게
할 수 있다.

자신의 약점보다 장점을 바라보고 자기비판보다는 자신의 성공과 행복을
자신에게 확신시킬 수 있는 사람만이 성공한다. 언제 어디서나 자신감을 가지
고 세상을 살아가는 사람이 되어야 매일 즐겁게 생활을 할 수 있다.

남과 비교하는 어리석은 사람이 되어서는 안 된다. 세상에는 당신보다 잘
난 사람도 있고 못난 사람도 있게 마련이다.

<u>행복해지겠다고 결심하라.</u> 사람은 자신이 작정한 만큼 행복해질 수 있고,
자신의 태도가 주위 여건보다 훨씬 중요하다. 자신에 대한 불행감이나 삶에 대
한 허무감을 버려야 한다. 그런 느낌은 지나치게 자기중심적인 데서 나오는 것
이다.

우리는 언제나 긍정적이고 낙관적인 사람과 교제해야 한다. 가까이 지내는
사람의 기분과 행동은 우리의 기분과 행동에 많은 영향을 끼치며 전염성이 있
다. 스스로 지나친 죄의식을 갖지 말라. 다른 사람의 기분과 감정이 모두 당신
책임이라고 생각하는 것은 오만이다.

모든 일을 아무 생각 없이 하지 말고, 머리를 써서 어떻게 하면 잘할 수 있
을 것인가를 궁리해야 한다. 완벽주의자가 되어서는 곤란하다. 실수하는 것은
인간이고, 용서하는 것은 신이다. 온 힘을 다하되 결과는 하늘에 맡겨라. 어린
아이처럼 하루를 시작하라. 어린아이들은 매일매일 자기에게 좋은 날이 될 거
라는 새로운 기대 속에서 새날을 시작한다.

당신을 구속하는 것은 바로 당신의 생각이다. 인식전환을 통하여 자신의
행동과 운명을 변화시키는 현명한 사람이 되어야 한다. 타인과의 관계에서 자
신이 귀중한 존재로 여겨지면 자존감은 유지되고, 타인에게 비친 나의 모습을
통해 자존심을 유지한다.

그러나 상대방의 일방적인 말이나 충고가 계속되면 자존감은 여지없이 망

가지고 심한 경우 말다툼이 일어나고 서로의 관계가 멀어지게 된다. 상대방의 존재를 인정해줄 때만 상대의 마음을 움직일 수 있으며, 자존감은 자신이 진지한 의사소통의 상대로 여겨져야만 유지할 수 있다.

일방적 의사소통은 자존감을 무너뜨리고, 상대방에게 심한 불쾌감을 느끼게 된다. 현명한 사람은 먼저 상대방의 말을 경청하고 나중에 이야기한다. 일방적인 대화는 서로의 관계를 악화시키고 만다.

강사 혼자 하는 강의도 의사소통의 원리로 보면 결코 혼자 하는 것이 아니다.

뛰어난 강사는 청중에게 항상 반응할 기회를 주며, 고개를 끄덕이거나 소통할 기회를 자주 줄수록 좋은 강의다. 간간이 유머를 섞어가며 웃음을 유도하고, 정서적 상호작용이 서로 순서를 바꿔가며 자연스럽게 이루어져야 한다. 강사가 아무리 강의를 잘하더라도 서로 소통이 되지 않으면 지루한 시간이 되고 만다.

그 이유는 혼자 하는 원맨쇼가 되기 때문이다. 의사소통의 기본원칙은 내 순서가 있으면 상대방의 순서가 있다는 것을 아는 것이 가장 중요하다.

chapter02

15
자신감을
가져라

성공하는 사람과 실패하는 사람은 오직 한 가지 차이밖에 없다. 그것은 돈도 아니고 머리도 아니다. 성공의 비결은 자신감이다.

자신감을 가지려면 반드시 갖춰야 할 것이 있다. 충분히 준비할 것, 경험을 쌓을 것, 그리고 절대 포기하지 말 것, 이 세 가지다. 세상에서 포기하지 않는 것이야말로 무엇보다 중요하다.

보스턴에 정신 지체자병원이 있었다. 앤이라는 소녀가 있었는데 장애 정도가 심해 독방에 있었다. 한 간호사가 포기하지 않고 점심시간에 독방으로 찾아가 책도 읽어주고 맛있는 음식도 가져다주었다. 어느 날 앤은 간호사가 가져다 준 초콜릿 하나를 집어 들었다. 이 행동의 변화에 용기를 얻은 그녀는 의사들에게 도움을 청했고 소녀는 치료를 받게 되었다.

2년 후 앤은 병원을 나가 정상적인 생활을 해도 된다는 진단을 받았다. 그러나 자신에게 최선의 헌신을 보여준 간호사에게 감동한 앤은 그곳에 남아 환자들을 돕겠다고 하였다. 바로 이 소녀가 헬렌 켈러를 돌보아 준 앤 설리번이었다.

누군가 헬렌 켈러에게 장애를 극복할 수 있었던 비결이 무엇이냐고 묻자. 이렇게 대답했다. "만약 제 곁에 앤 설리번이 없었다면 오늘날의 나는 절대 존재하지 않았을 것입니다."

한 간호사가 앤 설리번을 포기하지 않고 간호한 덕분에 오랜 시간이 지난 후 헬렌 켈러라는 위대한 여인이 존재할 수 있었던 것이다.

머레이는 "인간이 자신을 완전히 헌신했을 때 하늘도 움직인다. 예전에는 발생하지 않았던 일들이 그 사람을 돕기 위해 발생한다. 우주는 우리를 도와주기 위해 아무것도 아끼지 않지만, 불행하게도 우리는 그것을 수용하는 데 인색하다."라고 했다.

리츠칼턴호텔은 직원을 고용하지 않고 선택한다. 리츠칼턴 경영진은 단순히 직원을 고용하지 않고 서비스에 헌신하는 지원자를 선택한다. 그저 일을 하는 것과 일 자체를 즐기는 것은 다르기 때문이다.

리츠칼턴은 고객이 호텔에 들어서자마자 주차 대행 직원, 프런트 도어 담당 직원, 프런트 데스크 직원, 매니저 등 모든 사람이 고객의 이름을 부르며 반갑게 맞이한다.

리츠칼턴 경영진은 지역사회 참여를 통해 직원, 고객, 사업 파트너까지 도울 방법을 적극 모색한다. 또한, 직원들과 비즈니스 파트너, 거래업체에 사회 활동에 참여하도록 권장한다. 리츠칼턴은 지역사회에 재산 가치, 고용 창출, 생활수준 향상 등 다양한 혜택을 제공하고 있다. 이처럼 리츠칼턴 호텔은 헌신적인 고객 서비스와 지역사회 활동으로 성공한 기업으로 평가받고 있다.

존 포플은 "이 세상에 똑똑하게 행동할 수 있는 사람은 셀 수 없이 많으며 교활한 행동을 할 줄 아는 사람은 그보다 더 많다. 그러나 아낌없이 후하게 행동할 수 있는 사람은 매우 적다."라고 했다.

한 소년이 있었다. 가정형편이 어려웠던 소년은 아버지가 돌아갔을 때에 관조차 살 돈이 없었다. 주위에서 모아준 돈으로 겨우 아버지의 장례를 치렀다. 어머니는 이웃 공장에서 힘든 일을 하며 밤 11시가 넘어서야 집에 돌아왔다.

소년은 교회에서 주최하는 연극에 출연하게 되었다. 연기에 재미를 붙인 소년은 대중연설을 연습하기 시작했다. 그 후 그는 정계에 입문했고 뉴욕 주의 의원으로 당선되었다.

그러나 그의 학력은 초등학교 중퇴였다. 그래서 그는 의원직을 어떻게 수행해야 하는지 전혀 몰랐다. 그는 하루에 16시간 이상 책을 읽고 공부를 하였다. 그는 장장 10년간 독학으로 정치를 연구했고, 마침내 뉴욕 정치계의 권위자로 우뚝 서게 되었다. 네 차례나 뉴욕 주지사에 당선되는 전무후무한 기록을 세웠다. 그는 무려 6개 대학에서 명예학위를 받았다. 그의 이름은 알 스미스이다.

그는 "하루에 16시간씩 노력하지 않았다면 그리고 실패를 성공으로 바꾸지 못했다면 오늘의 영광은 없었을 겁니다."라고 말했다. 배운 사람은 어떤 어려운 상황에 부닥쳐도 현명하고 용기 있는 선택을 할 수 있는 사람이다. 교육받은 사람은 인간다운 사람이다.

무지는 불행이고 비극이고 병이며 빈곤이다. 적은 지식이 위험하다면, 많은 무지는 두려우며 독단이나 편견을 만들어 낸다.

상식을 배워라. 상식이 없는 지식은 아무 소용이 없다. 상식이란 그대로의 사물을 아는 능력이고 실천해야 할 일을 그대로 행동하는 것이다. 상식은 교육의 결과로 얻어지는 것이 아니라, 교육이 없어도 얻어질 수 있다. 상식이 없는 교육은 소용이 없다. 상식의 풍요로움이 바로 지혜이다.

몸이 날마다 좋은 음식이 필요하듯이 정신도 날마다 좋은 사고를 필요로 한다. 순수하고 긍정적인 정신이 되도록 노력해야 한다. 교육은 강함을 개발하는 것이다. 자기 훈련하는 방법을 배우는 것이다. 배우기를 갈망해야 한다.

일본에는 500년 동안 살아남은 회사가 있다. 기적이라고 할 수 있다. 일본 전통과자점 '도라야'는 지금까지 500년 동안 사업을 지속해온 곳이다. 도라야의 구로카와 미쓰히로 사장은 500년 운영의 비밀을 이렇게 말한다.

"변해야 할 것과 변해서는 안 되는 것을 확실히 구분한 것이 도라야가

500년간 지속한 비결입니다. 맛은 변해야 합니다. 미각이란 생활이 바뀌면 변하는 것이라서 시대에 맞게 변해야 합니다. 변해서는 안 되는 것은 손님에게 감사하는 마음입니다."

직원들이 유난히 따르는 여성 CEO가 있었다. 그녀는 사적인 자리에서는 직원들에게 "자기야!"라고 부른다. 이렇게 부르면 처음에만 좀 이상할 뿐 익숙해지면 이보다 더 친근한 호칭이 없다. 그녀의 회사 사람들은 남녀 모두 '자기야'라는 호칭에 거부감이 없다. 거부감은커녕 깊은 친밀감을 느낀다. 친근한 호칭은 CEO로서 지적하거나 질책할 때 효과적이다. "자기야, 요즘 왜 이렇게 지각을 많이 하니? 아침에 좀 일찍 나와서!"

마음을 비워라. 그릇은 비워야 가치 있는 물건을 담을 수 있고, 사람은 마음을 비워야 더 큰 가치를 담을 수 있다. 모든 것이 다 내 마음인 것 같아도 바르지 않은 마음은 나를 해치게 된다. 오늘은 내 마음속의 근심, 걱정, 욕심, 이기심 등 이러한 것들을 전부 비워보라. 남에게 베풀고 보답을 기대해서는 안 된다. 보답이나 칭찬을 기대하는 순간 계약이 성립된다.

부모가 자식에게 "이게 다 너 잘되라고 한 일이야. 그러니 너 또한 내게 그렇게 해야 한다."라고 말한다. 이런 말을 하지 말아야 한다. 무한한 사랑을 베푸는 것이 돕는 길이다.

인도에서는 이런 말이 전해 내려온다. "신이 인간을 세상에 내보낼 때 귀에 대고 한 마디만 속삭인다. 주어라!" 시간과 재능, 가진 모든 것을 아낌없이 주어라. 어떤 보상도 요구하지 말고 주어라. 아낌없이 주는 나무가 되어야 한다. 행복은 받는 것이 아니라 주는 것이다. 가진 것을 놓아버리면 마음이 홀가분해지고 머지않아 새로운 것이 다시 채워진다.

소크라테스는 "우선 첫째로, 날마다 마주치는 환경을 잘 다스리는 사람,

행동의 과정을 놓치지 않고, 일어난 상황에 따라 우선순위를 판단할 수 있는 사람. 다른 사람과 적대적이거나 불편한 것을 쉽게 찾고, 가능한 한 겸손을 갖고, 이성적으로 다른 사람과 교제하는 명예로운 사람. 본성의 가치를 지니고, 용감하게 인내하며, 자기 불평을 극복하는 데 지나치지 않고, 언제나 쾌락을 자신의 통제 아래 놓을 줄 아는 사람. 이 모든 것 가운데 가장 중요한 것은 자기 성공을 자랑하지 않고, 참된 자아를 잃지 않으며, 현명함과 자제심으로 확고부동함이 자리 잡은 사람, 즉 타고난 자기 본성과 자신의 지능으로 얻은 것보다 우연히 찾아온 좋은 일을 그다지 즐거워하지 않은 사람이다. 이런 것 중 하나가 아니라, 이런 모든 품성을 함께 지닌 사람이 덕을 소유한 교육받은 사람이다."라고 했다.

어떤 회사에 '진실의 점장'이라 불리는 사람이 있었다. 그는 매출이 안 좋은 점포가 있으면 그곳으로 달려가 돈을 버는 점포로 바꿔 놓는다. 그런 일이 많다 보니 전설의 점장이라는 별명을 얻었다.

그러나 실제로 그가 하는 일을 보면 다른 점포의 점장과 별로 다른 점이 없다. 그는 인재를 키우는 데 한 가지 원칙을 갖고 있다. 그는 "한 번에 알아듣는 사람은 정말로 고마운 사람입니다. 몇 번이나 말해도 알아듣지 못하는 사람도 정말로 고마운 사람입니다. 왜냐하면, 그런 사람이 일단 이해하면, 여러분이 상상했던 것보다 훨씬 더 일을 잘해내기 때문입니다. 여러 번 설명하는 것은 쓸데없는 것이 아닙니다. 그러니 상대가 이해할 때까지 몇 번이고 설명하세요."라고 말한다.

상대를 가르치려 들면 사람들은 거부감을 갖게 된다. 상대를 가르치고자 하는 것은 언어습관에서 나온다. 은연중에 상대를 가르치려 하지 않는지 늘 꼼꼼하게 자신의 언어습관과 태도를 점검해야 한다.

후배가 선배에게 바라는 것은 다양한 지식이 아니다. 일을 잘 풀어나가는 단 하나의 '지혜'다.

16
남을
배려하라

성공한 사람은 간결한 언어를 갖고 있다. 또한, 불필요한 행동을 하지 않는다. 많은 일을 처리하면서도 항상 여유가 있다. 해야 할 일과 하지 말아야 할 일의 경계가 뚜렷하다. 주어진 시간 내에 많은 일을 해야 하는 탓에 간결함이 익숙해져 있다. 간결함에도 그들이 화려해 보이는 이유는 집중해서 목표를 한결같이 겨냥하고 있기 때문이다.

위대한 상인을 아버지로 둔 한 청년이 있었다. 그는 "아버지는 조용하시면서도 재담이 뛰어나셨지요. 친절하시고 이해심도 많으셨어요. 언제나 환한 미소로 사람들을 대하셨답니다. 종종 구매한 물건이 마음에 안 든다고 찾아온 손님에게 아버지는 이유도 물으려 하지 않고 바로 돈을 되돌려 주셨습니다. 게다가 다른 물건을 보여주시며 하나를 골라서 가져가라고까지 하셨습니다. <u>불편하게 한 것에 대한 사과</u>라고 하셨지요. 사람들은 그런 제 아버지를 처음에는 마냥 신기하게 여겼습니다.

그러나 나중에는 그 모든 것이 아버지의 관대함과 자신들에 대한 깊은 배려에서 나왔다는 것을 이해하더군요. 시간이 지나자 아버지의 이야기는 온 나라 안에 퍼지게 되었습니다. 그렇게 명성이 자자하니 아버지의 상점은 불경기에도 아랑곳하지 않고 번창했습니다. 중간에 힘드셨던 적이 단 한 번도 없었어요. 아버지는 상점이 번창할수록 손님들에게 더 많이 베푸셨습니다."라고 했다.

타인을 기쁘게 하려고, 자신이 노력한다면 더는 자기 자신만 생각하지 않게 된다. 자신만을 생각해서 얻는 것은 근심, 걱정, 우울증뿐이다. 다른 사람을 위해 좋은 일을 하는 것은 즐거움이다. 자기 자신에게 건강과 기쁨을 가져다준다. 다른 사람을 생각하는 것은 자기 자신을 근심하지 않게 해준다.

또한, 더 많은 친구를 사귀고 더 큰 기쁨을 누리게 해줄 것이다. 근심을 없애고 싶다면 스스로 마음을 평안하고 행복하게 만들어야 한다. 타인에게 관심을 두고 당신 자신을 잊어버려라. 근심이 사라질 것이다. 다른 사람들의 얼굴에 웃음꽃을 피워주는 좋은 일을 하라.

모하메드는 "좋은 일이란 다른 사람들의 얼굴에 기쁨의 꽃이 피도록 하는 것이다."라고 했다.

성공하기 위해서는 자신이 진정으로 원하는 비전을 구체적으로 제시해야 한다. 일을 성취하려면 행동뿐만 아니라 꿈을 꾸어야 하며, 계획을 세우는 것뿐만 아니라 그것을 믿어야 한다. 심신의 감각을 살려라. 인생에 기회는 그것을 볼 줄 아는 눈과 붙잡을 수 있는 의지를 가져야 얻을 수 있다. 깨달음, 평화, 기쁨, 사랑의 힘을 선택하라. 남을 행복하게 할 수 있는 사람만이 행복을 얻는다. 의지를 갖고 끝까지 행동하라.

실패란 아무것도 이룬 것이 없다는 말이 아니다. 무언가를 터득했다는 뜻이다. 실패란 인생을 허비했다는 말이 아니다. 단지 새로운 마음으로 시작해야 한다는 의미이다. 주어진 결과를 감사하는 마음으로 받아들여라. 내가 바뀌어야 세상이 바뀐다. 세상은 내 목소리의 메아리이기 때문이다.

감사할 줄 아는 사람이 성공한다. 당신 안에 답이 있으며, 원하는 것도 이루어진다. 당신의 답이 당신을 기다린다. 모든 성공은 자신에게 달려 있다.

파블로 네루다는 "인간이 자신의 인생 여정을 끝까지 무사히 걸어간 후에 죽음을 맞이할 수 있다면 그보다 더 행복한 일은 없을 것이다. 이는 쓰디썼던 열매가 다 익은 후에 자연스럽게 떨어지는 것과 같은 이치이다."라고 했다.

어느 늦은 밤, 밖에는 비가 세차게 내리고 있었다. 노인 부부가 호텔로 들어섰다. 부부가 빈방이 있느냐고 호텔 직원에게 물었다. 그날 호텔에는 빈방이 없었다. 그 도시에 축제가 열려 호텔마다 만원이었다. 하는 수 없이 노인 부부는 발길을 돌릴 수밖에 없었다. 비가 쏟아지는 늦은 밤에 어떻게 좋은 방법이 없을까? 생각하던 중 호텔 직원은 자신의 방이 생각났다. 그는 노부부에게 이렇게 말했다.

"누추하지만 제 방에서 하룻밤 주무시면 다음 날은 객실을 내어 드리겠습니다."

노부부는 감사를 표하고 그의 방에서 밤을 지냈다. 며칠 지난 후 호텔을 떠날 때 노부부는 감사하다며 그의 명함을 받아갔다. 2년 후, 직원 앞으로 한 통의 편지가 도착했다. 뉴욕까지 오는 비행기 표와 그를 새로 짓는 <u>호텔의 총지배인으로 와달라는</u> 초대장이었다.

편지에는 당신을 위해 월도프 아스토리아 호텔을 지었다면서 2년 전, 비 오던 밤 그의 방에서 하룻밤을 지냈던 노부부가 이 호텔의 주인인 윌리엄 월도프라고 적혀 있었다. 그는 자신이 자는 방 한 칸을 내주고 이렇게 인생이 바뀌게 된 것이었다. 그의 이름은 조지 볼트였다.

성공의 의미는 무엇인가? 대부분 사람은 성공은 물질적이고 재정적인 부를 이야기 한다. 돈을 많이 벌었는가. 어떤 집에 사는가. 어떤 종류의 차를 타는가. 이러한 것은 삶을 살아가는 방식을 평가하는 것이다. 어떤 사람인지 무엇을 하는 사람인지를 놓고 서로 평가한다.

성공은 우리가 무엇을 가졌는지, 얼마나 돈을 많이 버는지의 문제에만 국한되는 것인가? 웅장하고 화려한 집이 우리의 삶을 가치 있게 만드는가. 비싼 자동차가 행복과 만족을 주는가. 돈과 소유물은 우리에게 편리를 주지만, 우리를 행복하고 평화롭게 만들어 주지는 못한다. 돈과 물질적인 소유물에 둘러싸여 있어도 우리의 정신과 영혼은 여전히 배고픔에 시달릴 수 있다. 돈과 물질 때문에 우리의 잠재력은 개발되지 못한 채 잠만 자고 있을 수도 있다.

랠프 월도 에머슨은 "성공이란, 종종 그리고 많이 웃는 것, 지적인 사람들의 존경과 어린이들의 사랑을 받는 것, 비평가들의 인정을 받고 나쁜 친구의 배신을 참는 것, 아름다움을 소중히 여기는 것, 다른 사람의 장점을 발견하는 것, 이 세상을 보다 나은 곳으로 만드는 것이다."라고 했다. 역사상 위대한 인물 중에서 부자였던 사람은 거의 없었다. 돈이나 부동산을 소유했던 사람도 없었다. 그러나 위인들은 모두 위대한 삶을 살았으며 자신의 분야에서 엄청난 성공을 거둔 사람들이다. 성공은 돈이나 소유하고 있는 것 이상을 의미하는지도 모른다.

라로 슈푸코는 "적을 만들기를 원한다면 내가 그들보다 잘 났다는 사실을 증명하면 된다. 그러나 친구를 얻고 싶다면 그가 나보다 뛰어나다고 느끼게 하면 된다."라고 했다.

사람들이 항상 지켜보고 있다는 사실, 지금은 아니더라도 언젠가는 보게 될 것이라는 사실을 우리는 알아야 한다. 벽에도 귀가 있으며 악은 곳곳에 잠복해 있다. 혼자 있을 때에도 세상 사람이 지켜보고 있다는 사실을 알아야 한다.

결국, 진실은 밝혀지게 마련이다. 오늘 자기 생각을 들은 사람이 내일 그것에 대해 증언을 할지도 모른다는 사실을 알아라. 올바르게 살아야 한다. 모든 책임은 그 누구도 아닌 자신에게 있다. 원하지 않는 방향으로 간다면 자신에게 책임을 돌려라. 다른 평계를 대는 일은 그만두고 삶의 주체가 되어라.

우리는 언제든 변할 수 있고 상황을 개선할 수 있다. 더는 불만을 품지 않겠다고 마음먹어라. 결심이 강하면 극복할 수 없는 장애물은 없다. 강렬히 원하면 꿈을 현실로 만들 수 있다. 변명하지 않는다면 인생에서 원하는 것을 가질 수 있다.

어느 극단에 배우가 되기를 원하는 소년이 있었다. 그는 몇 년 동안 심부름과 청소, 잡일밖에 할 수 없었다. 어느 날, 무대 뒤에서 청소하고 있던 소년에게 배우 한 사람이 빠지게 되었으니 대역을 하라는 것이었다. 그 역할은 임금이 궁중에서 만찬을 베풀고 있는 때에 병사 하나가 들어 와서 전쟁의 급보를 전하는 내용이었다.

소년은 이 장면을 여러 번 보았다. 얼마든지 할 수 있는 연기였다. 그러나 그는 자신의 등장 시간이 될 때까지 기다릴 수 없었다. 동료에게 무대에 올라갈 시간이 다가오면 연락해 달라고 말한 뒤, 복장을 갖추고 무대 뒤뜰로 나갔다. 그러고는 그곳에서 계속 달리기 시작했다. 땀이 흘러 분장한 얼굴이 엉망이 되었다. 신발과 바지는 먼지투성이가 되었다.

바로 이때 무대에 오르라는 신호가 왔다. 소년이 무대에 등장했을 때 관객들은 정말 먼 전쟁터에서 며칠 밤낮을 달려온 한 병사의 모습을 보았다. 정말 완벽한 연기였다. 이 소년의 이름은 바로 저 유명한 로렌스 올리비에였다.

온 힘을 다해야 만이 성공할 수 있다. 어려움을 극복하고 무엇이든지 배워야 한다. 위험을 무릅쓰고 자신의 강점에 투자할 때 살아남는다. 그런 과정에서 겪는 일이 모두 자산이다.

자기 투자는 반드시 수익을 낸다. 운도 자신에게 투자하는 사람을 따라온다. 세상은 변해도 성공원리는 바뀌지 않는다. 자기 자원을 가지고 바닥에서 시작할 때 뜻을 이룬다. 선망하는 사람이 많을수록 목숨 걸고 일하는 사람만 살아남는다.

삶은 '무엇을 어디에, 어떤 자세로 투자하느냐'가 결정한다. 위기일 때 자신에게 투자하는 사람은 기회를 잡는다. 몸 가는데 모든 것이 가는 게 세상의 이치다. 지금 당장 몸을 움직여라.

chapter02

17
여유로운
삶을 살아라

마음의 90%는 잠재의식이다. 건강하다는 마음속의 영상을 잠재의식 속에 스며들게 하라. 그러면 잠재의식이 건강에너지를 발산한다. 잠재의식은 실제로 생각하고 있는 것만을 되돌려 준다. 생각하는 것이 부정적이면 결과도 부정적이다.

그러나 생각하는 것이 긍정적이면 병이 치유되는 것을 확인할 수 있다. 병을 주는 것도 병을 고치는 것도 마음에 달렸다. 대부분 환자에게 필요한 것은 약이 아니라 정신력이다. 긍정적인 말을 행동으로 옮겨라. 긍정적인 말을 계속한다면 그 성과가 주변에서 나타나기 시작하는 것을 보게 될 것이다. 긍정적인 말을 즐겨라. 노래로 바꿔 불러보기도 하고 그 말에 맞춰 춤이라도 추라. 종이에 적어 벽에 붙이거나 냉장고나 책상에 놓아두라. 화장실에도 걸어두고 시간나면 중얼거려도 보라. 말의 위력이 서서히 나타나는 것을 느낄 것이다.

무엇이든 시작해보라. 좋은 결과가 나올 것이다. 사람의 뇌는 우리가 하는 말 전부를 잠재의식 속에 기억하고 있다. 부정적인 말을 입에 올리면 즉시 우뇌에 부정적인 이미지가 생겨난다. 부정적인 말을 하는 것은 불쾌한 경험을 한 것과 마찬가지로 뇌는 받아들인다. 부정적인 이미지를 초래하는 어두운 말을 밝고 아름다운 말로 바꿔야 한다. 긍정적인 말이 긍정적인 나를 만든다. 성공의 비결은 시작에 있다.

나도 성공할 수 있다는 믿음을 가져라. 실패가 어렵지 않듯이 성공하기도 어렵지 않다. 실패는 성공의 필수조건이다.

도리바 히로미치는 "사업의 기회라는 것은 신의 계시처럼 어느 날 갑자기 선택받은 자에게만 내려지는 것도 아니고, 평범한 사람들은 도저히 접근할 수 없는, 불가능한 일에 도전하는 모험가에게 그 용기의 증거로 주어지는 것도 아니다. 사실 그것은 일상생활 속에서 몇천, 몇만의 사람들이 똑같이 보고 듣는 것 가운데 얼마든지 있다. 그중에서 사업의 기회를 찾아낼 수 있느냐 없느냐는 다만 평상시의 마음가짐에 달렸다. 내가 파리의 카페에서 커피를 서서 마시는 것을 보고 셀프서비스 방식의 스탠드 카페의 힌트를 잡았을 때도, 독일에서 일본에도 레귤러커피의 셀프서비스 시대가 오리라는 것을 확신했을 때도, 몇십 명의 동업자들은 똑같은 광경을 함께 보았다. 그것을 사업으로 성공하게 하느냐 아니면 남이 성공하는 모습을 몰래 부러워만 하느냐, 그 차이는 관심, 고집, 소망, 집착에 있다. 마음에는 모든 것을 끌어당기는 힘이 있다."라고 했다.

하고 싶은 일, 할 수 있는 일, 해야 하는 일 중 우리는 어떤 일을 선택해야 하나? 당연히 하고 싶은 일을 선택해야 한다. 하고 싶은 일이야말로 자신의 삶에 책임을 다하는 행동이고 성공으로 가는 지름길이다. 하고 싶은 일을 제대로 하려면 끊임없이 자신을 단련시켜야 한다. 노력 없는 꿈은 단지 백일몽에 지나지 않는다.

마음에 되고자 하는 모습을 꿈꾸어라. 강렬히 원하면 언젠가는 이루어지게 될 것이다. 가슴속에 품은 한마디 말은 놀라운 힘을 발휘하며 세상의 온갖 두려움을 이겨낼 수 있다. 자신만의 향기와 색깔을 가지기 위해 노력한다면, 하고 싶은 일은 할 수 있는 일이 된다. 또한, 할 수 있는 일은 반드시 해야 하는 일이 된다.

긍정적인 사람은 창조력이 풍부하다. 부정적인 사람은 창의성이 부족하다. 긍정적인 사고는 열려 있는 마음이다. 사고방식은 새로운 발상을 방해한다. 안 된다는 생각을 하면 어떤 아이디어도 나올 수 없다. 된다고 생각하면 뭐든지 된다.

부정적인 사람의 생각은 항상 얕은 곳에 머물러 있다. 더 높이 더 멀리 바라보지 못한다. 부정하면 불가능하고 긍정하면 가능하다. 긍정적인 사람은 진흙 길을 걸어도 산책길이지만 부정적인 사람은 산책길을 걸어도 진흙 길이다.

돈을 구걸하는 시각장애우가 있었다. 그는 '나는 시각장애우입니다.'라고 적힌 팻말을 목에 걸고 구걸을 하였다. 지나가는 사람들은 그냥 지나쳐 갈 뿐, 아무도 그에게 적선하지 않았다. 한 남자가 그에게 다가갔다. 그리고 시각장애우가 목에 걸고 있던 글씨를 바꾸어 놓고 그 자리를 떠났다. 그로부터 얼마간의 시간이 지난 후, 그는 뭔가 이상한 것을 눈치챘다.

"이거, 이상한데. 지금까지는 누구 한 사람도 나에게 돈을 주지 않았는데 그 남자가 오고 간 다음부터는 갑자기 적선해주는 사람들이 많아졌어."

그의 적선 통에는 동전이 가득하였다. 이유는 그 남자가 "나는 시각장애우입니다."라는 말을 이렇게 바꿔 놓았던 것이다. "바야흐로 봄은 오고 있으나, 나는 볼 수가 없답니다."

기쁨이나 성공, 사랑을 말하는 사람, 긍정적인 말을 하는 사람, 앞으로 좋은 일이 일어날 것이라고 믿는 사람들은 즐겁고 성공적이며 흥미진진하고 사랑이 충만한 삶을 살아가고 있다. 그러나 불평만 해대는 사람, 불운을 염려하는 사람, 삶이 고달프다고 한탄하며 투덜대는 사람은 실제로 고달픈 삶을 사는 사람이다.

습관이 형성되는 초기에 모든 힘을 다해야 한다. 새로운 습관은 어려울 수밖에 없다. 그러나 그 길을 가기 위해서는 열심히 노력할 수밖에 없다. 좋은 습관은 유혹을 견뎌내고 모든 에너지와 열정을 쏟아부어야 한다. 최대한 새로운 길을 가려고 노력해라. 기회가 올 때까지 기다리지 말고 스스로 기회를 만들어 새로운 길을 가야 한다. 위험한 길도 계속 걷다 보면 익숙해져 나중에는 걷기 쉬워진다.

처음부터 계획적으로 새로운 습관을 찾으려고 노력해야 한다. 익숙함에 대한 유혹에서 벗어나야 한다. 유혹은 이겨낼수록 자신이 더욱 강해지며, 앞으로 어떤 유혹에도 자유로워진다.

우리의 뇌는 의식과 무의식 상태에서 익숙함의 유혹을 받게 된다. 의지력과 집중력을 발휘해서 자신을 이겨라. 지나간 것은 모두 잊어버리고 새로운 습관의 길에 더욱 매진해야 할 것이다. 부정적이거나 안 된다는 생각을 가지고는 절대로 성공할 수 없다. 행운은 자신의 운명을 긍정하는 사람에게 찾아온다.

우리는 자신을 돕는 이를 돕는다는, 성공을 끌어당기는 우주의 법칙을 사용하기 위해서는 긍정적인 자기 암시를 통해서 좋은 습관을 만들어야 한다.

포엘 벅스턴은 "나이를 먹을수록 나는 강한 사람과 약한 사람, 그리고 위대한 사람과 평범한 사람의 차이가 열정과 불굴의 의지가 있느냐 없느냐로 갈린다고 점점 확신하게 되었다. 목표를 향해 죽기 살기로 끝까지 매진하라. 그러면 세상에서 이루지 못할 일이 없다. 아무리 재능이 많고 환경이 좋고 기회가 있다고 해도 열정과 의지가 없으면 제대로 성공하기가 힘들다."라고 했다.

긍정적인 생각은 희망을 품게 해주며 절망과 좌절을 이겨낸다. 건전하고 건강하고 평온한 마음을 유지하며 인생에서 가치 있는 일을 하게 해준다.

비즈니스호텔을 운영하는 한 사장이 있었다. 불경기로 운영난에 빠지게 되었다. 객실 가동률이 30%를 밑돌아 적자상태였다. '왜 손님이 오지 않을까?' 고민하던 그는 단골 술집의 여주인이 자신의 가게를 정리하겠다는 이야기를 들었다. 수십 년간 술집을 경영하면서 수많은 손님을 지켜봐 온 그녀는 샐러리맨의 애환을 누구보다 잘 알고 있었다. 그는 술집 여주인에게 물었다. "우리 호텔의 지배인을 해볼 생각이 없소." 그러자 여주인은 좋다고 했다.

아줌마 지배인이 온 지 한 달이 채 되지 않은 사이에 손님이 늘기 시작했다. 오랫동안 선술집을 경영했던 감각으로 객실마다 한 송이 꽃을 두고 소박하지만 아늑함을 자아내는 소품들로 장식했다. 손님 접대 경험이 풍부한 아줌마 지배인은 손님이 체크인할 때 직접 나가 가방을 받아들고 따뜻한 말로 하루의 노고를 풀어주었다. 게다가 양복이나 코트에 단추가 헐렁하거나 떨어진 것은 없는지 유심히 살폈고 혹시라도 그런 손님이 있으면 그날 저녁에 손수 단추를 달아주었다. 체크아웃할 때도 손님의 옷매무새를 세심히 살폈다. 코트의 먼지를 털어주며 집에서 출근하는 남편에게 인사하는 아내처럼 밝은 표정으로 손님을 배웅했다.

이런 고객만족 서비스의 결과로 적자에 허덕이던 호텔이 흑자로 전환되었다. 주는 만큼 받는 것이 비즈니스이다. 우리는 지금 하고 있는 모든 행동을 통해 나중에 수확하게 되는 대가의 씨앗을 심고 있다. 다른 사람들과 지속적인 관계를 맺으면서 서로의 생각을 이해할 수 있다.

서비스는 고객을 사랑하는 마음으로 대해야 한다. 고객에게 쏟는 애정과 비례하여 사업도 성공한다.

어느 날, 한 친구가 마리 퀴리를 찾아왔다. 친구는 그녀에게 영국 왕립 아카데미로부터 받은 금메달을 보여 달라고 했다. 그녀는 바닥에 앉아서 놀고 있는 어린 딸을 가리켰다. 친구가 바라보니 금메달이 딸아이의 장난감이 되어 있었다. 친구가 물었다. "영국 왕립 아카데미로부터 금메달을 수상하는 게 얼마나 대단한 영광인데, 아이가 장난감으로 가지고 놀도록 저렇게 내버려두는 거야?"

그러자 마리 퀴리는 미소를 지으며 말했다. "난 명예라는 것은 장난감처럼 잠깐 가지고 놀 수 있을 뿐 그것을 영원히 손에 움켜쥐려고 하면 아무 일도 이루지 못한다는 사실을 딸아이가 일찍부터 깨닫게 하고 싶었을 뿐이야."

<u>여유 있게 산다는 것은 사물을 있는 그대로 받아들이는 것</u>을 의미한다. 여유의 핵심은 내버려두는 것이다. 우리는 내버려두는 것에 익숙하지 못하다. 항상 지배권을 손에 쥐고 있으려 하고 자신이 생각하는 대로 삶을 만들어 가고 싶어 한다.

언제 어디서나 여유 있는 태도를 원한다면 먼저 자신을 잘 알아야 한다. 자신을 정확히 알면 알수록, 자신을 극복하면 할수록 자신에 대한 신뢰는 두터워진다. 그리고 다가오는 것을 여유 있게 받아들이게 된다.

chapter⁰²

18
감사하라

마음을 여는 문의 손잡이는 안쪽에 달려 있다. 세상에서 가장 중요한 것은 사람의 마음을 여는 일이다. 세상에서 가장 어려운 것은 굳게 닫힌 사람의 마음을 여는 일이다.

우리는 상대방의 마음을 열기 위해 노력한다. 타인의 마음을 열지 못해 고민하고 닫혀 있는 마음 때문에 고통받는다. 사람과의 문제는 대부분 마음의 문과 관련되어 있다. 문 뒤에 무엇이 있는지 아무런 관심이 없다면 문은 열리지 않는다.

마음의 문을 열기 위해서는 먼저 상대방의 마음이 어디에 가 있는지를 찾아야 한다. 그것이 바로 관심이다. 마음의 문은 저절로 열리는 것이 아니다. 상대방의 물음에 정확히 대답해야만 문이 열린다. 사람들이 마음의 문을 열지 못하는 것은 이해받지 못할까 두려워하기 때문이다.

세상을 잘 보려면 마음으로 보아야 한다. 중요한 것은 눈에 잘 보이지 않는다. 호의를 전하는 것은 어렵지 않다. 다만 솔직해지기가 어려울 뿐이다. 솔직해진다는 것은 내 마음의 문을 여는 것이다. 내가 먼저 마음의 문을 열고 솔직하게 표현하는 것이다. 다른 사람의 문을 여는 것보다 더 중요하고 어려운 것은 내 마음의 문을 여는 것이다. 내가 마음의 문을 활짝 열어야 자유롭게 성공할 수 있다.

한 남자가 화재 현장에서 죽었다. 그의 손에는 볼펜으로 적어놓은 전화번호가 있었다. 40대 중반의 가장으로 두 명의 아이와 아내를 남겨두고 숨을 거둔 그 남자가 손에 움켜쥐고 있던 쪽지의 전화번호는 아내도 처음 보는 것이었다. 그의 아내는 난생처음 보는 전화번호로 연락했다. 보험회사 상담원이 전화를 받았다. 아내가 남편의 인적사항을 말하자 상담원이 말했다. "아, 여기 있군요. 남편께서는 재해사망 시 백만 달러의 보험을 들어놓으셨군요." "네? 백만 달러요?"

나중에 보험회사가 가져다준 유언장을 보면서 아내와 아이들은 통곡했다.

유언장에는 남편으로서 그리고 두 아이의 아버지로서 다짐이 적혀 있었다. "사랑하는 가족을 위해서 생활을 절제하고 더욱 큰 미래를 꿈꾸는 게 너무나 행복하더이!"

감사하는 마음이 가져오는 좋은 점은 환경에 좌우되지 않고 삶을 즐거운 모험으로 여길 수 있게 해준다. 모든 것에 감사하는 사고방식이 생기면 인생에서 해야 할 것을 하게 되는 것으로 바꿀 수 있다. 감사는 의무를 기회로 바꾸는 정신적인 힘을 제공한다. 그래서 괴로운 시절조차 성장의 과정으로 받아들일 수 있다. 자기 삶에 만족하는 사람은 다른 사람을 질투할 수 없다. 감사하는 마음은 더 높은 곳을 향해 날 수 있게 만든다.

존 F. 케네디는 "감사를 표현할 때 잊지 말아야 할 것은, 가장 큰 감사는 감사해 하는 말이 아니다. 감사해 하는 삶이다."라고 했다.

감사할 일이 많다고 느껴지면 자신의 삶이 바뀔 것이다. 새로워진 삶에서 생겨나는 에너지가 다른 사람에 대한 너그러운 마음으로 바뀌게 하라. 감사하는 마음은 받은 것을 다시 돌려주고 싶은 마음이 든다. 그 욕구에 따라 행동하라. 감사하는 마음으로 베푼다면 분명히 부자가 될 것이다.

알렉산더 플레밍은 "새로운 사물을 발견하는 것은 모두 우연이다. 뉴턴이 사과가 나무에서 떨어지는 것을 보고, 와트가 물이 끓는 주전자를, 뢴트겐이 흐린 감광 필름을 본 것은 모두 우연한 일치였다. 그러나 이들은 특별한 것 없는 평범한 사건에서 새로운 사물을 발견할 수 있을 만큼의 충분한 지식을 갖추고 있었다."라고 했다.

　살아가면서 무엇을 갖고 싶어 하든, "난 가질 만한 자격이 있어."라고 외쳐라. 무엇인가를 소유하는 자아가 가치 있다고 믿는다면 결국 그대로 이루어진다. 자신이 구할 만큼 중요하고, 받을 만큼 원한다면 결국 얻게 된다. 그러나 자신이 가치가 없다고 생각한다면 풍요로움이 삶 속에 들어오지 않는다.

　생활하면서 긍정적인 주장을 자주 하라. 풍요로움을 끌어들여라. 벽, 거울, 냉장고, 자동차 등은 긍정적인 주장을 적어 놓을 수 있는 좋은 장소. 긍정적인 주장은 생각을 중심으로 형성되고 진정한 조화를 이루게 된다. 자기 신념을 구현하려면 긍정적인 주장을 자주 하라.

　좀 더 많이 베풀어라. 베푼 만큼 언젠가는 몇 배가 되어 돌아올 것이다. 물건을 소유하고 더 많은 물건을 가지려 노력하는 것이 풍요로움이라 믿는다. 그러나 풍요로움의 진정한 의미는 자신의 영원성과 우주의 무한성을 깨닫는 것이다.

　하루하루를 어떻게 살아갈지 결정하라. 원하기만 하면 풍요로움을 자기 것으로 만들 수 있다. 풍요로움은 부자만 누릴 수 있는 것이 아니다. 풍요로움은 자기의 일부분이다. 지금 당장 풍요로움에 자신을 맡겨라. 지금 무엇을 생각하든 생각하는 것이 이루어지고, 자신은 결국 그런 생각에 따라 행동하게 된다.

　아무리 터무니없어 보이는 꿈일지라도 사람이 마음속에 품으면, 바로 그때부터 기적의 씨앗이 싹트기 시작한다. 성공한 사람은 마음속의 속삭임에 귀를 기울이고 그것을 인생 목표로 삼은 사람이다.

　중요한 것은 현실이 아니라 꿈이다. 당신이 할 수 있기에, 분명히 이룰 수 있기에 꿈의 목소리는 들려오고, 꿈의 그림은 그려지는 것이다. 꿈의 영상을 인생목표로 정하고 모든 것을 쏟아부어라. 그림 같은 집이 눈앞에 아른거린다면 그것을 갖게 될 거라고 굳게 결심하라. 그러면 분명히 그런 집에서 살게 될 것이다.

　벼랑 끝에서 꿈을 가져라. 인생의 벼랑 끝에서 우리가 가져야 할 것이 있다면 그것은 오직 하나, 꿈이다. 주변에서 모두 비난하고 무시해도, 크고 놀랍고 위대한 꿈을 가져야 한다. 언제 어디서나 꿈을 말하고, 불타오르고, 무엇이든지 꿈으로 점령할 수 있어야 한다. 그래야만 인생을 역전시킬 수 있는 기회를 잡게 된다.

사람은 누구나 인생에서 눈물과 절망, 좌절로 얼룩진 어려운 때를 만나게 된다. 우리는 꿈과 함께 다시 일어나고, 희망차게 앞으로 나가야 한다. 베이컬 헤이블은 "희망은 잘될 것이라는 확신이 아니라, 어떤 결과가 나오더라도 의미가 있을 것이라는 확신이다."라고 했다.

우리는 꿈과 희망 속에서 하루하루를 살아가야 한다. 꿈과 희망으로 가슴을 채우지 않으면 두려움이 그 자리를 채울 것이다. 부드러운 대답은 분노도 녹인다. 밝은 표정 고운 말씨는 다른 사람의 마음까지도 환하게 한다.

늑대를 보고 모든 동물이 무서워 피했다. 늑대는 친구가 없었다. 늑대는 다른 동물을 원망하며 투덜거렸다. "이기적인 것들. 모두 자신들 관점으로 남을 판단하다니. 내가 뭐 어떻다는 거야."

거울 앞에 비친 자신의 얼굴을 보며 늑대가 말했다. "겉모습이 다는 아니야. 속이 중요한 거라고."

그러자 거울이 늑대에게 말했다. "속마음이 겉모습을 만들기도 하지. 네 속에 품은 것들이 너의 얼굴로 드러나는 거야. 네가 선한 마음을 가지고 있으면 선한 얼굴로, 악한 마음을 품고 있으면 악한 모습으로 드러나게 돼 있지. 얼굴이 못나도 선한 이가 있는가 하면 얼굴이 잘나도 흉악한 이가 있어. 너를 피하는 다른 이들을 비난하거나 너 자신을 변명하려고만 하지 말고 지금부터 네 속마음을 아름답게 가꾸도록 해. 그러면 너의 겉모습이 달라져 보일 거야."

감사하며 사는 것이 행복이다. 감사하라! 그러면 젊어진다. 감사하라! 그러면 발전이 있다. 감사하라! 그러면 기쁨이 있다. 작은 일에도 감사할 줄 아는 것이 행복한 마음이다. 사람은 행복해서 감사하는 것이 아니라 감사하며 살기 때문에 행복해진다. 감사는 행복의 문을 여는 열쇠다.

브라질 사람들은 '오브리가도'라는 말을 입에 달고 산다. 가정이나 직장에서 틈만 나면 '감사합니다.'라는 오브리가도를 외친다. 일상생활에서 가장 많이 사용하는 언어가 오브리가도다. 말수가 적은 사람도 하루에 열 번 이상 이 말을 사용한다. 다른 사람을 가장 기쁘게 할 수 있는 최고의 말은 바로 '감사합니다.'이다.

한 남자가 있었다. 16세 때 24시간 만에 10상자의 살구를 따는 데 성공하여 살구 따기 세계 챔피언이 되었다. 군대에선 팔굽혀펴기를 쉬지 않고 3,500개를 하여 그 분야에서 일인자가 되었다.

대학에 입학한 후 90일 만에 학업을 중단하고 보험 세일즈맨으로 일하게 되었다. 보험회사에 들어가서 백만 달러 수입이라는 마음속에 그린 목표를 생생하게 상상하고 간절히 바라며 깊이 믿고 열심히 노력했다. 결국, 그다음 해 400만 달러 수입을 올려 백만장자가 되었다. 그의 이름은 폴 마이어다.

그는 아침마다 "오늘도 제가 기부하려는 이 봉투 안에 들어있는 제 소득의 50%가 정말 필요한 곳에 도달할 수 있게 나를 도우소서!"라는 기도를 한다. 그는 날마다 자기 소득의 50%를 수십 년 동안 기부하였다. 그는 오전에는 열심히 돈을 벌고 오후에는 돈이 필요한 단체를 찾아가 그 돈을 나눠주며 저녁에는 더 많은 돈을 벌기 위해 새로운 방법을 연구했다.

그는 "가능한 많은 사람을 위해, 가능한 많은 방법으로, 가능한 오랫동안, 가능한 많은 돈을 기부하는 것이 나의 목표이다."라고 말했다.

그는 2009년 세상을 떠날 때까지 55년 동안 자기 소득의 50%를 기부하였다. 기적을 창조할 수 있는 비결은 희망적인 사고다. 희망적인 사람은 신념과 희망을 품고 어둠을 밝혀 기적을 창조할 수 있다.

먼저 하고 싶은 것을 알아야 하고, 어디로 가고 싶은지를 알아야 하고, 어떤 사람이 될 것인가를 알아야 한다. 자신을 믿고 의심하지 말아야 한다. 상상하고 간절히 바라며 신념을 지니고 끈기 있게 밀고 나아가라!

chapter02

19
잘하는
일을 하라

행복과 성공을 얻는 방법은 <u>자신이 좋아하는 일을 하는 것이다.</u> 자신에게 맞는 직업이나 할 일을 구하는 것이 무엇보다도 중요하다. 똑같은 조건에서 누구보다 월등하게 잘할 수 있는 일이 있게 마련이다.

샌드위치와 어묵을 파는 가게가 있었다. 이 가게는 언제나 손님들로 넘쳐난다. 가게 주인은 거스름돈을 준비해 손님이 직접 거스름돈을 거슬러 가도록 한다. 음식을 다루는 주인의 손은 항상 깨끗해야 한다는 것을 보여주는 것이다. 샌드위치를 먹을 때 손에 기름이 묻지 않도록 샌드위치를 네 번 접어 은박지로 싸준다. 어묵 국물에 아낌없이 투자한다. 무, 다시마, 새우 등 고급재료를 넣어 푹 끓여서 국물 맛이 일품이다. 사람들의 입에서 입으로 소문이 퍼지면서 이 가게는 대박집이 되었다.

음식점은 내 집안 식구가 먹는다고 생각하고 언제나 청결하고, 손님들에게 무제한의 서비스를 제공해야 한다. 손해 본다 생각하고 아낌없이 퍼주어라. <u>그러면 이상하게도 수익이 나고 많은 돈을 벌게 된다.</u> 그것이 바로 음식장사의 숨은 비밀이다. 음식장사는 손님이 무엇을 원하고, 좋아하는 것을 먼저 알아야 성공할 수 있다. 손님의 불만을 듣고 발끈하지 않으면 문제의 절반은 해결한 것이나 마찬가지다.

손님이 불만을 제기했을 때 문제가 뒤틀리는 것은 불만을 들은 사람이 발끈하기 때문이다. 손님의 요구는 반드시 어려운 것만이 아니다. 대부분은 간단히 처리할 수 있는 요구다. 손님의 요구를 받으면 '물론 가능하다.'라고 대답하라. 원석도 갈고 다듬으면 보석이 되듯, 말도 갈고 닦고 다듬으면 보석처럼 빛난다.

같은 말이라도 때와 장소를 가려서 하라. 그곳에서의 히트곡이 여기서는 소음이 된다. 이왕이면 다홍치마다. 말에도 온도가 있으니 썰렁한 말 대신 화끈한 말을 해야 한다. 내가 하고 싶은 말에 열 올리지 말고, 그가 듣고 싶어 하는 말을 하라. 입에서 나오는 대로 말하지 말라. 재료 가공이 급게 말해도 불량률은 생긴다. 상대방을 보며 말하라. 눈이 맞아야 마음도 맞게 된다.

풍부한 예화를 들어가며 말하라. 예화는 말의 맛을 내는 훌륭한 천연 조미료이다. 한 번 한 말을 두 번 다시 하지 말라. 듣는 사람을 지겹게 하려면 그렇게 하라. 일관성 있게 말하라. 믿음을 잃으면 진실도 거짓이 되어 버린다. 말을 독점 말고 상대방에게도 기회를 주어라. 대화는 일방통행이 아니라 쌍방교류다. 상대방의 말을 끝까지 들어줘라. 말을 자꾸 가로채면 돈 빼앗긴 것보다 더 기분 나쁘다.

어느 날 식당 주인이 스승을 찾아왔다. 주인은 스승에게 물었다. "식사 후에 저는 빨리 음식 그릇을 치우고 싶은데, 손님이 좀처럼 자리에서 일어나지를 않습니다."

그러자 스승은 이렇게 대답했다. "식당의 인상이 나쁘면, 손님은 식사를 마치자마자 말없이 나가 버릴 것이다. 하지만 인상이 좋을 때는 식사를 마친 후에도 꾸물대며 좀처럼 자리에서 일어나지 않는 법이다."

이 이야기를 들은 뒤로 식당 주인은 손님이 식사 후에도 꾸물대는 모습을 보면서 행복하다고 생각하게 되었다.

추한 것은 어떻든 아름답다고 할 수 없다. 하지만 이 세상에 온통 아름다운 것밖에 없다면 그것들은 더는 아름다워 보이지 않는다.

어떤 사람이 병원에 누워 있는 환자인 친구에게 이렇게 말했다. "넌 1년씩이나 병원에 누워 지내는 것이 비극적이라고 생각할지 모르지만, 결코 그런 것만은 아니야. 오히려 차분하게 사색할 수 있는 시간을 갖게 된 거야. 이번 기회를 통해 자신을 새롭게 인식할 수 있고, 책을 볼 수 있는 여유를 갖게 된 것을 기쁘게 생각하렴. 잘만하면 정신적으로도 많은 성장을 할 수 있는 기회를 갖게 된 거야. 안 그래!"

인간은 자신이 의식하고 있는 것만 도전할 수 있다. 매일 아침 눈을 뜨자마자 감사할 일을 마음속에 그려보려고 노력하라. 아름다운 음악소리, 책 읽는 시간, 맛 나는 음식, 행복, 건강 등을 가져다준다. 매일 아침마다 자신에게 행복을 가져다주는 아름다운 습관을 가져라.

간디는 어느 날 심하게 폭행을 당했다. 범인들이 잡혀 재판을 받게 되었다. 그러나 간디는 이렇게 말했다. "저들의 석방을 요구합니다."

재판정에 있는 사람들은 모두 놀랐다. 간디는 범인들을 바라보며 이렇게 그 이유를 설명했다. "저 피고인들이 나에게 원한을 품고 있었던 것은 사실입니다. 하지만 전 저들에게 아무런 원한이 없습니다. 저들이 날 미워한다고 내가 저들을 미워할 이유가 어디 있지요? 미움은 미움에 의해 해결되지 않습니다. 나는 미움은 미움이 없어질 때 해결된다고 믿습니다."

세상에서 가장 무서운 사람은 무기를 가진 사람도 아니고, 날카로운 독설을 날리는 사람도 아니다. 자기 자신의 단점을 제대로 보지 못하는 이기적이고 독단적이고 배타적인 '나 자신'이다.

거리를 걷다 보면 신호등을 만나게 된다. 우리 인생에도 신호등이 있다. 아무리 복잡한 문제라도 순서의 흐름을 알아냄으로써, 다양하고 복잡한 상황을 해결할 수 있다.

세상에는 나이를 먹어도 하수가 있고, 나이가 어려도 고수가 있다. 하수는 자신의 능력을 만천하에 뽐내기를 원하고, 고수는 자신의 능력을 드러내지 않는다. 몇 마디 대화만으로 상대가 어떤 사람인지를 알아보는 사람이 고수이다. 하수는 고수와 하수를 분간하지 못하지만, 고수는 바로 알아본다. 하수는 겉모습만 보고 사람을 평가하지만, 고수는 숨은 능력을 볼 줄 안다.

아직도 키와 얼굴을 따진다면 여전히 하수임에 틀림이 없다. 언제 어디서든 평상심을 유지할 수 있다면 그는 고수다. 반대로 평상심을 잃으면 그는 하수다. 마음을 다스릴 줄 아는 사람이 고수이다. 화를 낸다는 것은 지나간 버스에 손을 흔드는 것이다. 이미 진행된 상황, 엎질러진 물을 수습해야 한다.

최고의 지혜는 '지금' '여기'의 일에 가치와 의미를 부여하는 것이다. 힘을 남겨둘 경우와 올인할 타이밍을 구별할 줄 알아야 한다. 구하려는 것이 무엇이든 먼저 다가오게 하여야 한다.

집착할수록 멀어지는 것이 세상의 법칙이다. 초연한 마음으로 내실을 쌓는다면 크고 좋은 것이 다가오게 된다. 마음에 무한한 가능성을 안고 살아가는 사람은 언제나 긍정적인 생각으로 하루를 시작할 수 있다.

어느 날 아침 백화점 엘리베이터 안내원은 엘리베이터 안에서 콧노래를 불렀다. 한 남자가 물었다. "뭐가 그리 좋아요?"

안내원은 화색이 가득한 얼굴로 대답했다. "저는 기분이 좋습니다. 오늘은 제가 한 번도 살아본 적이 없는 새날이거든요."

에밀 쿠에는 "매일 나는 모든 면에서 점점 좋아지고 있다."라는 말을 반복하는 기도로 온갖 종류의 질병이나 심리적 장애를 지닌 환자가 스스로 병을 치료하는 데 도움을 주었다.

그는 이 기도를 활용해 수천 명의 환자를 성공적으로 치료한 의사였다. 오직 이 기도만을 하루에 열다섯 번씩 세 차례 커다란 소리로 반복하는 방법으로 엄청난 효과를 거두었다.

매일 긍정적인 말을 큰 소리로 외쳐라. 긍정적인 결과를 경험하고 싶은 것부터 시작하라. 자신이 원하는 삶, 생각하는 삶을 외쳐라. 반드시 현재 시제로 말해야 한다. 바람직한 결과를 자신 있게 말함으로써 무의식과 의식 속에서 이루고 싶은 것을 창출할 수 있다.

긍정적인 말을 글로 써보라. 하루에 열다섯 번씩 글로 쓰면 자신의 삶을 풍요롭게 꾸려나갈 수 있다.

어떤 병원에서 환자를 대상으로 질병의 정도를 따져 두 그룹으로 나누었다. 그리고 교회에 한 그룹의 명단을 전하고 그들을 위해 기도해 달라고 부탁했다. 한 그룹 환자들에게는 교회에서 그들을 위해 매일 기도하고 있다는 사실을 알려 주었다. 다른 그룹 환자들에게는 아무것도 하지 않고 평소처럼 지내게 했다.

1년 후 교회에서 매일 기도를 올린 그룹의 환자들은 그동안 한 명도 사망하지 않았고 상태가 나빠진 환자가 없었다. 그리고 시간이 지날수록 상태가 호전되고 있었다.

하지만 기도를 하지 않는 그룹의 환자들은 8명이나 사망했고, 12명이 점점 더 상태가 악화하였다. 또한, 나머지 환자들도 상태가 갈수록 나빠지고 있었다.

간절한 소원을 담아 기도를 하면 실제로 그 기도가 파동이 되어 전달되는 것이다. 살다 보면 기분이 좋을 때도 있고 자신도 모르게 기력이 떨어지면서 우울할 때가 있다.

중요한 것은 무슨 일이 있든 스스로 행복하다고 느끼면 그 파동을 타고 더욱 행복해질 수 있다는 사실이다. 생명은 모든 사람의 내면세계에서 아름답게 빛나는 보석이자 빛이다. 그리고 그것은 인간의 본질이다. 인간은 그 아름다운 보석을 빛내면서 태어난다.

그러나 성장하면서 자신을 보호하기 위해 주변에 벽을 만든다. 다른 사람의 시선을 의식하고, 두려워하며, 완벽을 추구하다 보면 벽은 점점 단단해진다. 벽 안에는 빛이 존재하지만 단단하고 두꺼운 벽 때문에 새어나오지 못한다.

다른 사람의 장점을 보면 그 사람이 가진 빛을 볼 수 있다. 개개인의 장점이 빛이며 보석이다. 상대방의 내면세계에 있는 보석에 눈길을 주면 내부에서 빛이 흘러나온다. 눈길이 보석을 둘러싸고 있는 벽을 뚫고 통로를 만들면 상대방의 내부에서 아름다운 빛이 흘러나오는 것이다.

chapter⁰²

20
집중력을
길러라

"**어느** 날 아침 잠자리에서 일어나니 성공한 사람이 되어 있었다 그러나 30년이라는 길고노 신 밤을 지내야 했다." 레이 크록의 말이다.

성공한 사람은 탁월한 집중력을 갖춘 사람이다. 무엇이든지 대충하면 절대로 성공할 수 없다. 지식은 건성으로 하면 좀처럼 쌓이지 않는다. 또한, 집중해서 공부하지 않으면 효과가 없다. 집중력이 떨어지면 지식을 만들어낼 수 없다. 어떤 종류의 지식이든 고도의 집중력이 있어야 소기의 성과를 달성할 수 있다.

긍정적이고 낙관적인 마음을 품고 늘 밝게 웃으면 나를 가로막는 장애물도 너그러운 마음으로 만들 수 있다. 그러면 모든 일이 순탄하고 즐겁다. 많은 노력을 기울여 일정한 성과를 거두었을 때는 자신에게 칭찬을 해주라.

"정말 잘했어!" "정말 좋은 아이디어야!"라고 자신에게 말하라. 칭찬은 새로운 힘과 도전정신, 자부심을 불러일으킨다.

고난이 없는 인생은 진정한 인생이 아니다. 행복이란 피와 땀과 눈물을 바탕으로 이루어진 결과물이다. 세상을 살아가는 동안 버려야 할 것은 너무나 많다.

권력을 버린다면 조용함과 담백함을 얻을 수 있다. 돈에 대한 욕심을 버린다면 안심과 즐거움을 얻을 수 있다. 지나친 욕심을 부리지 않는다면 단순하고 자유롭게 살 수 있다. 평온하게 살고 싶다면 이해득실을 따지지 말라. 남과 다툼을 벌이면 몸과 마음이 피곤하고 얻는 것보다 잃는 것이 더 많다.

사소한 일에 지나치게 신경 쓰지 말라. 묵묵히 자기 길을 가는 것이 평화와 행복으로 가는 길이다. 과거에 연연하지 말라. 어제의 고통과 번민, 부정적인 생각과 단호하게 이별하라. 그렇지 않으면 늘 그 자리에 있게 된다.

마음가짐을 바꿈으로써 운명이 바뀐다. 성공과 실패, 행복과 불행, 기쁨과 슬픔은 자신의 마음가짐이 만든다. 좋은 마음을 가져야 한다. 우리가 감사할 줄 모르는 이유는 욕심 때문이다. 세상의 것으로 채울 수 없는 것이 사람의 욕심이다. 우리는 어느 하나를 간절히 원하나 그것을 소유하게 되면 만족하고 감사하는 것이 아니라 또 다른 것을 원하고 더 많이 바라다가 불행하게 된다.

욕심과 감사는 공존할 수 없다. 욕심은 악마에게 속해 있다. 어느 순간 불평으로 바꾸어 놓는 것이 욕심이다. 어느 정도의 욕심은 삶의 활력소이지만 지나치면 불행을 자초한다. 만족할 줄 모르는 사람은 욕구가 채워져도 감사하지 못하고 또다시 불평하게 된다.

우리는 가끔 아무 이유 없이 자기 생각을 갑자기 바꾼다. 하지만 누군가가 우리에게 틀렸다고 말하면 화를 내며 끝까지 자신의 의견을 고집한다. 어떤 사람이 우리의 의견에 동의하지 않을 때 우리는 온 힘을 다해서 우리의 생각을 지키는 데, 이는 그것이 중요해서가 아니라 자존심이 위협받기 때문이다. 우리는 믿던 것들을 계속해서 믿고 싶어 한다.

그래서 우리가 믿었던 것이 의심을 받으면 최대한 구실을 찾아 우리의 신념을 변호하려고 한다. 그 결과는 어떨까? 대다수 사람은 추리로써 구실을 찾아 자신도 모르게 계속해서 전에 믿었던 것들에 믿음을 더한다. 인간이 어떤 감정을 느끼는 시간은 5분에서 8분 정도이다. 같은 감정이 지속한다면 무엇엔가 집착하고 있는 것이다.

11살 남자아이가 TV 저녁 뉴스를 보고 있었다. 뉴스에는 겨울철에 얼어 죽는 노숙자가 나왔다. 남자아이는 뉴스가 끝나자 오래된 이불 두어 개를 들고 밖으로 나갔다. 아이는 노숙자를 찾아가 이렇게 말했다. "아저씨, 이 이불 덮고 따뜻하게 주무세요. 안 그러면 얼어 죽을지도 몰라요!"

아이는 이튿날도 그 다음 날도 계속해서 노숙자를 찾아가 이불과 옷가지를 전해 주었다. 아이는 동네를 돌며 노숙자들의 추위를 막을 수 있는 것이라면 아무것이라도 얻어다 나눠 주었다.

이 소문이 돌자 도시 전체가 나서서 노숙자들에게 입을 것과 먹을 것을 가져다주기 시작했다. 그 이후부터 그 도시에서는 겨울에 얼어 죽는 노숙자가 사라졌다. 이 아이의 이름은 트레비 페델이다.

유대인은 하인이나 노예도 주인과 똑같은 음식을 먹는다. 주인이 방석에 앉으면 하인에게도 똑같은 방석을 줘야 한다. 잘난 사람이라 할지라도 윗자리에 앉아서는 안 된다. 하루는 하인이 맥주를 가져왔다. 주인이 하인에게 물었다. "자네들도 마시는가?" 하인이 대답했다. "오늘은 맥주가 적게 남아 여기에 내놓은 것뿐입니다." 그러자 주인은 이렇게 말했다. "그렇다면 오늘은 마시지 않기로 하지."

돈은 대개가 껍데기일 뿐 알맹이는 아니다. 돈으로 먹을 것을 살 수는 있지만, 식욕은 살 수 없으며, 약은 살 수 있되 건강은 살 수 없다. 재물을 살 수는 있지만, 친구는 살 수 없고, 하인은 살 수 있으나 충직함은 살 수 없다. 즐거운 날들을 살 수는 있으나 평화나 행복은 살 수 없다.

돈은 여러 가지 면에서 성공의 척도가 된다. 누군가 멋진 일을 한 후 금전적인 대가를 요구하지 않으면 그 사람이 한 일은 가치 있는 일이 아니라고 판단한다. 그러나 누군가가 그저 그런 일을 해놓고 고액을 요구하면 사람들은 비싸다고 생각하면서도 뜻밖에 관심을 보인다. 값비싼 메이커 라벨은 성공을 암시하고, 그 메이커를 구매하고자 하는 사람은 횟수가 잦아질수록 자신의 가치가 높아진다고 생각한다. 돈이 많으면 하고 싶은 일을 할 수 있는 자유와 독립성이 생긴다. 또한, 의존심과 책임감이 늘어난다. 소유물이 많으면 잘 간수해야 한다는 의무가 주어진다.

중요한 것은 무엇보다 <u>자기 자신이 행복을 느끼며 살아야 한다는 것</u>이다. 그것이 바로 진정한 의미의 성공이다. 이미 가진 것에 만족할 수 있다거나, 남보다 적게 일하고 적게 버는 상황에 만족할 수 있다면 성공한 삶이라 할 수 있다. 성공이란 명예나 출세가 아니라 순박한 삶에서 기쁨을 느낄 수 있어야 한다.

사이쇼 히로시는 『아침형 인간』이라는 베스트셀러로 유명해진 작가다. 그는 아침에 일찍 일어나기 위한 비결을 묻는 질문에 이렇게 대답했다. "그냥 벌떡 일어납니다. 그냥 일어나면 됩니다." 알람시계가 울리면 '벌떡' 일어나서 이불을 걷어차면 된다. 생각할 틈을 주지 않는 벌떡 스타일, 이것이야말로 일찍 일어나기의 비결이다.

다른 사람 때문에 받은 고통은 <u>상대가 좋은 마음으로 어루만져 주면 금방 사라진다</u>. 하지만 스스로 저지른 실수로 자신의 허영심에 상처를 입으면, 그 고통은 영원히 지울 수 없다.

마음의 평화가 무엇보다 중요하다. 마음의 평화는 인간이 지향하는 목표 중에서 가장 상위의 것이다. 사람들은 평생 마음의 평화를 갈구한다. 자신이 얼마나 행복한지는 지금 이 순간에 어느 정도로 마음이 평화로운지 가늠해보라. 마음의 평화는 인생의 핵심원칙이다. 성공의 기준은 우리가 느끼는 행복, 만족감, 풍요로움 등 우리가 누리는 마음의 평화와 같은 수준이다.

사람들은 잘못된 기준으로 모든 것을 판단한다. 즉, 권력과 성공과 부를 추구하는 과정에서 이미 이 세 가지를 가진 사람들을 존경하지만 진정한 가치는 과소평가한다는 느낌을 저버릴 수가 없다.

진정한 가치를 자세히 따져보고 무엇이 중요한지, 무엇이 궁극적으로 우리에게 만족과 행복을 주는지를 알아야 한다. 삶과 그 안에서 우리의 위치는 복잡하다. 어떻게 하면 최선의 삶을 살 수 있는지를 결정하는 문제는 매우 어렵다. 우리의 제한된 이성과 인식만으로는 풀기가 어렵다. 성공을 바라보는 시각도 다양하다. 성공은 성취감, 건강, 원만한 가족관계, 사회활동 등 우리의 재능과 능력의 실현을 의미한다. 또한, 성실성과 믿음이 될 수도 있고, 삶을 즐기는 능력이 될 수도 있다.

괴테는 삶에 대해서 이렇게 정의한다. "만족한 삶을 위해서는 일을 즐길 수 있을 정도의 충분한 건강, 필요를 충족시킬 수 있을 정도의 부, 어려움과 맞서 그것을 극복할 수 있을 정도의 힘, 죄를 고백하고 버릴 수 있을 정도의 은혜, 몇 가지 행복을 이룰 때까지 노력할 수 있을 정도의 끈기, 다른 사람에게 도움이 되는 사람이 될 수 있을 정도의 사랑, 하나님의 말씀을 현실로 만들 수 있을 정도의 믿음, 미래에 대한 모든 걱정 근심을 없앨 수 있을 정도의 희망이 충족되어야 한다."라고 했다.

걱정과 근심은 여유 시간이 생기면 찾아온다. 생각이 꼬리에 꼬리를 물며, 마음은 쉴 새 없이 걱정거리를 만들어낸다. 사람의 마음은 바쁘지 않을 때면 진공상태에 빠지기 쉽다. 고민은 우리 마음에 있는 평화롭고 행복한 사상이나 감정을 몰아내려 든다.

고민은 인간이 행동하고 있을 때는 숨어 있다가 하루의 일과가 끝날 무렵에 가장 강력하게 공격해온다. 우리의 상상력도 이즈음에 발동이 걸려서 분방해진다. 이때 온갖 그릇된 정보를 불러들여 때로는 어처구니없는 큰 실수를 저지르게 한다.

이때 마음은 짐을 싣지 않고 달리는 마차처럼 질주하다가 축바퀴부터 불이 붙든가 산산조각이 날 염려가 있다. 그러므로 고민을 치료하기 위해서는 건설적인 일에 몰두하는 것이 최고다.

자신을 잊을 정도로 일에 몰두하는 것이 걱정과 근심을 없애는 최고의 비결이다.

제3장

지금 이 순간이
바로 기적인가

chapter03

21
상대방을 먼저
생각하라

상대방의 관점에서 보라. 먼저 자기라는 그릇부터 비워 놓아야 한다. 같은 눈으로 세상을 보면 상대방이 좋아한다. 부부든 연인이든 친구든 선후배든 마찬가지다.

인간관계는 마음이다. 먼저 내 마음을 읽어라. 상대는 그다음이다. 내 마음이 인간관계를 좌우한다. 인간관계는 너와 내가 만들어 내는 의미 있는 순환 작용이다. 내 마음을 알아야 상대에게 줄 것이 있고 받을 것도 있다. 내 마음을 알면 편해지고 내 마음이 편하면 관계도 편해진다.

록펠러는 "오늘은 제 인생에서 무척 특별한 날입니다. 만약 우리가 2주 전에 이렇게 모였더라면 전 그저 얼굴 정도나 아는 낯선 사람에 불과했을 겁니다. 하지만 지난 2주 동안 저는 탄광지역을 방문해 여러분의 가정에서 가족들과의 조촐한 만남을 가졌습니다. 이제 우리는 낯선 사람이 아닌 친구로서 이 자리에 다시 만난 것입니다. 이 같은 상호 우호적인 분위기 속에서 모두의 공동 이익에 대해 말할 수 있어 기쁘게 생각합니다. 이 모임은 회사 직원과 노동자 대표들의 자리이기에 제가 이 자리에 설 수 있는 것은 모두 여러분의 덕택입니다. 전 비록 직원도 노동자 대표도 아니지만, 공장의 주주와 이사회를 대표하는 사람으로서 여러분과 친밀한 관계를 맺고 있다고 생각합니다."라고 말했다.

유언비어란 글자 그대로 경박하고 저속한 말로 무책임하게 정처 없이 떠도는 말이다. 이것은 남들의 비밀을 캐내고 들춰내고 싶은 인간의 호기심이 클수록 긴 생명력을 지닌다.

유언비어는 사람들의 입과 귀로 옮겨지면서 수없이 변화하고 발전하면서 더욱 저속해진다. 사람들이 쉽게 유언비어에 빠지는 것은 정확한 상황을 알지 못하고 기만당하기 때문이다. 사실에 빗대어 살피고 진실한 마음으로 심사숙고하면 유언비어를 가려내어 철저히 박멸할 수 있다. 누구나 일상적으로 유언비어를 접하게 되는데 절대 그 말을 쉽게 믿고 다시 옮기지 말아야 한다. 그것이 확실히 유언비어라면 자신에게서 멈추게 해야 한다.

그중에서 가장 신중해야 할 것은 바로 직접 나 자신을 겨냥한 유언비어이다. 이것은 다른 어떤 말보다 큰 충격이기 때문이다. 대부분 사람이 당황하여 어찌할 바를 몰라 한다. 살다 보면 누구나 남의 입에 오르내리는 일을 피할 수 없다.

중요한 것은 어떻게 해야 무섭고 때론 잔인한 이 유언비어에 상처 입지 않을 수 있는가이다. 그러나 대부분 사람은 자신에 대한 유언비어를 접하면 당황하여 속수무책으로 무너지고 만다. 이것은 그 사람이 나약하기 때문이다. 강한 사람은 절대 유언비어 따위에 동요하지 않는다. 그 충격이 아무리 크더라도 두려워하지 않고 어떤 일이 있어도 진취적인 정신과 용기를 잃지 않는다. 유언비어에 흔들리지 않으려면 무엇보다 신념을 유지하는 것이 중요하고 신념을 유지하려면 독립적인 사고력을 바탕으로 뚜렷한 주관을 세워야 한다.

유언비어를 접하면 먼저 철저한 분석을 통해 그것이 과연 합리적인지 판단할 수 있어야 한다. 자신의 모습이 남들의 눈에 어떻게 비칠 것인가를 생각하지 말아야 한다. 스스로 어떤 사람이 될 것인가를 생각해야 한다. 그래야 비로소 성공을 향해 흔들림 없이 전진할 수 있다.

인생은 어떤 식으로 살라고 누가 정해 놓은 규칙이 있는 게 아니다. 중요한 것은 나에게 맞는 삶의 방식을 찾아내는 일이다.

어느 날 도둑이 제자를 데리고 은행을 털려다가 실패하고 경찰에게 쫓기는 신세가 되었다. 그들은 간신히 경찰을 따돌리고는 안도의 한숨을 내 쉬었다.

제자가 스승에게 물었다. "스승님, 경찰만 없다면 얼마나 좋겠어요."

그러자 스승인 도둑이 말했다. "경찰이 없다면 우리가 어떻게 이런 전문직을 하겠느냐." 제자는 스승의 말을 이해할 수 없었다. 스승은 아주 의미심장하게 이렇게 말했다. "너는 어떻게 하나만 알고 둘은 모르니. 잘 생각해 봐. 남의 것을 훔쳐도 경찰이 잡지 않는다면 모두가 도둑질하려고 할 거야. 다행히 경찰이 있어서 우리의 경쟁 상대들이 그나마 적은 거야. 다른 사람과 비교해서 우리가 특별히 나은 게 뭐가 있니. 좀 더 용감하고 겁이 없는 것을 제외하곤 없잖아. 그래도 경찰이 있어서 우리가 이만큼 먹고사는 거야. 그런데 경찰이 없어야 한다고?"

어리석은 사람은 고난을 두려워하고 현명한 사람은 고난을 즐긴다. 현명한 사람이 고난을 즐기는 것은 99% 경쟁자를 물리쳐주는 고난이라는 장애물을 알고 있기 때문이다.

윌리엄 보리스는 "일생 중 가장 중요하면서도 놓치기 쉬운 일은 바로 당신이 수입을 자산으로 만들지 않는 것인데 이는 제아무리 바보라도 할 수 있는 일이다. 진정으로 중요한 일은 손해 가운데서도 이익을 취하는 것이다. 이것은 재능과 지혜가 있어야 할 수 있는 일이며 이것이 바로 지혜로운 사람과 어리석은 사람의 차이점이다."라고 했다.

한 소년이 있었다. 그는 성격이 거칠어서 하는 일마다 화를 내므로 항상 사람들의 미움을 받고 있었다. 하루는 소년의 아버지가 대못을 주며 이렇게 말했다. "화가 날 때마다 이 망치와 못을 가지고 뒤뜰로 나가 울타리에 못을 박거라!"

첫날 소년은 하루 만에 서른일곱 개의 못을 박았다. 그 후 일주일이 지났다. 소년은 분노를 통제하는 법을 배웠다. 울타리에 박는 못의 수는 점점 줄어들었다. 소년은 화를 참는 일이 울타리에 못을 박기보다 쉽다는 사실을 깨달은 덕에 빠르게 성격을 고칠 수 있었다. 소년이 아버지에게 자신의 성격 변화를 이야기했다. 그러자 아버지는 미소를 지으며 말했다.

"오늘부터는 네가 화를 참을 때마다 울타리에 박았던 못을 하나씩 뽑도록 해라!"

얼마 후 소년은 울타리에 박혀 있는 못을 모두 뽑아냈다. 아버지는 아들의 손을 이끌고 뒤뜰로 갔다. 울타리를 바라보면서 소년에게 말했다. "아주 잘했구나. 그런데 울타리에 남아 있는 못 자국이 보이는구나. 박혀있는 못은 다 빼냈지만, 못이 박혀 있던 구멍은 여전히 남아 있구나. 맨 처음 울타리에는 이런 구멍이 없었잖느냐!"

소년은 말없이 고개만 끄덕였다. 아버지는 근엄한 표정으로 이렇게 말했다. "네가 참지 못하고 내뱉는 화도 이 못 자국처럼 사람들의 마음속에 흔적을 남긴단다. 네가 사람들에게 화를 내고 거칠게 대하는 것은 칼로 그 사람의 몸을 찌르는 것과 마찬가지야. 미안하다며 머리를 조아리고 사과해도 그 흉터는 영원히 남지. 사람의 마음을 다치게 하는 것은 몸을 다치게 하는 것과 다를 바 없단다."

자신을 믿어라. 자신이 가지고 있는 힘과 능력을 신뢰하라. 자신의 능력을 믿지 않으면 어떤 일에서도 성공할 수 없다.

자신감이 없이는 어떠한 일도 성공하거나 행복할 수 없다. 자신감은 소망을 성취시킨다. 성공을 자신에게로 이끌어 오는 긍정적이고 적극적인 성격은 자신감에서 나온다. 자신감을 키워나가기 위해서는 마음속에 확신을 심어 주는 것이 가장 효과적이다.

간절하게 믿는 것은 무엇이라도 성취할 수 있다. 믿는 것이야말로 자신을 성공으로 이끌어가는 원동력이 된다. 가능하다고 생각하면 해낼 것이고, 불가능하다고 생각하면 해낼 수 없을 것이다. 편안한 상태에서 새롭고 긍정적인 생각으로 마음을 가득 채워라.

상상할 수 있는 최고의 성공을 이미 이루었다고 생각하라. 목표를 달성했을 때의 모습을 상상해보면서 즐거움을 미리 느껴보라. 매일 같이 이러한 훈련을 반복해보라. 단시간 내에 자신의 삶에서 극적인 변화가 일어나는 것을 느끼게 될 것이다.

"시간이 없어."라고 말하지 말라. 자신이 이 세상 모든 시간을 다 갖고 있다. 다른 사람들처럼 하루 24시간을 갖고 있다. 지금 하고 있는 일에 집중하라. 바로 지금이 가장 행복한 시간이다.

나리카와 도요히꼬는 "마음가짐이란 결국 밖으로 드러나게 마련이고 성공을 이미지화힐 수 있는 사람이 성공할 가능성이 높다. 좋은 차를 타고 싶다면 당신이 생각하는 좋은 차의 종류와 색상, 촉감, 처음 운전대를 잡았을 때의 옷차림, 옆에 탄 사람 등 세세한 부분까지 상상해보자.

성공에 대한 이미지는 생각만으로 지속할 수 없다. 이미지를 구체화할 수 있는 뒷받침이 있어야 한다. 경험과 지식, 실적은 자신이 움직인 만큼 얻게 되는데, 그럴 때마다 당신의 이미지는 선명해지고 구체화하여 간다. 성공에 대한 이미지를 하나하나 쌓아라. 성공이 자연스럽게 다가올 것이다."라고 했다.

사람은 자신이 생각하는 대로 된다. 성공은 자신의 머릿속에 든 이미지를 현실로 바꾸는 작업이다. 자신감을 길러라. 지금보다 다른 멋진 환경에서 살아가는 미래의 모습을 그려라. 자신이 되고 싶어 하는 이미지를 떠올리며 용기 있게 도전해야 한다.

소극적인 생각이 들 때마다 자신을 질책하고 반성하라. 안 된다는 생각이 들지 않도록 부정적인 생각의 씨앗을 없애 버려라. 자신보다 나은 사람과 비교하지 말라. 그 순간 당신은 패배자가 된다.

"나는 할 수 있다. 반드시 해내고야 말겠다."를 하루에 수십 번씩 외쳐라.

실패한다고 생각하지 말라. 넘어지면 다시 일어나면 된다. 해서 안 되는 일은 없다. 무조건 도전하라. 무엇을 망설이는가. 지금 당장 가장 잘할 수 있는 일을 찾아보라. 현실이 못 견디게 힘들게 하고 아프게 할지라도 포기하지 말라. 무슨 일이든 시도하라. 성공은 도전하는 자의 것이다.

자신감이란 나 자신의 영혼에 대한 신념이다. 내가 세상을 살아가면서 어떤 상황에 부닥치든 과감히 대처할 것이며 필요한 일을 하겠다는 신념이다. 내가 지금 무엇을 하는지는 중요하지 않다. 다만 앞으로 무엇을 하려는 지가 중요한 것이다.

chapter03

22
희망을
가져라

유진 오닐은 "우리가 얻은 승리의 모습은 늘 꿈꿔오던 승리 장면과 완전히 일치하지는 않는다. 인생 그 자체는 보잘것없다. 환상이 우리를 싸우고 희망하도록 부추기는 것이다. 성공을 향유라는 협소한 의미로 단정 지어 버린다면 그것은 막다른 골목에 들어서는 것이다."라고 했다.

삶은 상상이 아니라 행동이다. 더 나은 삶, 최상의 삶, 눈앞에 보이는 장애물을 뛰어넘을 수 있도록 자기 자신을 만들어가는 일도 모두 실행의 영역이다. 누구나 자신의 삶을 뒤돌아 봤을 때, 실행해서 실패했던 경험보다 실행하지 않았던 것 때문에 더 많이 후회한다.

의도적인 삶은 우연에 의해서가 아니라 선택 때문에 살아가는 것이다. 그것은 내 삶을 의도한 대로 살기 위한 일련의 행동으로 이루어진다. 위험에 접근하는 최고의 방법은 실행이다. 위험과 실패가 자신의 삶을 장악하지 않도록 하는 최선의 방어는 실행이다.

"아침에 일어나기 싫을 때는 이런 생각을 해라. 나는 인간으로서 해야 할 임무를 다하기 위해 일어나야만 한다."라고 로마시대의 황제였던 아우렐리우스가 이런 말을 남긴 걸 보면 그 시대에도 아침에 일어나기 싫어하는 사람이 많았던 것 같다.

그는 게으른 사람들에게 이런 말을 했다. "당신은 인간으로서 임무를 다하려고 태어났는데 불평을 해서 되겠는가. 그게 아니라면 당신은 단지 이불 속에서 몸이나 따뜻이 감싸고 있기 위해 태어났단 말인가. 만약 당신이 이불 속이 기분이 좋다고 말한다면, 당신은 그저 기분만 내려고 세상에 태어났는가. 작은 초목이나 개미, 꿀벌들도 맡은 바 임무를 다하고, 그래서 우주의 질서를 유지하려고 노력하는 게 보이지 않는가. 결국, 당신은 자신을 사랑하고 있지 않다고밖에 말할 수 없다. 어떤 사람들은 자신을 사랑하여 식사도 잊은 채 열심히 일하고 있다. 그러나 당신은 수전노가 돈을, 허풍쟁이가 하찮은 명예를 존중하는 만큼도 자신의 본질을 사랑하지 않는다. 당신이 보기에는 사회공익을 위한 일 따위는 가치가 없다고 생각하는가?"

노력은 우리의 삶을 빛으로 인도한다. 그러나 나태는 우리를 어둠으로 이끈다. 불행하게도 자신의 재능을 믿고 노를 손질하는 일을 게을리한다면 언제까지나 항해를 떠날 수 없다. 조금만 더 기다리다 보면 순풍이 불어오는 날씨가 될 거로 생각하고 있다면 그건 오산이다.

노력이라는 대가를 지급하지 않고서는 이 세상에서 아무것도 얻을 수 없다는 사실을 명심해야 한다. 거대한 건축물도 한 장의 작은 벽돌들이 모여서 이루어졌다. 큰 성공을 기대하지 말고 작은 성공을 끈기 있게 반복하는 것이 위대한 성공을 위한 지름길이다.

단테는 "한 걸음 한 걸음 그저 걸어가기만 하면 목적지에 다다를 수 있다고 생각해서는 안 된다. 한 걸음 한 걸음 그 자체에 가치가 있어야 한다. 큰 성과는 가치 있는 작은 일들이 모여 이루어지는 것이다."라고 했다.

실속 있는 성과를 거두려면 순간마다 온 힘을 다하지 않으면 안 된다. 처음부터 끝까지 이르는 동안의 과정에 충실해야 그 충실했던 순간순간이 모여 비로소 큰 성공을 하게 되는 법이다.

성공하려면 남보다 많이 시도하고 행동해야 한다. 한계 영역까지 용감하게 도전하라. 실패를 많이 했다는 것은 그만큼 도전을 많이 했다는 증거다. 큰 실패는 위대한 성공의 발판이 된다는 점에서 평범한 성공보다 더욱 값지다.

바닷가 모래사장으로 베짱이가 조개를 찾아왔다. "조개야. 너는 어떻게 값비싼 진주를 만드는 거니?" 조개가 말했다. "생각하고 싶지 않아. 생각만 해도 너무 고통스러워."

베짱이가 다시 물었다. "그러지 말고 나에게 알려 줘. 나도 그 귀한 진주를 갖고 싶어." 조개가 대답했다. "그럼 지금부터 모래를 입에 넣고 혀로 돌려봐. 고통스러워도 참아야 해."

조개가 가르쳐준 대로 베짱이는 모래를 입에 넣고 혀로 돌리기 시작했다. 베짱이는 모래를 토해냈다. 모래가 거칠어서 견딜 수가 없었다. 베짱이는 조개에게 화를 내면서 말했다. "진주 만드는 방법을 가르쳐 달라고 했지. 누가 이렇게 골탕먹이라고 했어."

조개가 말했다. "너를 골탕먹이다니. 그건 오해야. 아름다운 진주를 얻는 길은 오직 그것뿐이야. 나는 일생을 그 고통 속에서 지낸다고." 베짱이는 조개를 뒤로하고 떠나면서 말했다. "시끄러워, 더는 네 이야기는 듣고 싶지 않아."

베짱이의 뒷모습을 바라보며 조개가 중얼거렸다. "그러게 남의 성공은 쉽게 보이지."

남과 비교하는 순간 불행해진다. 비교 그것은 바로 욕심의 또 다른 얼굴이다. 상대방과 자신을 끊임없이 비교하면서 우월감으로 교만해지든지, 아니면 열등감에 사로잡혀서 자기를 학대한다.

비교하면 상대적 빈곤감에 빠진다. 상대가 나보다 많은 재물을 가지고 있거나, 좋은 학벌을 가지고 있거나, 재능을 많이 가지고 있는 것을 비교하기 시작하면 행복은 사라지고 불행이 찾아온다.

한 남자아이가 발을 헛디뎌 넘어졌다. 지나가는 청년이 달려와서 도와주었다. 마침 두 사람은 가는 방향이 같아 동행하게 되었다. 그날 청년은 아이의 집에 가서 음료수를 마시며 이야기를 나누고 TV도 함께 보면서 즐거운 시간을 보냈다. 그 뒤로 그들은 자주 만났고 식사도 같이 했다.

몇 년 후, 하루는 아이가 청년에게 그들이 처음 만났던 날을 기억하느냐고 물었다. "그날 내가 왜 그렇게 많은 물건을 싸 들고 집에 갔는지 알아요?" 청년은 의아한 표정으로 고개만 가로저었다. 아이는 청년에게 이렇게 말했다.

"그날 난 학교 사물함을 몽땅 정리하고 집으로 가는 중이었어요. 더는 학교에 다니기도, 살기도 싫었거든요. 몰래 엄마가 복용하는 수면제를 챙겨놓았어요. 집에 가자마자 수면제를 먹고 자살할 생각이었어요. 그런데 형을 만나고 즐겁게 이야기를 하다 보니 마음이 슬그머니 바뀌었어요. 이대로 내 목숨을 끊어버리면 다시는 그런 즐거운 시간이 오지 않겠구나 싶더라고요. 앞으로 좋은 일들이 더 많이 펼쳐질지도 모른다고 생각하니 차마 죽을 용기가 나지 않았어요. 그러니까 형, 그때 나를 도와준 건, 단순히 부축해준 것만이 아니라 내 생명을 살려준 거였어요. 언젠가 형에게 꼭 이 말을 해주고 싶었어요. 그때 정말 고마웠어요!"

실패를 거듭하는 사람은 미숙하기 때문이 아니라 실패한 경험의 지배를 받기 때문이다. 성공에도 학습이 필요하다. 한 번, 두 번 성공을 거듭하다 보면 성공한 사람이 된다. 기회는 준비된 사람에게 오고 기회를 놓치지 않는 사람이 성공한다.

한 유명한 음식점이 있었다. 이 가게의 모든 음식은 주문과 동시에 만들기 시작한다. 직접 콩으로 만든 순두부, 담백한 비지찌개, 각종 채소와 고기를 넣어 끓인 매콤한 두부전골이 인기메뉴다.

그중에서도 많은 사람의 사랑을 받는 것이 얼큰한 짬뽕국물과 부드러운 순두부가 어우러진 국내 최초이자 유일의 메뉴 짬뽕순두부다. 손님들은 그 희한

한 이름에 한 번, 어색한 만남에 또 한 번 놀란다. 얼큰하면서도 고소한 그러면서도 건강까지 생각한 이색적인 음식 맛에 반해 이틀에 한 번꼴로 들른다는 손님이 있을 정도로 짬뽕순두부는 큰 인기를 끌고 있다.

맛의 비법을 터득하기 위해 주인은 전국의 유명한 짬뽕집을 순례하며 짬뽕을 맛보고 비법을 물었다.

그렇게 2년 가까운 시간을 연구한 끝에 탄생한 것이 바로 짬뽕순두부다. 짬뽕순두부는 오전 11시부터 오후 3시까지만 한정적으로 제공하는데 하루 500그릇 판매라는 놀라운 성과를 이뤄냈다.

새로운 것을 찾기 위해 시도한 발상의 전환이 얼큰한 짬뽕국물과 부드러운 순두부의 만남이라는 대박 아이디어를 탄생시킨 것이다.

호황 뒤에는 불황이 찾아온다. 불황이 찾아오면 상품이 팔리지 않고 자금 회전도 어려워져서 모두가 힘든 시기를 보내야 한다.

그러나 곤란한 상황 속에서 그저 힘들다고 좌절만 할 것이 아니라 인재교육을 할 좋은 기회라는 적극적인 사고방식을 가져야 한다. 어려움은 인간의 힘으로 충분히 극복할 수 있다. 불황이 찾아와도 확고한 의지만 있다면 인재를 키울 수 있고 경영체질을 강화할 수도 있다. 바쁠 때는 직원 연수를 하는 것이 엄두가 나지 않기 때문에 경기의 흐름이 바뀌는 이런 시기가 적절하며, 격변기를 유용하게 활용해야 한다. 약진할 기회이다. 우리가 무엇을 해야 하는지 곰곰이 생각해보고 불황을 다음 단계로 준비하는 시기로 만들어야 한다.

한 가정주부는 생활비를 벌기 위해 고민하다가 자기 집 주방에서 요리를 만들어 팔기로 생각을 하였다. 그녀는 "저는 사실 그때까지 거의 언제나 식모를 두고 살았기 때문에 파이를 직접 만들어 본 적이 없었죠. 하지만 원래 저는 요리에 자신이 있어서 다음 날 이웃집 부인에게 애플파이 굽는 법을 배웠고, 제법 그럴싸한 파이를 만들어 팔게 되었습니다.

제 아이디어는 적중했지요. 그 파이는 인기를 끌었고 지역에 다른 제과점과 간이식당에서도 주문이 쇄도하여 1년 동안 5천 개의 파이를 만들게 되었습니다. 저는 좁기는 했지만 제 아파트 주방에서 혼자 일했습니다. 그렇게 하니까 파이를 만드는 재료비 이외에는 한 푼도 들지 않았기 때문에 1년에 1천 달러의 순이익을 올릴 수가 있었습니다."라고 말했다.

그러다가 수요가 급증하자 그녀는 가게를 하나 얻어서 직원을 고용하게 되었다. 파이와 케이크, 롤빵까지 만들었다. 파이의 인기는 날이 갈수록 높아져서 파이를 사기 위해 1시간이나 기다려야 할 정도가 되었다.

chapter03

23
포기하지
말라

사무엘 울만은 "청춘이란 인생의 어느 기간을 말하는 것이 아니라 마음이 상태를 말한다. 그것은 상밋빛 뺨, 앵두 같은 입술, 하늘거리는 자태가 아니라 강인한 의지, 풍부한 상상력, 불타는 열정을 말한다."라고 했다.

한 영화제작자가 있었다. 그는 어떤 영화를 만들지에 대한 꿈이 있었고 완성된 시나리오도 있었지만, 제작비를 지원해줄 스폰서가 없었다. 어느 날, 그는 젊은 영화 제작자들에게 투자하려는 한 부자를 우연히 만나게 되었다. 그 부자가 투자한 돈으로 그는 영화를 제작할 수 있었다. 그는 영화 〈엠블린〉으로 베니스 국제영화제에 수상하면서 할리우드에서 성공할 수 있었다. 그의 이름은 스티븐 스필버그이다. 그는 우연한 만남에서 제작비를 지원받을 수 있었지만, 그의 성공은 철저한 준비와 원대한 꿈이 있었기 때문에 가능하였다.

윈스턴 처칠은 "성공이란 꺼지지 않는 열정으로 실패를 성공의 방향으로 돌려놓는 것이다. 용기는 인류의 가장 중요한 특징이다. 용기만 있으면 다른 특징들은 자연스럽게 갖춰진다. 위험이 다가왔을 때 도망치려고 해서는 안 된다. 그러면 도리어 위험이 배가된다. 그러나 위축되지 않고 결연하게 맞선다면 위험은 반으로 줄어든다. 용감한 자의 희열을 맛보고 싶다면 실제 용기 있는 자들이 그

렇듯이 모든 역량을 다 바쳐 행동하라. 그때 당신의 공포감은 용맹스러움과 과
감함으로 대체될 것이다. 사전에 조바심을 낼 바에는 그 시간에 하나라도 더 꼼
꼼하게 생각하고 계획하라. 나는 나 자신이 운명과 나란히 걷고 있다고 생각한
다. 과거의 모든 것은 지금 이 순간과 지금 내게 닥친 시련을 위한 준비다. 내가
바칠 수 있는 거라고는 피와 노동, 눈물, 그리고 땀밖에 없다."라고 했다.

그는 어눌하고 불분명한 발음 때문에 사람들의 놀림을 받았다.

처칠은 자신의 언어구사에 대한 결함을 고치기 위해 매일 아침 근처 마을
에 가서 연설을 연습했다. 처칠이 유명한 언변과 대중 앞에서 자신감 있는 태도
를 갖춘 웅변가로 거듭날 수 있게 된 것은 이런 치열한 노력이 바탕이 되었음
은 물론이다.

전 세계적인 명성을 누리던 처칠이 옥스퍼드대학에서 열린 '성공비결'에
관한 강좌에 초청되어 연설한 적이 있었다. 강연장은 그의 연설을 듣기 위해 몰
려든 청중들로 그야말로 인산인해를 이루고 있었다. 세계 각국 언론사들의 취
재 경쟁도 치열했다. 사람들은 이 유명한 정치가이자 외교가, 문학가의 성공비
결에 귀 기울일 준비를 하고 있었다. 처칠은 손짓으로 관중의 우레와 같은 박수
소리를 가라앉힌 후 입을 열었다.

"저의 성공비결은 단 세 가지입니다. 첫째 절대 포기하지 마라. 둘째 절대,
절대 포기하지 마라. 셋째 절대, 절대, 절대로 굴복하지 마라! 이것으로 제 연설
을 마치도록 하죠."

그는 짤막하게 연설을 마무리 짓고 서둘러 강단을 내려갔다. 한동안 침묵이
흐르던 강연장에서 갑자기 뜨거운 박수소리가 터져 나왔다. 박수소리는 오래도
록 그치지 않았다. 사람들은 처칠을 20세기 최고의 웅변가로 꼽는데 주저하지 않
는다. 그는 '제2차 세계대전'으로 노벨문학상을 받았다.

삶의 과정에서 무엇인가를 성취하기 위한 비결의 첫째는 무엇인가를 해내겠
다는 열망이며 둘째는 그 목표를 성취할 수 있다는 믿음이다. 그리고 세 번째는 그
믿음을 뚜렷한 비전으로 가슴에 새기면서 하나씩 성취해 나아가는 추진력이다.

목수 일을 하는 사람이 있었다. 그가 만든 책상이나 의자는 형용할 수 없는 기품이 배어 나왔다. 어떤 사람이 물었다. "만드는 방법 좀 알려 주세요." 그가 대답했다. "내가 만드는 게 아닙니다. 난 다만 숲에 가서 어떤 나무가 의자가 될 준비가 되었는지 숲에게 물어봅니다."

그는 적당한 나무를 찾기 위해 사흘 동안 숲에서 지낸다. 이 나무 밑에도 앉아보고 저 나무 밑에도 앉아 본다. 그가 만든 의자는 보이지 않는 기품이 우러나온다. 보는 사람을 즉시 빨아들이는 흡인력이 있는 것이다. 그는 이렇게 말하곤 했다. "숲 속으로 가서 의자가 되고 싶어 하는 나무를 찾습니다. 각 나무에게 의자가 될 의향이 있는지, 나에게 몸을 맡길 준비가 되어 있는지를 묻습니다. 어떤 때는 의사가 되고 싶어 하는 나무가 없으면 빈손으로 돌아오기도 합니다."

유명하다는 소문을 듣고 왕이 그에게 책장을 부탁했다. 그는 사흘 후에 돌아와서 왕에게 말했다. "기다리십시오. 아직 궁궐에 올 준비가 되어 있는 나무가 없습니다." 석 달이 지나자 왕이 책장을 묻자 그는 이렇게 대답했다. "매일같이 숲으로 가서 나무들에게 물어보고 있습니다. 설득하고 있지요. 한 나무가 약간의 관심을 보여주고 있습니다. 그러니 좀 더 기다려야겠습니다." 그리고 그는 나무를 설득하는 데 성공했다. 그는 이렇게 말했다. "책장은 이미 나무 안에 있습니다. 오히려 나무가 스스로 원해서 목수에게 부탁하는 것입니다."

열심히 하려는 의지에 한계 따위는 있을 수 없다. 그 노력이 헛수고가 되는 때도 있지만 그래도 더욱 열심히 노력한다면 반드시 좋은 일이 생길 것이다. 너무 성급하게 굴면 안 된다. 컨디션이 좋을 때에도 자신을 컨트롤해야 한다. 어떤 일이 실패한다고 해도 끙끙거리며 걱정하지 않는 것이 중요하다. 반성하고 어떻게 해야 할지 앞으로의 일을 다시 생각해야 한다. 잠시 쉬는 것도 좋은 방법이다. 쉴 틈 없이 달리기만 해서는 안 된다. 짧게 쉰 다음에 다시 달리면 되는 것이다. 살아남기 위해서는 힘내서 노력하는 것 외에는 방법이 없다.

머레이는 "자발성에서 나오는 모든 행동에는 진실이 하나 있습니다. 그러나 그것을 무시하면 수많은 아이디어와 놀라운 계획들이 사라집니다. 즉 진정한 헌신은 신의 섭리도 따라 움직이게 한다는 것입니다. 헌신하고자 결심하면 그때부터 여러 가지 일들이 급격하게 진행되면서 자기에게 생길 것으로 생각하지도 않았던 온갖 종류의 일과 만남, 물질적인 조력이 생깁니다. 저는 괴테의 시구 중에서 '당신이 무엇을 할 수 있든지 또는 할 수 있게 되기를 꿈꾸든지 일단 그것을 시작하라. 대담함에는 천재성과 마법, 힘이 포함되어 있다. 지금 시작하라.'라는 구절을 매우 소중하게 여기게 되었습니다."라고 했다.

기적이란 불가능한 일을 가능하게 하는 것이 아니다. 가능한 일을 놀라운 결과로 확인하는 것이다. 할 수 있는 모든 힘을 다할 때 우리의 삶에 기적이 일어난다. 기적을 찾아야 한다. 기적은 우리 안에 있다. 모두가 소망하는 믿음으로 올바른 신념을 갖고 행동으로 옮겨보라. 그러면 반드시 기적이 일어난다.

데브라 벤튼은 "목표설정, 계획 그리고 꿈은 멋지다. 하지만 그것을 실현하기 위해 행동하지 않는다면 그것은 여전히 목표이자 계획이며 한낱 하룻밤의 꿈으로 남게 될 것이다."라고 했다.

매일 아침 5분간 생각하면 행운이 넘치는 생활, 잘되는 인생으로 바뀐다. 날마다 실천하고 달마다 반복하는 것이다. 그러다 보면 자연히 행운이 찾아온다. 성공하는 사람은 운을 느끼는 능력이 뛰어나다. '나는 운이 좋다! 내겐 운이 따른다!'라고 생각하라. 그들은 어떤 어려움에 부닥쳐 있어도 자신을 믿고 굳세게 나아간다. '나는 운이 좋다.'라고 생각하고 느끼는 것이 운을 부르는 가장 좋은 방법이다.

행운을 얻기 위해서는 기쁨을 느끼는 힘을 길러라. 자신에게 생겨나는 기쁨을 느끼고, 남을 기쁘게 하고 남의 성공도 기뻐하라. 이것이 행운을 불러들이게 된다. 누구나 혼자서는 살아갈 수 없다.

많은 사람을 만나고 도움이 있었기에 우리는 존재할 수 있다. 자신의 버팀목이 되어 줄 사람과 환경에 고마움을 느끼고 그 모든 것에 감사하는 힘을 갖추면 행운은 찾아올 것이다.

어떤 회사 사장이 있었다. 그의 사무실 분위기만 보아도 그가 얼마나 대단한 존재인지 느낄 수 있었다. 호화스러운 장식, 고급스러운 카펫, 바삐 드나드는 사람들과 화려한 고객 명단, 그 모두가 성공한 회사임을 말해 주었다. 그러나 이 회사의 성공 뒤에는 쓰라린 눈물이 숨어 있었다. 그는 초창기에 10년 동안 쌓아온 돈을 모조리 회사에 투자했다. 방값을 낼 수 없어서 몇 달 동안 회사에 살았다. 그는 좋은 제의를 거절하며 자신의 <u>이상을 실현하기 위해 전력질주</u> 했다. 그를 환영한 고객도 있었지만, 대부분은 거절당하기 일쑤였다. 그년간의 힘든 시실을 그는 단 한 번도 남을 원망하는 말을 하지 않았다. 그는 "지금은 배우는 중이다. 사실 갈수록 경쟁은 치열해지는데, 아무것도 보이지 않고 한 치 앞도 내다볼 수 없다. 그러나 어찌 되었든 나는 계속 배워 나갈 것이다." 라고 말했다.

마침내 그는 해냈고 대단한 기세로 성공했다. 친구가 그에게 "그동안 힘들었지."라고 말했다. 그러나 그는 이렇게 대답했다. "아니 한 번도 힘들다고 생각한 적 없다네. 오히려 좋은 경험이었지."

성공한 사람은 모두 시련을 겪지 않은 사람은 없다. 그러나 그들은 끝까지 견뎌냈기 때문에 성공할 수 있었다. 노력하지 않고는 얻을 수 있는 일은 세상 어디에도 없다. 좌절과 실패를 거울삼아 자신을 한 단계 발전시킬 수 있다면 분명히 성공할 것이다.

역사상 위대한 인물들은 모두 <u>자신의 앞길을 가로막는 장애물을 뛰어넘은</u> 사람들이다. 밀턴은 시력을 잃고 더욱 훌륭한 시를 쓸 수 있었고, 베토벤은 청력을 잃고 불후의 명곡을 남길 수 있었으며, 헬렌 켈러는 보이지 않는 눈과 들리지 않는 귀 때문에 눈부신 성공을 거두게 되었다.

chapter03

24
장점을
바라보라

패트릭 화이트는 "우리는 교육을 통해 청소년들에게 살 궁리를 찾도록 가르치는 게 아니라 그들이 삶을 창조하는 방법을 가르쳐야 한다."라고 했다.

지상 최대의 과제는 바로 교육이다. 병에 걸려 사랑하는 아들을 잃은 부부가 있었다. 상심이 큰 나머지 아들을 영원히 기념하고 싶은 방법을 찾게 되었다. 무덤을 호화롭게 하기보다는 교육에 투자하는 것이 좋다고 생각하였다. 부부는 그들이 소유하고 있던 캘리포니아의 농장 부지 위에 대학교를 설립하였다. 이 학교가 바로 스탠퍼드 대학교다.

이 학교는 남녀공학을 실시해 여성들에게도 균등한 교육기회를 주었고 종교기관의 성격에서 벗어나 실용학문을 강조해 대학교육계에 찬란한 금자탑을 쌓았다.

벤자민 블룸은 "성공에 영향을 미치는 결정적인 변수는 선천적인 재능이나 후천적인 양육 환경이 아니다. 그것은 오직 자신의 가치관에 따라 선택한 일, 즉 '하고 싶은 일을 했느냐?'에 달려 있다."라고 했다.

자기 일을 중요한 일로 생각하라. 중요한 일을 하고 있다고 생각하는 사람은 일을 중요하게 대한다. 그러나 별 가치가 없다고 생각하는 사람은 대수롭잖게 생각하며 그냥 건성으로 일하게 된다. 자신이 하는 일에 가치를 높게 매겨야 한다. 스스로 중요하다고 생각해야만 그 일이 중요하다고 인식하고 열심히 한다. 사람들은 끼리끼리 모인다.

아무 노력 없이 감나무에서 감이 떨어지기만을 기다리는 사람이 있다. 이런 사람은 게으른 사람을 만나기 쉽다. 그리고 그들과 비슷한 인생을 살게 된다. 끊임없이 배우고 도전하는 사람들과 가까이한다면 그들로부터 열정을 배우게 된다.

인생은 노력하는 자에게 성공이라는 선물을 준다. 좋은 인맥은 먼저 배풀 때 가능하다. 인색한 사람에게는 사람들이 다가오지 않는다. 부자들은 받기보다 먼저 베푼다. 베풀다 보니 사람들이 모여들고 좋은 정보와 기회를 잡을 수 있다. 매일 만나는 사람에게 관심을 기울여야 한다. 내가 먼저 베풀고 한마디 말이라도 따뜻하게 건네 보라.

현재 위치에서 좋은 평판을 얻는 것이 중요하다. 한번 만들어진 평판은 언제나 자신을 따라다닌다. 손해를 보는 듯 행동하라. 내가 손해를 본다는 생각으로 상대를 배려해야 한다. 자신의 이익을 먼저 생각하는 사람과 가까이하려는 사람은 없다.

좋은 인간관계는 상대의 마음을 얻을 때 가능하다. 자신이 손해를 보는 듯해야 상대방의 마음을 얻을 수 있다. 좋은 인맥은 성공하는 인생의 지름길이다. 좋은 기회를 잡을뿐더러 주위 사람의 조언으로 시행착오를 줄일 수 있다. 꿈을 이루고 성공하기를 원한다면 좋은 사람들과 교류를 갖고 인맥을 쌓아야 한다.

히구치 히로타로는 "젊었을 때는 돈을 빌려서라도 훌륭한 인맥을 만들어야 한다. 물은 어떤 그릇에 담느냐에 따라 모양이 달라지지만, 사람은 어떤 친구를 사귀느냐에 따라 운명이 결정된다."라고 했다.

성공하고 싶은가? 지금 바로 당신만의 금언을 만들어라. 그리고 당신의 눈에 제일 잘 띄는 곳에 붙여 놓고 매일 아침저녁으로 바라보며 금언을 확인하고 실천하라. 그러면 반드시 성공할 것이다.

자신의 강점을 습관화하는 것이 성공으로 가는 지름길이다. 강점을 기반으로 자신의 삶을 경영하라. 그러면 성공과 성취의 순간이 반복되는 삶을 살게 된다.

피터 드러커는 "기업가들은 혁신을 실천한다. 혁신이란 기업가 정신을 발휘하기 위한 구체적인 수단이다. 혁신은 기존의 자원이 부를 창출하도록 새로운 능력을 부여하는 활동이다. 정말이지 혁신 그 자체가 새로운 자원을 창출한다. 인간이 어떤 자연 그대로의 것에 대해 새로운 용도를 찾아내고 그것에 경제적 가치를 부여하기 전까지는 자원이라고 말할 만한 것은 아예 존재하지 않는다. 그때까지 모든 식물은 잡초이고 모든 광석은 단지 하나의 돌덩어리일 뿐이다. 한 세기 전까지만 해도 땅에서 스며 나오는 원유도, 보크사이트도, 알루미늄 원광도 자원이 아니었다. 그것들은 귀찮은 존재로서 토양을 망치기만 했다. 페니실린 곰팡이도 한때는 자원이 아니라 병균일 뿐이었다. 세균학자들은 박테리아를 배양하는 과정에서 병균이 감염되지 않도록 온갖 주의를 기울였다 그 후 1920년대 런던의 의사였던 알렉산더 플레밍은 이 병균이야말로 세균학자들이 찾던 바로 그 박테리아를 죽이는 물질임을 확인했다. 그렇게 되자 페니실린 곰팡이는 가치 있는 자원이 되었던 것이다."라고 했다.

옛날에 왕이 베푸는 연회를 앞두고 요리사들은 음식을 준비하느라 정신이 없었다. 그런데 한 요리사가 실수로 그릇을 떨어뜨리는 바람에 뜨거운 기름이 부뚜막에 쏟아졌다. 놀란 그는 손으로 기름이 묻은 숯을 꺼냈다. 숯을 전부 건져낸 그는 손을 씻고 난 후 기름으로 미끄럽고 끈적거리던 느낌이 하나도 없는 것을 발견했다. 어느 때보다 손이 깨끗해진 것을 알게 된 그는 몰래 숯가루를 가져다 동료 요리사들이 사용하게 했다. 요리사들의 손과 얼굴은 깨끗해졌다.

이 사실을 알게 된 왕은 요리사로부터 이야기를 들었다. 숯가루의 효용을 알게 된 왕은 요리사를 칭찬한 후에 전국적으로 보급했다. 이 발견을 기초로 만들어진 것이 바로 비누다. 새로운 것을 모색하고 도전하는 과정에서 실수는 당연하다. 아무것도 시도하지 않는 사람만이 실수하지 않는다. 실수하게 되면 경험과 식견이 생긴다. 실수는 귀중한 경험이고 교육이다.

마르크스는 "인간은 걷기 위해서 넘어지는 법을 알아야 한다. 또한, 넘어져 본 사람만이 걸을 줄 안다."라고 했다.

삶을 바꾸는 것은 자신의 강점이다. 자신만의 강점을 찾아, 새로운 생각으로 가득 채워라. 어제와 다른 삶을 살고 싶다면 어제와 다른 생각을 하고 자신만의 강점을 찾아야 한다.

빌 클린턴은 "작은 일을 중요하게 생각하는 사람만이 성공할 수 있습니다 성공한 사람은 작은 일이 뭉치고 쌓여서 큰일이 되는 체험을 한 사람들입니다. 또한, 인생에서 작은 일에 엄청난 노력을 기울여온 사람이기도 합니다. 큰일을 끊임없이 해낼 수 있는 것은 누군가 작은 일을 성실하게 해주고 있다는 사실을 알고 끝없이 고마워하기 때문이 아닐까요."라고 했다.

노력하는 사람에겐 기회는 항상 열려 있다 게으른 사람은 현실이 곧 지옥이다. 미래 또한 지금의 현실과 다를 것이 없다. 우리에게는 상상을 초월할 정도로 엄청난 잠재능력이 있다. 자기 자신이 미처 깨닫지 못했던 그런 능력은 자신의 본분에 맞게 일에 몰두할 때 가장 훌륭하게 발휘된다. 아무리 머리가 좋고 재능이 뛰어나도 일하지 않고는 이룰 수 없다. 열심히 일하고 노력하면 한 번도 경험하지 못했던 성취감이 당신을 찾아올 것이다.

어느 도시에 뛰어난 손재주를 지닌 3명의 재봉사가 있었다. 그들은 서로 손님을 끌어모으려고 눈에 띄는 간판을 걸기 위해 선의의 경쟁을 펼쳤다. 먼저 첫 번째 재봉사가 '이 도시에서 가장 훌륭한 재봉사'라고 쓴 간판을 내걸었다. 이 간판을 본 두 번째 재봉사가 자신의 문구를 내걸고는 흐뭇해했다. 그의 간판에는 '우리나라에서 가장 훌륭한 재봉사'라고 쓰여 있었다. 간판 문구 덕에 두 가게에 손님들이 몰리기 시작하자 세 번째 재봉사는 마음이 초조해졌다. 그때 학교에서 돌아온 아들이 아버지의 이야기를 듣고 고민을 해결해줬다. 다음날 그가 단 문구를 보고 가장 많은 손님이 몰려들었다. 문구의 내용은 '이 거리에서 가장 훌륭한 재봉사'였다.

자동차 회사 영업사원 2명이 있었다. 한 사람은 영업실적이 저조하였다. 그는 팔리지 않는 이유를 엄청나게 잘 설명하였다. 고객이 상품에 대해 불만을 말하면 기다렸다는 듯이 상품의 결점에 대한 지론을 장황하게 설명한다. 고객이 "이번 신차는 진동 소음이 심하네요."라고 말하면 그는 "엔진을 중시했기 때문에 진동음이 다소 시끄러워졌습니다."라고 대답했다.

또 한 사람은 영업실적이 아주 좋았다. 그는 고객이 소음에 관해서 이야기하면 "소음이 심한가요? 그럼 저와 같이 시승을 해보실까요."라고 말하며 고객에게 "쇼핑은 어디로 가시나요?" 등 차량과는 관계없는 이야기를 하면서 <u>고객과 정답게 이야기를 나눈다.</u> 그리고는 "그렇게 시끄럽지 않지요?"라고 말한다. 그러면 대부분 고객은 서로 대화를 나누는 중에 자동차 소음에 신경을 쓰지 않게 되므로 "아, 생각보다 괜찮네요. 구매하겠습니다."라고 대답한다.

실적이 저조한 영업사원은 부정적인 측면을 강조하다 보니 고객은 당연히 거절하게 된다. 그러나 실적이 좋은 영업사원은 부정적인 측면, 결점은 무시하고 고객과의 인간적인 관계인 소통을 중요시한다. 단점보다는 <u>장점만 바라보는</u> <u>시각을 가져야 성공할 수 있다.</u>

chapter03

25
창의력을
키워라

애머빌은 "창의적인 부모는 자녀에게 다정하게 지원해 주고, 용기를 주고, 독립적으로 일하도록 격려해주고, 존중해준다. 자녀가 어떤 의견을 말했을 때 그것을 존중해주고, 좀 더 자유롭게 표현하도록 격려해준다. 반면에 창의적이지 못한 부모는 어떤 일을 지나치게 구체적으로 설명해주고, 직접적으로 지시하고, 문제 해결책을 제시해주고, 과제를 수행하라고 압력을 행사하고, 자녀와 힘겨루기를 한다."라고 했다.

공부와 놀이는 다르지 않다. 공부를 놀이로 여긴다면 분명 즐거운 마음으로 배울 수 있고, 굳이 누가 이끌어주지 않아도 스스로 공부를 찾아서 하게 된다. 자녀 교육에 성공한 부모는 아이를 어른 대하듯 자신과 평등한 위치에서 대하며 성장의 단계별로 세심한 관심과 주의를 살핀다. 영아기 때 실패한 교육은 전적으로 부모의 책임이다. 자녀를 올바른 방향으로 이끌려면 평등하게 대우해야 한다. 부모는 아이에게 훌륭한 본보기가 되어야 한다.

어떤 사람이 신문에 광고를 내어 직원을 모집하였다. 50명이 넘는 사람들이 광고를 보고 찾아왔다. 그가 선택한 사람은 한 소년이었다. 한 친구가 그 이유를 물었다. "왜 그 아이를 뽑았나?" 사장은 이렇게 대답했다.

"그 아이는 문 앞에서 신발에 묻은 흙을 털고, 들어올 때는 조심스레 문을 닫더군. 그걸 보고 그 아이가 얼마나 섬세한지 알았지. 게다가 몸이 불편한 장애인을 보더니 벌떡 일어나 자리를 양보하던걸. 그건 그 아이가 얼마나 선량하고 정이 많은지를 설명해주는 행동이었지. 사무실에 들어온 뒤에는 먼저 모자를 벗더니 내가 질문을 할 때는 과감하게 이야기하더군. 그 모습을 보고 그 아이가 얼마나 예의 바르고 교양이 있는지를 알았지. 사실 일부러 바닥에 책을 한 권 놓아두었는데 다른 사람들은 모두 책을 건너뛰더군. 하지만 그 아이는 책을 주운 뒤 책상 위에 놓아두었다네. 그 아이와 이야기를 나누어보니 옷차림은 말끔하고, 머리는 말끔하게 정리되어 있고, 손톱은 깨끗하게 깎여 있더군. 이런 사소한 것들보다 더 중요한 것이 있을까? 난 그 아이의 작은 행동, 옷차림 같은 것이 그 어떤 것보다 더 중요하다고 생각한다네."

사소한 부분이 성패를 결정하는 법이다. 성공과 실패는 언제나 사소한 부분에서 결정된다. 이런 사소한 부분을 통해 한 개인의 인격과 교양, 생각이 모두 드러나는 법이다.

플라톤은 이렇게 말했다. "자그마한 돌멩이가 없다면 큰 돌들도 우뚝하게 높이 세울 수 없다."

에디슨이 전구를 발명할 때의 일이다. 필라멘트 소재를 무엇으로 하느냐가 문제였다. 면실로 해봤지만 금방 타서 실패했고, 금속, 동물의 가죽, 식물로 해봐도 모두 실패하였다. 오로지 필라멘트의 소재만 생각하다 친구의 수염까지 뽑아와 실험해 보았지만 실패하였다.

책상 위에 있던 대나무 부채가 눈에 들어왔다. 그래서 대나무를 쪼개어 필라멘트로 써보았더니 놀랍게도 200시간이나 불이 커졌다. 결국, 성공하여 전구가 탄생하였다.

야스오카 마사히로는 "과일나무에 꽃 10송이가 피었다. 모두 수정이 되면 과일을 많이 수확할 수 있다. 하지만 크기는 전부 작다. 그러면 어떻게 하는 게 좋을까? 꽃 한 송이만 놔두고 나머지는 모두 솎아낸다. 그 결과 영양분을 독점한 것이 훌륭한 과일로 성장한다. 도대체 무엇을 솎아내고 무엇을 키워야 하는지 결정한다. 이것이 바로 과결이다."라고 했다. 과결은 딱 잘라 결정하는 것이다.

사우스웨스트 항공사는 혁신적인 발상으로 경영하는 회사이다. 승무원이 제복을 입지 않으며 사장도 특별한 날에는 승무원으로 근무한다. 비행기를 재미있는 공간으로 만들기 위해 모든 직원이 재미를 찾으려고 노력한다. 신입사원을 모집할 때도 고객을 재미있게 만들 수 있는 재주를 가진 사람을 선발한다.

기존의 틀을 깬 사우스웨스터의 경쟁력은 9·11 테러가 있었던 후, 다른 항공사들은 엄청난 적자에 시달렸으나 유일하게 흑자를 낸 항공사이다. 서비스는 혁신이다. 항상 고객을 위해서 존재해야 한다. 고객에게 강한 인상을 남기는 것은 마지막 순간이다.

어느 일류 호텔에서 고객이 보관소에 짐을 맡겼다. "이것 좀 맡아주세요?" "예. 알겠습니다." 고객의 짐을 받은 여직원은 안쪽에 넣어두려고 재빨리 돌아섰다. 여직원이 대답하고 돌아서는 시간이 조금 늦었더라면 얼마나 좋았을까? 짐을 맡기는 사람과 맡는 사람이 동시에 자리를 떠나면 안 된다. 짐을 맡는 사람은 맡기는 사람이 떠나는 것을 보고 나서 움직여야 한다. 고객이 맡은 짐을 즉시 안에 넣어두는 것은 옳은 행동이다. 그러나 고객은 종업원이 "짐은 걱정하지 마시고 잘 다녀오십시오."라는 마음으로 여유 있게 배웅해주기를 바라고 있다. 잠깐 기다렸다가 고객이 등을 돌린 다음에 짐을 넣어 두러 가면 고객은 종업원의 따뜻한 마음을 느낄 수 있다.

고객을 택시 승강장까지 배웅할 때도 고객이 택시를 타자마자 돌아서는 사람은 서비스맨으로서는 실격이다. 고객은 택시를 탄 다음에 자신을 배웅하는 사람이 아직 있는지 뒤를 돌아보게 된다. 그때 고객의 얼굴을 바라보며 다시 한 번 고개 숙여 인사를 해주면 고객은 감동한다.

서비스업은 고객이 짐을 맡기는 일이 많이 있다. 고객이 짐을 맡기면 종업원은 즉시 짐으로 눈길이 가게 된다. 고객의 짐도 중요하지만, 그보다 더욱 소중한 것은 바로 고객이다. 고객이 짐을 맡길 때 시선을 주어야 할 것은 짐이 아니라 고객이다.

그런데 고객이 무슨 말을 덧붙이려고 할 때 이미 돌아서 버리는 사람이 많다. 고객을 만날 때만 신경 쓰지 않고 헤어질 때도 신경 쓰는 사람이 되어야 한다. 고객이 부탁하거나 불만을 제기했을 때 "잠시만 기다리세요."라고 말하며 자리를 뜨는 종업원이 있다. 심한 경우에는 고객이 말하는 데도 아무 대꾸도 하지 않고 가버리는 종업원도 있다.

종업원은 고객의 요구사항을 해결하기 위해서였지만 고객은 '한마디 말도 없이 그냥 가버리다니 대체 무엇을 하러 갔을까?'라고 불안에 빠진다. 그럴 때는 "즉시 확인하고 오겠습니다."라는 말을 해야 한다. "잠시만 기다리세요."라고 말하는 것은 말없이 그 자리를 떠나는 것과 똑같은 일이다. 고객을 불안하게 만들어서는 안 된다.

개인의 습관은 물론이고 사회적 습성도 환경에 의해 처음 생겨난다. 그러나 그 수명은 환경보다 훨씬 더 길다. 성공과 실패는 모두 습관에서 나온다. 좋은 습관은 우리에게 성공을 가져다주고 나쁜 습관은 실패를 가져다준다.

우리가 습관이라는 인력에 저항하기란 여간 힘들지 않다. 우리가 원하는 방향으로 나아가는 데 끊임없이 방해하는 습관들이 있다. 상당한 의지력이나 삶에서의 혁신적인 변화가 없다면, '뒤로 미루기, 조바심, 흠잡기' 등과 같은 뿌리 깊은 습관을 떨쳐내기란 불가능하다. 이러한 습관들의 인력에서 벗어나기 위해서는 엄청난 노력이 필요하다. 실질적인 변화는 습관의 굴레에서 벗어나는 것에서부터 시작된다.

한 학생이 피아노를 배우고 있었다. 그를 가르치는 선생은 유명한 피아니스트였다. 선생은 학생에게 악보 하나를 건네며 말했다. "한번 쳐보게" 어려운 악보 앞에서 학생은 손가락과 건반이 따로 노는 듯 실수를 많이 했다. 선생은 화난 표정으로 "아직 멀었네. 돌아가서 열심히 연습하게."라고 말했다. 학생은 일주일 동안 만사를 제쳐놓고 이 곡만 부지런히 연습했다.

다음 주, 선생은 더 어려운 악보를 펼쳐놓고 쳐보라고 했다. 학생은 한층 더 어려워진 곡을 연습하느라 매우 힘들었다. 다음 시간에는 그보다 더 어려운 악보가 등장했다. 매번 새롭게 펼쳐지는 악보에 학생은 정신이 하나도 없었다. 집에 돌아가서 곡을 아무리 열심히 연습해와도 다음 주에 가보면 더 어려워진 악보가 그를 기다리고 있었다.

도저히 진도를 따라갈 수 없었고 연주 실력이 나아지는 것 같지도 않았다. 학생은 선생에게 악보가 너무 어려워서 자신이 없다고 말했다 선생은 아무 말 없이 첫날 연주했던 악보를 주면서 말했다. "한번 연주해보게." 그런데 신기한 일이 일어났다. 학생이 그 곡을 너무도 완벽하고 아름답게 연주한 것이다. 선생은 두 번째 악보를 꺼내 늘었다. 학생은 이번 곡도 자신 있게 연주했다.

선생은 이렇게 말했다. "내가 자네에게 자신 있는 곡만 연주하게 했다면 자네는 아마 첫날 그 곡 수준에만 머물 뿐 지금 실력까지 올라오지 못하였네!"

누군가를 칭찬하면 그 사람은 자신감을 가진다. 진심에서 우러나오는 칭찬은 가장 큰 선물이며 관계를 부드럽게 만드는 가장 좋은 방법이다. 좀 더 자세히 보면, 다음과 같다. 외모에 대해 칭찬한다. 이 칭찬은 주로 남자들이 여자들에게 하는 방법이다. 정신적인 장점을 칭찬한다. 이것은 학문이나 사업에서 뛰어난 성과를 이룬 사람들에게 하는 칭찬이다. 성품과 업적, 행동을 칭찬한다. 자기 성품이 없는 사람은 없다. 사람들은 모두 재미있거나, 성실하거나, 용기 있거나 절도가 있다. 또한, 계획적이거나, 사랑스럽거나, 인정이 많다. 어떤 사람은 사업에 성공했고 어떤 아이는 노래를 잘한다. 칭찬을 받고 자기 확신을 한 사람들은 힘이 넘친다.

누구를 만나든 그에게 확신을 심어주자. 사람들에게 좋은 말을 하라! 그것이 그들의 삶에 놀라울 만큼 큰 도움이 된다. 자신에게도 언젠가는 반드시 이득이 되어 돌아올 것이다.

chapter03

26
행복은 어디 있는가

댄 클라크는 "누군가에게 그날을 생애 최고의 날로 만들어 주는 것은 그리 힘든 일이 아니다. 초대 전화 몇 통, 감사의 쪽지, 몇 마디의 칭찬이나 격려만으로 충분하다."라고 했다.

행복은 우리의 주변에 있다. 일상의 작은 것에서 행복을 느껴야 한다. 자라는 아이를 보거나 연인을 만날 때, 친구의 우정에 감동 받았을 때, 승진하였을 때 자신이 인정받고 있다는 것을 확인했을 때 우리는 행복을 맛보게 된다.

자신이 행복하지 않으면 아무도 행복하게 만들 수 없다.

성공하면 행복해지는가! 반드시 그렇다고는 할 수는 없다. 행복해야 성공할 수 있다. 행복을 최고의 목표로 정하라. 즐거운 인생을 설계하라. 행복은 바로 자신에게 있다. 당신이 숨 쉬는 오늘, 지금 하고 있는 일, 지금 보내고 있는 시간, 그 순간이 즐거워야 행복도 성공도 찾아오는 것이다. 자신이 건강하지 않고 즐겁지 않은데 성공과 행복은 오지 않는다.

게르트루트 휠러는 "그들 모두가 추구하는 것, 즉 행복이라는 것은 가장 빠른 자의 행복 또는 가장 똑똑한 자의 행복이 결코 아니다. 오히려 행복이란 잊고 지냈던 시간이다. 똑딱거리는 시계 소리가 더 이상 들리지 않는 곳, 그곳이 바로 시간이 충족된 본래의 장소, 행복의 성이다. 다들 그곳이 어딘지는 알지만, 자신의 힘으로 원할 때마다 그곳으로 가지는 못한다. 아니, 노력하면 가능하다. 지금 아니면 언제 한단 말인가?"라고 했다.

사람이라면 누구나 태어날 때부터 주어진 역할이 있다. 힘든 일도 웃으며 즐겁게 하는 사람이 있다. 산속 깊은 곳에 우편물을 배달하는 사람은 한 통의 우편물을 배달하기 위해 꼭대기까지 힘들게 올라간다. 어떤 사람이 그에게 물었다.

"이렇게 힘든 일을 하면서 지겹다고 생각해본 적은 없나요?" 그러자 그는 "정상에 오르면 그곳 사람들이 고마워하며 기쁘게 맞아줘요. 무척 뿌듯해요. 게다가 내려올 때에는 아름다운 경치도 구경할 수 있어요. 이런 게 바로 일거양득 아닌가요. 남들은 돈을 들여가며 일부러 오르지만 저는 돈을 받고 하죠. 이렇게 좋은 일이 어디 있겠어요."라고 말했다.

옆에서 보기에 안쓰럽고 힘겨워 보이는 일도 실제로 해보면 재미가 있다. 무엇보다 스스로 재미있다고 느끼면 실제로 그렇게 된다. 힘든 일도 자신에게 맞는 일이 되면 보람을 느낄 수도 있고 수입도 생긴다.

세상사가 다 그렇다. "이 일은 나에게 맞지 않아!" "이런 일을 어떻게 해!" 하며 불평을 늘어놓는다면 발전이 없다. 일에 흥미가 없다면 "어떻게 하면 재미있게 할 수 있을까?"를 먼저 생각하고 방법을 찾아야 한다.

무슨 일이든 힘들고 괴로운 것보다 재미있고 즐거워야 한다. 힘든 일도 즐거운 자세로 일하기 위해 끊임없이 생각하고 노력해야 한다. 하고 싶은 일은 아무리 고생스러워도 스스로 해야 한다.

인생의 모든 일은 도전이다. 도전정신을 가지고 힘들고 어려운 일도 묵묵하게 열과 성을 다하여 매진해야 성공할 수 있다. 기운이 나지 않을 때에는 읽고, 쓰고, 듣고, 움직여라. 자신이 좋아하는 일은 조건을 따지지 말고 직업으로 삼아야 한다.

하워드 슐츠는 "우리 회사의 최우선 순위는 직원들입니다. 왜냐하면 직원들이야말로 회사의 열정을 고객에게 전달할 책임을 지는 사람들이니까요. 그다음 두 번째 우선순위는 고객만족입니다. 이 두 목표가 먼저 이뤄져야만 주주들에게 장기적인 이익을 안겨줄 수 있지요."라고 했다.

성장에 등을 돌린 기업이 있다. 이 회사의 최대목표는 이익 최대화나 성장이 아니라 종업원의 행복과 기업의 영속이다. 사원의 행복을 노골적으로 강조하는 회사다. 사원의 행복을 실현하기 위해 고성장을 버리고 저성장을 선택한 기업이다. 대기업이 되려고 하지도 않는다. 주식시장에 상장하려 하지도 않는다. 무리해서 돈을 벌려고 하지도 않는다. 종신고용과 연공서열을 신주단지처럼 모신다. 창업 이래 수없이 많은 고성장의 기회가 있었음에도 아랑곳하지 않고 '한천'이라는 평범한 식품에 올인하며 한우물을 파온 일본 나가노 현 소재 이나식품 공업이다.

이 회사의 목표는 다음과 같다. "항상 좋은 제품을 만든다. 잘 팔린다고 해서 많이 만들지 않는다. 최대한 정가판매를 고수하고 할인을 하지 않는다. 고객의 입장에서 서비스를 제공한다. 깨끗하고 아름다운 공장, 점포, 정원을 조성한다. 품위 있는 케이스와 센스 있는 광고를 한다. 메세나 활동과 자원봉사 등을 통해 사회에 공헌한다. 재료 조달업체를 소중하게 여긴다. 구성원 모두가 경영이념을 이해하고 기업 이미지를 향상시킨다."

생각은 우리를 성장시키고 모든 것을 변화시키는 힘이다. 보이지 않는 것을 지배하라. 그러면 자신이 마음먹은 대로 된다. 모든 힘은 내면으로부터 나온다. 잠재의식의 경이로운 힘, 주의력을 키워라. 이미지의 위력, 상상력을 키워라.

그러면 긍정적 암시로 우리의 꿈은 이루어진다. 인간은 바라는 것밖에 얻을 수 없다. 부유함의 스위치를 켜고 부자의 생각을 훔치며, 하루를 살아도 부자처럼 생각하라. 부자는 생각의 힘을 믿는다. 부유함의 열쇠를 찾으며, 낡고 오래된 정신을 업그레이드하고, 부자처럼 느끼는 분야를 찾아라. 부자처럼 느끼고 싶다면, 자신이 지닌 것 중 돈으로 살 수 없는 소중한 것을 세어보기만 하면 된다.

가치 있는 삶을 살고 있다면 이미 부자다. 부유함은 한계가 아니라 가능성에 따라 당신만의 방식으로 인생을 사는 것이다. 모든 부유함은 정신에서 창조된다. 집중하는 것을 더 많이 갖게 된다.

성공에 이르는 열쇠는 당신의 부유함이 어딘가 멀리 떨어진 곳에 있는 것이 아니라 당신 마음속에서 지금 당신이 앉아있는 바로 그곳에서 당신이 찾아내기를 기다리고 있다. 부유함을 느끼고 자신을 부자로 보기 시작하면 당신은 금전적으로 한층 풍요로워질 것이나.

사고와 감정이 더 부유해지면 당신은 인생에서 점점 많은 자유를 경험하게 된다. 진정 부유한 삶은 내적인 부유함을 더 많이 경험하는 것이다. 삶에 풍요로움을 안겨 주는 데 그리 많은 돈이 들지 않는다.

일상에서 부유한 순간을 알아채는 연습을 많이 할수록 행복한 순간을 더 많이 갖게 된다. 돈과 친구는 끊을 수 없는 관계다. 친구가 많다면 그만큼 돈이 들어올 기회가 늘어난다. 친구의 폭을 넓히기 위해서는 자신의 이익만 생각해서는 안 되며 친구의 이익이 되는 것도 생각해야 한다. 자기 삶에 변화가 없다면 자신의 인생은 이미 녹슬어 있다. 녹은 쇠에서 생긴다. 쇠에서 생긴 녹이 쇠 자체를 못 쓰게 만든다.

로버트 버튼은 "게으름은 정신적 육체적으로 치명적인 영향을 끼치며 악의 온상이다. 온갖 재난의 근원이며 일곱 가지 대죄의 하나이다. 악마가 휴식하는 방석이자 베개이며 악마의 형제다. 게으른 개는 불결하다. 게으른 인간 역시 불결하다. 몸을 움직이는 것이 귀찮아지는 것보다 더 나쁜 것은 정신이 나태해지는 것이다. 아무 일도 하지 않고 잔꾀나 부리려는 행동은 영혼을 병들게 하는 질병이며 그 자체로 지옥이다. 물이 고여 있는 웅덩이에 벌레가 들끓는 것처럼 게으른 자의 머릿속에는 부패한 생각이 만연하게 된다. 그리하여 그의 영혼은 악마의 포로가 되고 마는 것이다.

게으른 자는 사회적으로 어떤 지위에 있든 부자가 될 수 없고 다른 사람들과 어울리지도 못한다. 설령 바라는 만큼의 재물을 풍족하게 제공받더라도 나태함이 없어지지 않는 한 그들은 기쁘지 않을 것이고 몸도 마음도 결코 만족을 느끼지 못할 것이다. 부족한 표정으로 초조함과 불만을 늘어놓고 눈물을 흘리며 한숨을 쉴 것이다. 자기의 처지를 한탄하며 온통 의심의 눈으로 세상을 바라볼 것이다. 그리고는 '어디론가 가버릴까? 죽어버릴까?' 하는 어리석은 몽상의 세계에서 헤어나지 못할 것이다. 나약한 사람은 자기의 행복을, 우울증에 걸려 있는 심신의 건강을 이 짧은 가르침에서 찾아주기 바란다. 고독과 게으름에 굴복하지 마라. 고독에 정복당하지 마라. 게으름 피우지 마라!"
라고 했다.

세상에 우연은 없다. 당신이 <u>행동하고 말하지 않았다면</u> 우연은 만들어지지 않는다. 항상 그 자리에 있을 것만 같았던 그것이 어느덧 세월이 지나 사라지거나 변해버렸을 때 안타까움과 허탈함에 눈물을 흘리곤 한다. 혹시 변치 않고 그 자리에 있을 때는 감사함에 눈물을 흘리곤 한다. 늘 당연하다고 생각하는 것이 소중함을 알았을 때는 이미 그것을 잃어버리고 난 후일 것이다. 정말 사랑하는 사람이라도 표현하지 않으면 안 된다.

시작을 두려워해서는 안 된다. 시작하는 것은 가능성이라는 보물상자를 여는 것이다. 태어나서 단 한 번이라도 자신과의 싸움에서 승리를 거둔 적이 있다면 그때부터 당신은 엄청난 것을 알 수 있다. 그러나 자신과의 싸움에서 이겨본 사람은 얼마 되지 않는다.

<u>상대방의 처지에서 생각할 수 있는 습관</u>을 지닐 수 있다면 당신은 성공할 수 있는 새로운 무기를 얻게 된다. 세상에 모든 일은 직접 경험을 해야 알 수 있

다. 경험하지 않은 지식은 죽은 지식이다.

인간이 상상할 수 있는 모든 일은 현실에서 일어날 수 있는 일이다.

마음껏 상상하라. 자신이 세상에서 가장 행복하다고 생각하라! 행복은 진심으로 열중한 시간이다. 그것은 마음속에 오래도록 남는 빛이 된다. 힘들 때 나를 이끌어주는 나침반이 되고 근본적으로 자신감을 가져다주는 행복의 원천이 된다. 항상 그곳에 있는 것이 바로 행복이다.

이것이 진정한 풍요로움이고 행복이다. 진심을 담은 아침 식사, 진심을 담은 일, 진심을 담은 말이 모두 다 행복이다!

chapter⁰³

27
장점을
발견하라

알렝은 "인간은 의욕으로 창조함으로써만 비로소 행복해질 수 있다. 어떤 작업에서든 자기가 지배하면 즐겁고 복종하면 유쾌하지 않다."라고 했다.

일본의 다이신 백화점은 외진 곳에 있다. 이 지역은 대형 백화점과 8개의 마트가 상권을 다투는 곳으로, 부자에서 서민들까지 밀집한 대표적인 생활경제 지역이다. 이곳에서 다이신 백화점은 6년 연속 지역 내 매출 1위를 기록하고 있다. 다른 백화점과 대형마트를 따돌리고 1위를 지켜온 것은 30년 넘게 매장을 채워주는 단골 할머니들의 힘이 컸다.

다른 백화점에서는 거들떠보지 않는 할머니들을 집중적으로 공략하는 소상권전략을 구사한 것이다. 이 백화점에 판매하는 상품은 18만 종으로, 구식 제품에서 최신 상품까지 다양하다. 골동품 상점에서나 볼 수 있는 100년 된 비누, 오래된 세탁기까지 이 백화점에는 없는 것이 없다.

또한, 노인들의 식사량과 기호를 배려해 소량 팩 코너를 마련해 두고 있다. 이 백화점에서는 고객이 찾는 제품이 없으면 다른 지역을 찾아가서라도 그 제품을 갖춰 놓는다. 한마디로 무한서비스를 제공하고 있는 것이다.

이 백화점 니시야마 사장은 "굳이 없어도 되는 희한한 물건이 이곳에 있다면 그것은 고객 중 누군가가 원해서 놓아둔 것입니다. 그중에는 1년에 단 4개만

팔리는 것도 있습니다. 그 상품은 당연히 적자죠. 하지만 <u>그것을 사려고 오는</u>
<u>고객은 다른 것도 삽니다.</u> 단 한 명이라도 늘 사용하던 것이 진열대에서 사라졌
다면 얼마나 서운하겠습니까?" 고령자, 임산부, 장애인의 경우 쇼핑을 마치면
종업원이 물품을 집까지 배달해주는 것도 다이신 백화점이 지역 내 1위를 지키
는 요인 중 하나다.

프랭크 베트거는 "보험업계에 첫발을 내디뎠을 때 일이다. 나는 이 사업에
대한 기대에 부풀어 정열적으로 고객을 만나고 다녔다. 그런데 뜻하지 않는 암
초를 만나 실망한 나머지 일에 대한 의욕마저 꺾여 그만둘 참이었다. 만약 그
당시 고민의 원인을 파악하려는 의지가 없었다면 아마 나는 이 일을 그만두었
을 것이다. 당시 나는 가장 먼저 나 자신에게 이렇게 물었다. 무엇이 문제인가?
그것은 내가 발이 닳도록 뛰어다니는 것에 비해 실적이 오르지 않는 것이었다.
상담할 때는 잘 되다가도 막상 계약할 때가 되면 매번 이런 식이었다. '글쎄요,
한 번 더 생각해볼게요. 다음에 다시 한 번 방문해주세요.' 이렇게 몇 번이나 헛
걸음치게 되니 맥이 풀려 점점 일이 하기 싫어졌다. 긍정적인 해결책은 무엇인
가? 그러나 이 대답을 얻기 위해서는 먼저 사실에 대해 냉철하고 객관적인 분
석이 필요했다. 나는 최근 1년간 고객 상담 기록을 펼쳐 놓고 꼼꼼히 분석했다.
이때 나는 놀라운 사실 하나를 발견했다. 계약의 70%는 두 번 찾아간 다음 성
공했던 것이다. 세 번, 네 번 이상 시간을 낭비해 가면서 계약을 체결한 것은 불
과 7%에 지나지 않았다. 다시 말하면 하루 절반 이상을 매출의 7% 때문에 그렇
게 애를 태우며 시간을 낭비했던 것이다. 그렇다면 해답은 무엇인가? 나는 앞
으로 한 곳에 두 번 이상 방문하지 않기로 하고 그 시간을 새로운 고객을 찾는
데 주력했다. 그 결과 놀라운 일이 일어났다. 내가 1회 방문 시, 방문의 환산 가
치를 2달러 80센트에서 4달러 27센트로 늘릴 수 있었다."라고 했다.
인생의 새로운 문제를 해결하려고 과감하게 시도하는 사람이야말로 사회
를 보다 완벽하고 위대하게 변화시킬 수 있는 사람이다. 주어진 틀과 규칙에만
얽매어 살아가는 자들은 사회를 진보시킬 수 없다. 사회를 있는 그대로의 모습

으로 유지해 나갈 뿐이라는 말이 있다.

일본의 한 건설회사에는 이상한 구호가 하나 있다. 구호는 '생각을 하나로!' 라는 구호다. 사진 촬영을 하기 전에 반드시 이 구호를 모든 직원이 외친다. 어떤 상황에서도 이 룰은 반드시 지키고 있다. 직원들은 건물을 완공한 후, 건물 주인에게 기념 촬영을 부탁한다. 1년에 수십 회, 경우에 따라서는 100회 이상 구호를 외친다. 직원들은 이 말을 마치 주문처럼 계속 반복하기 때문에, 밖에 나가서도 한다. 이 회사의 고객들에게도 이 구호가 널리 알려졌다. 이 회사에 견학을 온 어린 학생들이 직원들을 바라보며 '생각을 하나로!'라는 구호를 외친다.

어떤 사람이 건설회사 사장에게 물었다. "회사 직원들이 멋진 팀워크를 이루어 일할 수 있는 이유를 사장님은 알고 계십니까?" 그러자 사장은 "이유는 두 가지입니다. 하나는 '생각을 하나로!'라는 구호의 힘이 마음속까지 스며들어 있기 때문입니다. 다른 하나는 우리 회사의 직원 회식 모임인 '바비큐 파티'를 통해 직원들이 경험한 감동적인 이야기들이 공유됨으로써 모두가 감동체질로 변했기 때문입니다."라고 대답했다.

이 회사는 언제든지 직원이 원하면 바비큐 파티를 연다. 많은 돈을 들이지 않고도 직원들은 즐겁게 웃을 수 있고 마음을 나눌 수 있다. 소중한 가족 또는 친구 못지않은 관계로까지 발전되어 서로의 인생을 이야기하고 고민을 털어놓는다. 바비큐 파티를 통해 맛있는 음식을 먹고 즐거운 시간을 보낸다.

회사원 두 명이 스승을 찾아왔다. "스승님, 회사에서 무시 받고 일하는 게 너무 힘듭니다. 직장을 그만둬야 할까요? 아니면 그냥 참고 다니는 게 나을까요?"

스승은 한참 동안 생각한 뒤 이렇게 말했다. "밥 한 공기만도 못하구나!" 그 후, 한 사람은 회사에 돌아와 사표를 낸 뒤 고향에 내려가 농사를 지었다. 다른 한 사람은 계속 회사에 남았다. 10년 후, 고향에 내려가 농사를 지었던 사람은 현대화된 기법을 이용해 품종을 연구 개발하여 큰 농장 주인이 되었다. 회사에 남았던 사람은 인내심을 갖고 열심히 노력한 끝에 좋은 성과를 올려서 회사 사장이 되었다.

어느 날 두 사람은 10년 만에 만났다. 농장 주인은 "스승님의 '밥 한 공기만도 못하구나.'라는 말씀에 난 마치 머리로 한 대 얻어맞은 기분이었어. '지금의 생활을 포기하지 않고 불행하게 사는 것이 옳은 일일까? 단 하루라도 맘 편하게 살아야지"라고 생각하고 사표를 냈던 거야. 그런데 자네는 왜 스승님의 말을 듣지 않았나?"라고 말했다.

그러자 회사 사장은 웃으면서 대답했다. "난 스승님의 말씀을 '넌 그 정도도 못 참느냐. 그렇게 그릇이 작아서 어떻게 살아가겠느냐!'라는 의미로 받아들였지. 그래서 무조건 참고 견뎠어. 꾸지람을 마음속에 담아두지 않았지."

두 사람은 다시 스승을 찾아왔다. 스승은 한참 동안 눈을 감고 있다가 말했다. "생각의 차이일 뿐이네!"

표현하는 사람이 아름답다. 마음을 표현하는 데 있어 너무 인색하지 말라. 마음으로만 고맙다고 생각하는 것은 의미가 없다. 고마우면 고맙다, 미안하면 미안하다고 말해보라.

경청해야 상대가 가장 원하는 것을 알 수 있다. 설득의 기본 전제는 상대방의 말을 경청하는 것이다. 경청은 상대의 바람 및 관심사를 파악하는 데 매우 중요한 자세다. 상대의 진짜 목적이나 관심사는 시작 단계에선 명확하게 드러나지 않는다. 주의 깊게 상대방의 말을 경청해야만 파악할 수 있다.

브레멜은 "신은 언어가 지닌 파괴적인 힘으로부터 우리를 지켜주신다. 날카롭게 벼린 칼끝보다 더 우리의 가슴을 들쑤시는 것은 바로 가혹한 독설이다. 독설이야말로 평생 가슴에 꽂힌 채 뺄 수도 다독거릴 수도 없는 상처를 준다. 새살이 돋기까지 얼마나 많은 시간이 걸릴지 아무도 알 수 없다."라고 했다.

적을 칭찬하면 친구가 된다. 친구를 격려하면 형제가 된다. 우리는 다른 사람을 칭찬해야 한다. 다른 사람을 비난하고 싶을 때는 입을 다물고, 칭찬할 때는 큰 소리로 말하라. 모든 사람의 언행과 행동을 사랑하라. 사람들은 모두 탁월한 성격을 갖추고 있다. 마음을 가두고 있는 벽을 사랑으로 허물어라. 그 벽은 의심과 원한으로 쌓여 있다.

복권에 당첨돼 15억 원을 받은 젊은 남자가 있었다. 그러나 불과 1년 만에 그 돈을 다 탕진하고 귀금속 가게에서 강도질하다가 구속되었다. 어떻게 거액을 1년 만에 다 쓴 것인가? 당첨금으로 아버지에게 집을 사드렸다. 형에게는 당구장을 장만해 주고 자신은 술집을 개업하고 고급 승용차를 구매했다. 주변에서는 그를 통 큰 사업가로 불렀다. 아버지와 형에게 도움을 주고 술집이며 승용차까지 구매하고도 10억 원 이상 남아 있었다. 그러나 어느 순간 소비욕이 급속도로 증가하고 도박장을 출입했다. 고급 술집에 드나들면서 방탕한 생활에 빠져들었다. 결국, 1년 만에 남아 있던 돈도 모두 탕진하고 강도질을 하게 되었다.

한 여자가 있었다. 그녀는 최고로 멋있는 남자와 결혼해 40년 동안 서로 사랑하며 건강하게 살고 있다. 아들 둘이 전쟁터에 나갔는데, 다른 부모들 같으면 무척 걱정했을 테지만 그녀는 아들이 돌아올 거라고 한순간도 의심하지 않았다. 마침내 두 아들 다 무사히 집으로 돌아왔다. 큰일에서나 사소한 일에서나 그녀에게는 항상 행운이 따랐다. 물건 하나를 잃어버리면 기적처럼 다시 찾게 된다.

어느 날, 그녀가 타기로 되어 있던 비행기가 추락했다는 소식이 들려서 친구들이 깜짝 놀랐다. 그런데 그녀는 마지막 순간에 비행기 표를 환불하고 기차를 타고 집으로 돌아왔다. 그녀는 항상 웃고, 항상 너그러우며, 조금도 비관적인 이야기는 하지 않는다. 악담도 아픈 지적도 하지 않는다. 사람이든 사물이든 가장 좋은 점만 보려고 했고 그러면서 기쁨을 찾았다.

어떤 사람이 남의 흉을 보면, 그녀는 "그럴지도 모르지, 하지만"이라고 대답을 한다. '하지만' 뒤에 이어지는 말은 언제나 칭찬이다. 낭비가 심하다고 하면 마음이 너그럽다고 하고, 냉정하다고 하면 의리가 있다고 한다. 그녀는 주위 사람에게서 장점을 찾아내는 재주가 있어서 사람들의 마음을 북돋우고 생기를 불어넣어 준다.

chapter[03]

28
오늘이 가장
좋은 날이다

오늘처럼 좋은 날은 없다. 행복했던 날들이 모여서 오늘을 만들어 준 것이다. 바로 오늘이야말로 가장 행복한 날이다. 행복했던 순간이 모여 위대한 오늘을 만들었다. 오늘 하루를 감사하며 살아가라.

워런 버핏은 "나를 '행복'이라고 불러도 좋다. 왜냐하면, 난 행복한 사람이니까! 나는 매일 같이 내가 하고 싶은 일을 하고 또 좋아하는 사람들과 함께 일하기에 행복할 수밖에 없다. 나의 일은 보통 무대 위에서 진행된다. 그곳에 서서 하늘에서 떨어지는 꽃잎을 맞는다는 상상을 하는데 그것이 얼마나 재미있는 일인지 다른 사람들은 모를 것이다. 그러나 이삼 년에 한 번씩 어쩔 수 없이 몇 명의 직원들을 해고해야 하는 일은 나를 너무 곤혹스럽고 힘들게 한다. 어쨌든 나는 당신들에게 이런 조언을 하고 싶다. 일할 때는 당신이 흥미를 갖고 좋아하며 보람을 느낄 만한 일을 하라. 그렇다면 당신도 충분히 나처럼 행복해질 수 있다. 나는 이런 이야기를 들었을 때 가장 안타깝다. '이 일이 정말 지긋지긋하지만 어쩔 수가 없어서 십 년 동안이나 해왔어. 정말 때려치우고 싶어!' 당신이 정말 하고 싶은 일을 노년에 찾아서 다시 시작한다는 것은 진짜 어리석기 짝이 없다는 생각이다. 또한, 나는 싫어하는 사람과는 절대 일하지 않는다. 예전에 비전이 있는 좋은 프로젝트에 참여해달라고 두 번이나 제안을 받은 적이 있었다. 물론 나도 그 사업 아이템에 매력을 느꼈다. 그렇지만 같이 일하게 될 동업자들은 내가 전혀 좋아하지 않는 타입의 사람들이었다. 그래서 기분 나쁘지 않게 잘 말하여 그 제안을 거절했다. 어떤 상황이라도 당신이 좋아하지 않는 사람과 일한다는 것은 절대 좋은 생각이 아니다. 가장 <u>재미있으며 자신에게 가장 맞는</u> 일을 하라! 또 꿈을 나눌 수 있고 자신과 맞는 사람과 함께 일하라. 그렇다면 충분히 행복한 삶을 누릴 것이다."라고 했다.

엔초 페라리는 자동차 레이서였다. 그는 모데나 기술학교에서 자동차의 기본을 배웠다. 얼마 후, 아버지가 죽자 그는 학업을 포기하고 직업전선에 뛰어들었다. 견인차정비에서부터, 상품 배달 차, 군용 폐차 재활용 회사 등을 전전했다. 당시 유럽에서 시작된 자동차 경주에 매료되어 선수로 뛰기 시작했다. 또한, 그는 동업자와 함께 '스쿠데리아 페라리'를 창업했다.

처음에는 대기업의 자회사로 최고급 모델을 타고 경주에 참가하는 운전사와 개인 소유자들을 관리하는 스포츠 회사였다. 이에 만족하지 않고, 그는 최고 수준의 스포츠카를 만들겠다는 열망으로 자동차 공장을 세웠다. 그는 아흔 살의 나이로 죽을 때까지 자신을 레이서라고 생각했다.

최초의 페라리가 탄생한 해는 1947년이다. 이때 그는 자신의 성을 붙인 '페라리' 자동차를 최초로 출시했다. 이때부터 그의 공장에서 생산하는 차에는 그 유명한 노란 바탕에 검은 말의 마크가 새겨졌다. 원래 검은 말인 흑마는 제1차 세계대전에서 활약한 영웅적인 이탈리아 조종사 '프란체스코 바라카'의 상징이었다.

페라리는 흑마 문양 밑에 노란색을 바탕으로 깔았다. 페라리의 신비로운 문장은 이렇게 해서 태어났다. 페라리 문장을 단 차는 오랫동안 사람들에게 선망의 대상이 되었다.

진정한 행복은 남에게서 받는 것이 아니다. 내가 남에게 주는 것이다. 물질적이든 정신적이든 남을 도와주는 것은 선행이다. 부유하면서도 가난한 사람이 있고 가난하면서도 부유한 사람이 있다. 가난하고 힘든 삶을 산다고 해서 모두 불행한 것은 아니다. 나눔의 행복을 누리며 살아갈 수 있다.

윌리엄 러셀은 "행복의 근본은 다른 사람이나 사물에 우호적인 관심을 둘 수 있는지로 정해진다. 사람에 대한 우호적인 관심은 애정의 한 형태이지만, 탐욕에 휘둘려 독점하려고 하다가 늘 강한 반발에 부딪히는 것은 애정의 형태라고 볼 수 없다. 후자는 곧 불행의 씨앗이 될 뿐이다. 행복에 이바지하는 애정은 상대가 하는 일을 즐겁게 관찰하고, 각자 지니고 있는 개성에서 기쁨을 찾아내려고 애쓰는 애정이다. 만나는 사람들과 어울려 마음껏 즐길 기회를 제공하고 싶다는 바람만 가질 뿐, 그 사람들을 지배할 힘을 갖게 되거나 그 사람들의 박수갈채를 바라거나 하지 않는 애정이다. 다른 사람들에게 진심으로 이런 태도를 보일 수 있는 사람은 인생의 행복과 진정한 성공의 근원을 얻은 셈이어서 서로 친절한 행동을 주고받을 수 있을 것이다."라고 했다.

한 농부가 있었다. 그는 항상 자신이 수확한 옥수수가 1등급으로 평가를 받는 우수한 농부였다. 그는 이웃의 농부들에게 자신이 가진 제일 좋은 씨앗을 나눠준다. 어떤 사람이 그에게 이유를 물었다. 그는 "다 나 잘되라고 하는 일이지요. 바람이 불면 꽃가루가 이 들판에서 저 들판으로 날아가지 않습니까? 만약 이웃 들판에서 품질이 나쁜 옥수수를 기른다면 그 옥수수의 꽃가루가 날아와 내 밭에서 자라는 옥수수의 품질까지 떨어뜨릴 게 뻔합니다. 그러므로 이웃들이 최상의 옥수수를 기르는 것이 제게 도움이 됩니다."라고 말했다.

좋은 일을 하게 되면 결국 자신에게도 이익이 돌아온다. 우리의 감정은 다른 사람에게 좋은 일을 하면 마음이 따뜻해지고 여유로워진다. 사람들을 돕다 보면 자부심과 삶의 의미와 가치를 발견한다.

우리는 다른 사람의 어려운 문제를 해결해주거나, 좋은 일을 하면 결과가 자기에게 이익이 되어 돌아오는 것을 느낄 수가 있다. 행복이란 자신이 만들어 가는 것이다. 스스로 생각하고 느끼는 정도에 따라 행복의 크고 작음이 결정되는 것이다.

행복은 소유가 아니고 감사하는 마음이다. 행복은 없는 것에 관심을 두는 것이 아니라 있는 것에 만족하는 것이다. 있는 것을 소중하게 여기고 감사하는 사람이 행복한 인생을 살게 된다. 없는 것에 대한 불평이 아니라 있는 것에 대한 감사하는 마음이 행복이다.

남들보다 가진 것이 없어도 있는 것에서 만족하고, 작은 것이라도 내 삶을 채우는 것이 행복이다. 지금 행복하지 않다면 더 많이 가진다 해도 결코 행복해질 수 없다. 지금 자신의 삶에 만족하지 못하면 더 많은 것을 갖게 되었을 때에도 나아지는 것은 없다. 더 큰 잘못을 용서할수록 더 큰 행복이 찾아온다.

당신이 원하는 것이 무엇이든 그렇게 될 수 있다. 인생은 너무나 짧고, 시간이 약이며, 기다리는 자에게 행운이 온다. 인간관계는 중요하다. 주변사람들은 나의 성장을 도와준다. 누구라도 인연의 끈을 끊지 말라. 누가 나의 운명을 결정짓게 될지는 아무도 모른다.

사르트르는 "인간은 정지할 수 없으며 정지하지 않는다. 현 상태로 머물지 아니하는 것이 인간이며 현 상태에 그대로 정지해 있다면 그는 가치가 없다." 라고 했다.

세 살 때 아버지를 여읜 소년이 있었다. 배불리 먹는 것이 소원이었던 소년은 열네 살 때 양복점 점원으로 들어가 재봉 기술을 익혔다. 열여덟 살 때 구두 수선공의 딸과 결혼했다. 결혼한 뒤에야 아내에게 글을 배우고 책을 읽을 수 있었다. 그가 정계에 입문하여 연설할 때 군중 속에서 누군가 소리쳤다. "양복쟁이 출신 주제에!"

그는 이렇게 말했다. "어떤 신사께서 제가 재단사였다고 말씀하시는군요. 뭐 괜찮습니다. 그 일을 할 때도 저는 일등이었기 때문입니다. 저는 손님과의 약속을 꼭 지켰고 제 옷은 언제나 최고였죠."

그는 최고의 재단사로 젊은 시절을 보냈고, 정치계에 들어와서는 '최고의 정치인' 자리에 올랐다. 링컨이 암살당하자 대통령직을 승계했다. 알래스카를 러시아로부터 720만 달러에 샀다. 그는 바로 미국 제17대 대통령 앤드루 존슨이다.

사람은 자기가 타인의 희생자이거나 부당한 인생을 살고 있다고 생각한다. 이런 생각을 하게 되면 화나고, 고통스럽고, 비난하는 희생자의 경험은 계속된다. 우리는 자신이 만든 고통을 만들어낸 주체임을 인식하지 못한다. 우리는 여러 대상을 두고 이런저런 불평을 늘어놓는다. 어린 시절에 지내기가 어려웠고, 이웃은 매정하고, 경제 상황은 불공평하고 여러 가지 불평거리는 수도 없이 많았다.

이런 고통의 원인이 모두 다른 사람에게 있다고 생각한다. 하지만 잘못된 생각이다. 그건 자신이 고통과 번민을 느끼겠다며 매일 새롭게 무의식적으로 생각한 결과다. 우리는 타인을 비난함으로써 희생자가 된다. 계속 불평하는 사람은 자기 몸에 무거운 짐을 생산해내서 등에 지고 다닌다. 수많은 사람이 결코 용서하지 못한 과거라는 배낭을 메고 다닌다.

우리는 이렇게 자신을 비하하기 때문에 매일 열등감, 수치심, 죄책감 등을 느낀다. 이런 기분은 분노와 슬픔, 우울감, 두려움까지 불러온다. 우리가 하는 모든 생각은 세상을 향해 던졌으나 되돌아오는 부메랑이다. 비난에 찬 생각이 우리의 생활과 육체, 인간관계와 직장에서 실현된다.

왜냐하면, 전 우주나 모든 사람이 자신이 생각하는 바를 알아채고 반응하기 때문이다. 자기 자신을 진심으로 옳게 대하지 않는 사람은 다른 사람도 자신을 진심으로 대하지 않는다. 자기 자신을 존중하라. 그러면 타인에게서 존중과 관심을 받을 수 있다. 아이들, 아내 또는 남편, 동료는 자신을 인정하고 존중하고 사랑하는 사람에게 존경을 표한다.

세상은 자신이 내면에서 자신을 대하는 그대로 우리를 맞이한다. 스스로 행복하다고 생각하라. "지금 이 순간, 바로 오늘이 가장 행복한 날이다!"

chapter[03]

29
사람의 마음을
끄는 방법은 무엇인가

사람의 마음을 끄는 가장 좋은 방법은 10초 이야기하고 10분 듣는 것이라고 한다. 잘 말하는 것보다 잘 듣는 것이 성공의 지름길이다.

폴 베어 브라이언트는 "나는 어떻게 해야 승리하는 팀을 이룰 수 있는지 알고 있다. 그것은 사람들이 하나의 마음으로 서로 심장 박동을 느낄 수 있을 때까지 다른 사람을 격려하고 진정시키는 것이다. 나쁜 일이 생기면 나 때문이라 생각하고 괜찮은 일이 생기면 우리 때문이라 생각하고 좋은 일이 생기면 바로 당신 때문이라고 생각하는 것이다. 남을 배려하는 마음이야말로 인생이라는 게임에서 승리하는 사람을 얻기 위한 모든 것이다."라고 했다.

훌륭한 사람이 된다는 것은 어려운 일이 아니다. 명랑함을 잃지 않고 재산이나 권력, 명예보다, 현재의 삶에 만족하면서 살아가는 마음을 가지면 된다. 게으름 부리지 않고 주어진 일에 온 힘을 다하면서 작은 일에도 기뻐할 줄 알고 유쾌하게 하루를 보내는 것이야말로 위대한 삶이다.

눈보라가 심하게 몰아치는 어느 날, 허허벌판을 두 사람이 걷고 있었다. 신음하고 있는 한 노인을 발견하였다. 한 사람이 말했다. "우리 이 사람을 데려갑

시다. 그냥 두면 얼어 죽고 말 거요."

그러자 다른 사람이 화를 내며 대답했다. "무슨 말이오. 우리도 죽을지 살지 모르는 데 저 노인네까지 끌고 가다가는 모두 죽게 될 거요." 그리고 그 사람은 혼자서 떠나갔다.

데려가자고 말을 한 사람은 노인을 등에 업고 눈보라 속을 헤쳐나갔다. 노인을 업고 가다 보니 힘이 들어 온몸에 땀이 비 오듯 쏟아져 내렸다. 그러자 등에 업힌 노인은 차츰 의식을 회복하기 시작했다. 두 사람은 서로의 체온으로 춥지 않았다. 이들은 마을에 이르렀다.

그러나 마을 입구에서 한 남자가 꽁꽁 언 채 쓰러져 죽어 있는 것을 발견하였나. 죽은 사람은 혼자만 살겠다고 앞서 간 바로 그 사람이었다. 남의 말을 듣지 않고 자기주장만 내세운 결과가 마침내 자신의 죽음으로 돌아온 것이다.

성공하기 위해서는 남의 말을 경청하는 것이 가장 중요하다. 남의 말을 경청하다 보면 그 사람의 취약점, 즉 공략 포인트를 간파해낼 수 있다. 간혹 상대방의 이야기에 맞장구를 치면서 건성으로 듣는 사람이 있는데 이는 소중한 기회를 발로 차버리는 것과 같다.

대화를 나눌 때는 다른 사람의 이야기에 집중하면서 가만히 듣는 것이 좋다. 상대방이 무엇을 생각하고 무엇을 원하는지 어떤 점을 칭찬해야 상대방이 만족감을 느낄지도 자연스레 알 수 있다.

이야기를 들어주는 것에 중점을 두면 그것이 펌프와 같은 역할을 하며 지혜나 정보를 수집하는 데 큰 도움이 된다. 마음속에 고민거리나 정신적 문제를 안고 있는 사람들의 상담에 응하는 심리학 분야에서는 환자의 이야기를 들어주는 역할에 전력을 다한다.

조언이나 충고는 최소한으로 제한하고 시간을 들여 천천히 상대방의 이야기를 집중해서 듣는다. 다른 사람의 이야기에 귀를 기울이는 행위는 다시 말해 상대방에게 자신감과 용기, 힘을 북돋아 주는 효과를 낳는다.

파블로프는 "일을 시작할 때는 단계적으로 철저히 지식을 쌓는 습관부터 들이라. 한꺼번에 모든 것을 다 알려고 하는 것은 결국 아무것도 모른다는 의미다."라고 했다.

질문은 원하는 정보와 답을 얻는다. 질문은 곧 답이다. 대부분 사람은 질문을 받으면 일종의 의무감 때문에 대답하지 않을 수 없다. 그래서 적절하게 질문하면 원하는 정보나 필요로 하는 답을 얻을 수 있다.

질문을 통해 미심쩍은 영역을 확인하고 분명하게 할 수 있다. 질문은 대화의 주도권을 가진다. 커뮤니케이션을 할 때 주인공은 구구절절이 말하는 사람이 아니다. 말하는 사람보다는 질문하는 사람이 흐름을 주도한다. 질문이 대화의 방향을 결정하기 때문이다. 그래서 질문하는 사람이 유리한 입장에서 대화의 주도권을 갖게 된다.

질문은 사람의 마음을 열게 한다. 질문은 대화에 활기를 불어넣는다. 질문하는 것은 상대방과 그의 이야기에 관심을 보여주는 것이다. 질문하고 경청을 하면 상대방은 관심과 존중을 받고 있다고 느끼며 기꺼이 마음을 연다. 그래서 원활한 소통이 이루어진다.

질문은 생각을 자극한다. 질문은 사고의 깊이와 폭을 넓히고 관점을 전환한다. 질문은 이성적인 사고와 추리과정을 통해 판단하게 한다. 사람은 질문을 통해 날마다 마주하는 일상에서 새로운 시각을 얻고 명확하지 않은 것을 분명하게 이해하며 신선하고 독창적인 사고를 하게 된다.

질문은 상대방을 스스로 깨우치게 한다. 현명하게 질문하면 상대방 스스로 깨우치고 스스로 동기가 부여되어 자발성이 강화된다. 스스로 답을 찾았기 때문에 행동으로 옮기는 데 있어서 더 적극성을 띠는 경향이 있다. 사람은 남이 생각해낸 것보다 자기가 생각해낸 것을 더 신뢰한다.

우리는 평생 수많은 말을 하면서 살아간다. 그러나 너무 말이 많으면 말 속에 여러 가지 문제가 노출될 수밖에 없다. 사물에 대한 태도, 어떤 사건에 대한 생각, 앞으로의 계획 등 자신이 생각하고 있는 여러 가지 문제들이 말 속에 나타난다.

만약 나의 경쟁 상대가 이 모든 것을 간파하고 완벽한 대비책을 세운다면 우리는 절대 상대방을 이길 수 없다. 또한, 말이 너무 많으면 자연히 다른 사람과의 관계에도 영향을 미치게 된다. 사람마다 처한 상황이 다르고 심리상태나 감정이 달라서 똑같은 말이라도 장소와 말투에 따라 전달되는 느낌이 아주 달라진다.

말을 잘하기 위해서는 말을 적게 하고 다른 사람의 말에 귀를 기울여야 한다. 그리고 겸허한 마음으로 재능과 학식을 지닌 사람에게 가르침을 구하여 타인의 장점으로 자신의 단점을 보충해야 한다. 말을 할 때 신중하고 절대 함부로 아무 말이나 내뱉지 말아야 한다. 그리고 다른 사람에게 세상 물정 모르는 어리석은 사람으로 보여서는 안 된다.

말을 할 때는 반드시 시간, 장소, 상황, 대상을 고려해야 한다. 자세한 속사정도 모르고 얕은 지식을 내세워 함부로 성급하게 아무 말이나 내뱉으면 상대방의 자존심을 상하게 하는 등 인간관계를 망칠 수 있다. 말을 잘 가려야 한다. 해야 할 말만 하고 하지 말아야 할 말은 절대 삼가야 한다. 성공하기 위해서는 말을 할 때 반드시 신중해야 한다.

제임스 듀이 왓슨은 "우리가 삶을 지배할 수 있을까? 나는 가능하다고 본다. 우리는 우리 자신이 완벽하지 않음을 잘 알고 있다. 어째서 우리 자신을 생존에 더욱 적합하게 하지 않는가? 이것이야말로 우리가 노력해서 이루어야 한다. 우리는 우리 자신의 삶을 더욱 나은 모습으로 변화시킬 수 있다."라고 했다.

한 청년이 있었다. 그는 낮은 임금을 받는 공장의 말단 직원이었다. 그는 자신의 책상에 낙서하는 습관이 있었다. 그가 썼던 낙서는 "나는 신문에 만화를 연재하는 유명한 만화가가 될 것이다."였다.

그는 이 문장을 하루에 수십 번씩 써 내려갔다. 그때까지 그의 만화는 신문사들로부터 계속 거절당하고 있었다. 수백 번 거절당하고 난 후, 그는 마침내 한 신문사와 만화 연재 계약을 맺게 되었다. 자신의 꿈을 이룬 것이다. 그는 이에 만족하지 않았다. 이제는 "나는 세계 최고의 만화가가 되겠다."라고 문장의 내용을 바꾸었다. 그리고 또 하루에 수십 번씩 그 문구를 쓰기 시작했다.

결국, 그의 만화는 전 세계 65개국 25개 언어로 2,000여 개의 신문에 연재되고 있다. 이제 세계 어디를 가도 그의 만화 캐릭터로 장식된 커피잔, 컴퓨터 마우스 패드, 탁상 다이어리와 캘린더를 볼 수 있다. 그의 이름은 스콧 애덤스다.

성공할 때까지 끊임없이 노력하라. 성공은 출발점이 아닌 종착역에 있다. 얼마나 더 가야 목표에 도착할지 알 수 없다. 첫걸음부터 실패에 직면할 수 있다. 성공은 모퉁이를 도는 순간 바로 그곳에 숨어 있다. 모퉁이를 돌지 않으면 얼마나 더 가야 할지 아무도 알 수 없다. 한 걸음 한 걸음 계속해서 나아가라. 조금씩 전진하는 것은 어려운 일이 아니다. 도전하고 또다시 도전해야 한다.

장애는 성공으로 가는 하나의 과정이다. 어제의 성공으로 만족하지 말라. 이것은 실패로 가는 길이다. 어제의 모든 것을 잊고 모두 흘려보내야 한다. 지금보다 더 강한 믿음을 가지고 태양을 바라보며 '오늘은 내 인생에서 가장 좋은 날'이라고 외쳐라!

존 우든은 "아무리 생각해 봐도 저만의 지도 방식은 없는 것 같습니다. 제가 있는 것을 없는 척하는 게 아니라 정말로 없습니다. 그렇지만 이건 지도 방식이라기보다는 마음가짐에 가까운 건데. 전 연습을 할 때 늘 선수들에게 이렇게 합니다. 다른 감독들은 대부분 중요한 시합이 있기 한 달 전부터 강도를 높여 집중적으로 훈련을 시키는 걸로 알고 있습니다. 그러나 전 그렇게 하지 않습니다. 중요한 시합이 있건 없건 전 항상 오늘에 초점을 맞춥니다. 연습 경기에서도 열정을 다 쏟으라고 합니다. 오늘을 생애 최고의 날로 만들라고 주문을 하죠. 그리고 연습이 끝난 후, 잠자리에 들기 전에 자신에게 물어보라고 합니다. '오늘 나는 열정을 다 쏟았는가?' 그 질문에 자신 있게 '예스'라고 대답을 할 수 있는 선수만이 나의 제자가 될 자격이 있다고 했습니다. 자꾸 우승의 비법을 물어보시니 이것이라고 해둡시다. 이제 답이 되셨나요?"라고 말했다.

chapter03

30
인생은 한 권의
책과 같다

존 골즈워디는 "우리는 독서를 통해 지식을 얻을 수 있다. 하지만 더욱 유용한 지식, 즉 세계에 대한 인식은 여러 <u>나양한 인물에 관한 연구</u>를 통해서만 얻을 수 있다."라고 했다.

한 청년이 있었다. 교통사고로 척추를 다쳐 일생을 휠체어에서 살게 되었다. 처음에 그는 자신의 운명을 증오하면서 반항과 절망의 시간을 보냈다. 사고의 충격과 회한에서 회복되면서 그는 새로운 생활을 시작했다. 14년 동안 1,400권의 책을 독파했다. 독서로 세상을 보는 시야가 넓어졌고, 음악에도 관심을 둬 한층 내면생활을 맛볼 수 있었다.

무엇보다 큰 변화는 사물에 대해 생각할 시간을 가진 것이다. 그는 부지런히 독서를 한 결과, 정치에도 흥미를 느끼게 되었고 공공문제를 연구해서 휠체어를 타고 유세를 다녔다. 많은 사람이 그를 알게 되었으며 마침내 그는 조지아주 국무담당관이 되었다.

"가지고 있는 책들을 정복하라. 생각하며 깊게 읽어라. 책에 흠뻑 빠질 때까지 몰두하라. 책을 읽고 또 읽어라. 책을 씹고 소화하고 바로 너 자신이 되게 하라. 좋은 책은 몇 번이고 정독하고 요점을 정리하고 그것을 분석하라. 그러면 우리의 정신세계가 단순히 훑어본 20권의 책에 의해서가 아니라 생각을 깊이 하면서 정독한 한 권의 책에서 더욱 많은 영향을 받는다는 사실을 발견할 것이다. 조금 읽고 크게 긍지를 가지려는 것은 조급한 독서 태도를 가져온다. 어떤 사람들은 많은 독서를 하기 위해 한 권의 책에 대해 깊게 생각하지 않는다. 독서할 때 '풍부하게, 수적으로 많지 않게 하라'는 좌우명을 가져라."라고 찰스 스털전은 말했다.

배우기를 즐긴다는 것은 남이 무엇을 가르쳐 주면 모르는 것을 줄여나가기를 기뻐하는 것이다. 그러면 지혜가 늘어나서 사리판단이 정확해진다.

충고를 잘 받아들이는 것은 허물을 지적해 주면 고쳐나가는 데 힘쓴다는 것이다. 행동을 조심하게 되고 실수를 하는 일이 줄어든다. 배우기를 즐기고 충고를 잘 받아들이면 스스로가 완벽에 가까워지며, 사귀거나 따르고자 하는 사람이 늘어나게 된다. 배우기를 좋아하고 충고를 겸허하게 수용하는 사람은 성공하게 된다.

그러나 충고를 받아들이기는 좀처럼 쉽지 않다. 남이 자신의 허물을 지적하면 부끄럽고 숨기고 싶은 마음에 화부터 내기 쉽다. 배운 것을 새겨들어서 완전히 자기 것으로 만들면 충고를 받을 일을 적게 할 것이므로, 충고를 받을 때 불편한 마음을 처리할 일도 그만큼 줄어들게 된다.

사람인 이상 결점이 없을 수 없다. 결점은 남의 눈에는 확연하게 포착되지만, 자신의 눈으로는 쉽게 찾을 수 없다. 어쩌다 한번 그랬다는 식의 자기변명과 상황이 그래서 어쩔 수 없었다는 자기 이해가 앞서기 때문이다. 직언이나 조언을 통해 나의 결점을 지적해주는 멘토가 필요하다.

우리는 추켜세우는 칭찬이나 기분 좋은 소리는 수용하고 따끔한 충고에는 귀를 막음으로써 소중한 멘토를 스스로 쫓아내는 경우가 많다. 따끔한 충고는 겸허한 자세로 받아들이는 성숙한 태도가 중요하다.

로맹 롤랑은 "인생이란 세상의 모든 책 중에서 가장 중요한 책이다. 인생의 책을 읽고 싶지 않다면 그렇게 해도 된다. 하지만 모든 사람이 각자 처음부터 끝까지 분명한 내용으로 묘사된 이 인생이라는 책을 한 권씩 가지고 있다는 것은 분명하다. 당신이 이 책을 읽고 정확히 이해하기 위해서는 반드시 인생의 시련이라는 엄한 선생님으로부터 책에 적힌 글자를 배워야 한다."라고 했다.

한 불면증 환자가 있었다. 그는 대학에 다닐 때 천식과 불면증으로 고통받았다. 병은 갈수록 심해졌다. 유명하다는 의사는 다 찾아가봤지만 아무런 효과가 없었다. 그래서 그는 쓸데없이 침대에서 뒤척이느니 차라리 그 시간에 책을 읽기로 했다. 그 결과, 그는 학과 전체의 우등생이 되어 뉴욕 시립대학교의 천재라는 별명을 얻게 되었다. 그는 81세까지 장수를 누렸다. 평생 깊은 잠을 자지 못했지만, 불면증 때문에 고민하지는 않았다. 만약 그랬다면 그의 삶은 일찍 무너져 내렸을 것이다.

잠이 오지 않을 때는 책을 보거나 일을 하라. 걱정하지 말고 기도하라. 긴장을 풀어라. 운동을 열심히 하라. 몸이 피곤하면 깨어 있을 기력도 없다. 사람은 살아 있는 동안 끊임없이 배워야 한다. 인생학교에는 졸업이 없다. 어머니의 배 속에서 나오자마자 젖 먹는 법, 걸음마, 말하기 등을 배워야 한다. 가정과 학교에서 지식과 기능, 교양 등을 익혀야 한다. 일을 시작하면 쉬지 않고 전문 분야에 관한 공부를 해야 한다.

또한, 사고방식, 대인 관계, 처세 등을 익혀야 한다. 잘못을 인정하지 않으려는 사람, 잘못을 모르는 사람들은 잘못을 고칠 수 없고 발전도 기대할 수 없다.

사람들은 실수하면 이유를 대면서 자신을 변호하려고 한다. 자기 발전을 위해서는 먼저 잘못을 인정하는 법을 배워야 한다. 자신의 실수를 인정하는 사람이 현명한 사람이다. 부끄러움은 책임을 다하지 못했거나 어떤 일을 제대로 하지 못했을 때 생긴다. 진정으로 부끄러움을 느끼는 사람은 자신이 해야 할 바를 충실히 해낸다.

소통의 기술을 익혀라. 오늘날에는 협상, 교류, 담판, 협력 등의 기회가 많아짐에 따라 소통의 중요성이 강조되고 있다. 사고방식과 이해관계는 개인마다 다르므로 소통하지 못하면 문제가 생긴다. 소통이 잘 안 되는 원인은 대부분 자신의 처지를 고집하기 때문이다. 상대에게 기회를 주고, 처지를 바꿔 생각하면 소통은 어렵지 않다. 서로 입장이 다르므로 소통이 잘 되면 원만하게 해결된다.

감동을 배워라. 감동은 내가 상대를, 상대가 나를 위하는 아름다운 교감이다. 센스 있는 인간이 되라. 센스가 있는 사람은 융통성을 발휘할 수 있다. 주의 깊게 듣고 이해하는 노력을 장시간 기울이다 보면 센스 있는 사람이 될 수 있다.

인생은 라이브, 현재진행형의 생방송이다. 이 세상에서 단 하나 자신만의 라이브이고, 스토리 또한 한 번뿐인 자신만의 시나리오이다. 자신이 연기하고, 연출하고, 시나리오를 쓴다. 눈물도 있고, 웃음도 있고, 고난도 있고, 감동도 있다. 어떤 전개가 될지는 자신의 수완에 달린 일이다. 일생일대의 드라마다. 그것이 바로 인생이다.

상파울은 "인생은 한 권의 책과 같다. 어리석은 이는 그것을 마구 넘겨버리지만, 현명한 인간은 열심히 읽는다. 단 한 번 밖에 인생을 읽지 못한다는 것을 알고 있기 때문이다."라고 했다.

판매를 하는 한 남자가 있었다. 그는 항상 매출액에서 1등을 차지하였다. 그는 매일 일과 후에 고객응대에 대해 유형별로 분석하여 다음 날 바로 개선할 수 있도록 '개인 성취 노트'를 만들어 공부하였다.

그는 매일 공부를 게을리하지 않았고, 공부한 내용을 직원들과 정보를 공유하였다. 또한, 신상품이 나오면 새로운 카탈로그나 제품설명서, 서비스 요령, 설치 시방서를 공부한 후에 자기 돈으로 제품을 사서 집으로 간다. 완전히 분해해서 다시 조립하여 이전 제품이나 경쟁제품과 차별성이 있는지 강점과 약점을 분석한다.

이렇게 작성된 노트를 통해 그는 어떤 고객을 만나도 제품에 대해 자신 있게 설명할 수 있게 됐다. 그의 고객응대 구매 성공률은 언제나 최고 수준이다.

맥스웰 몰츠는 "사람은 동물이나 기계, 특히 컴퓨터와 비교할 수 없을 정도의 훌륭한 존재임에 틀림이 없다. 그러나 실제적인 의미에서 본다면 사람은 마음대로 사용할 수 있는 슈퍼컴퓨터로 생각해볼 수 있다. 사람의 뇌와 여러 가지 신경구조는 마치 컴퓨터와 같이 작동하고 사용할 수 있는 구조로 되어 있기 때문이다. 그렇기에 어떤 누구라도 성공의 법칙, 성공 메커니즘을 활용하여 자신의 성공을 이루어낼 수 있다고 확신한다."라고 했다.

중국 노나라에 재상이 있었다. 그는 음식 중에서도 생선요리를 좋아했다. 이 소문이 퍼져 나가자 사람들이 그에게 생선을 바쳤다. 그는 한결같이 물리쳤다.

하루는 그의 동생이 물었다. "형님께서는 생선을 좋아하시면서도 어째서 사람들이 바치는 것을 마다하십니까?"

재상은 오히려 되물었다. "생선값이 비싸냐?" "그렇지 않습니다. 비싼 것이 있다 하더라도 형님께서 못 사 잡수실 만큼은 아니지요." "그렇단다. 나는 생선을 좋아하기 때문에 생선을 받지 않는다. 만일 생선을 받았다면 반드시 그걸 보내준 사람을 염두에 두어야 한다. 그렇게 되면 만에 하나 그 사람의 사정을 보아줄 일이 생기게 될 것이다. 그 사람 때문에 법의 해석을 잘못한 것이 드러나면 재상자리에서 물러나야 한다. 그때 가서는 돈이 없으니 즐기는 생선조차 사 먹을 수 없게 된다. 차라리 내 돈으로 사 먹는 게 훨씬 마음 편하지 않겠느냐?"

이렇게 재상은 동생에게 충고하였다.

그는 자기를 잘 돌봐주는 사람은 자기뿐이라는 것을 아는 사람이다. 흔히 일이 잘되면 내 탓이요, 일이 잘못되면 조상 탓이라고 한다. 하지만 모든 일의 근원은 자신에게 있다. 남을 의지하지 말고 자신을 의지하고 세상을 살아나가야 한다.

폴로 셔츠를 만드는 장인이 있었다. 그는 매일같이 폴로 셔츠를 만들었다. 하지만 팔리지가 않았다. 그래도 만들었다. 그래도 팔리지 않았다. 어느 날, 꿈에 천사가 나타나 그에게 이렇게 말했다. "악어를 붙이세요?" 그 후, 이 폴로 셔츠는 세계적으로 폭발적인 인기를 끌었다. '라코스테'는 이렇게 탄생하였다.

눈앞의 확실한 일에 집중하라 | 두려움을 없애라 | 배려하는 마음을 가져라 | 무엇이든 배워라 | 눈앞의 이익을 탐하지 말라 | 인내하고 기다려라 | 살아야 할 이유는 무엇인가 | 꿈이 있는가 | 열정을 뜨겁게 달구어라 | 희망의 문을 향해 걸어라

제4장

지금 이 순간이 바로 현실이다

31
눈앞의 확실한
일에 집중하라

미하일 숄로호프는 "진심으로 책을 사랑하라. 책은 당신의 좋은 스승이다. 유익한 벗이며, 당신의 평생 반려자이다."라고 했다. 책에서 좋은 문장을 읽고 감동하여 위대한 업적을 세운 사람은 너무나 많다.

한 청년은 졸업시험을 앞두고 긴장과 불안감에 가득 차 있었다. "어떻게 기말고사를 통과하지? 졸업 후에는 어떤 일을 해야 할까?" 이렇게 수심에 가득 찬 그는 마법과도 같은 한 글귀를 읽고 감동하였다. 그리고 이 덕분에 최고의 의학자로 거듭날 수 있었다. 그는 세계 최고의 존스홉킨스의대를 건립했다. 옥스퍼드 의과대학의 명예교수로 임명되었다. 또한, 영국 왕실에서 기사 작위를 수여받았다. 그는 바로 윌리엄 오슬러 경이었다.

그가 보았던 그 구절, 그의 평생 근심을 덜어주었던 글귀는 "희미하고 불확실한 일을 걱정하기보다 눈앞의 확실한 일에 집중하라!"였다.

인생을 살아가는 데 있어서 글, 덕행, 충성, 신의는 반드시 필요하다. 네 가지 이념을 스스로 실천한다면 행복한 삶을 살아갈 수 있고, 위대한 성공을 거둘 수 있다. 공부는 평생 해야 한다. 하지만 바쁘게 살아가고 있는 우리가 시간을 내어 책을 읽거나 유명한 사람들의 강연회를 찾아다니는, 자기계발을 하기가 쉽지 않다. 그러나 자신을 위해 공부를 게을리해서는 안 된다.

또한, 교양 있는 사람은 예의범절을 갖추어야 한다. 행동은 머릿속에만 축적된 죽은 지식이 아니라 실천을 해야 한다는 의미다. 행동이 뒤따르지 않는 지식은 아무 소용이 없는 법이다. 충성은 남을 위한 헌신을 뜻한다. 지식을 쌓고 행동하는 모든 것이 자신만을 위한 것이 되어서는 안 된다.

성공하기 위해서는 <u>남을 위해서 헌신해야</u> 한다. 우리는 언제나 어떤 모임의 구성원이다. 하지만 그 속에서 자신의 이기적인 욕망만 추구한다면 결국은 고립되고 성공도 이루지 못한다. 신의는 신념을 뜻한다. 신념은 어떤 일이든 꼭 해내고야 말겠다는 강한 의지를 표현한다. 이것 없이는 아무것도 이룰 수 없다. 글, 덕행, 충성, 신의는 어느 한 가지라도 빠져서는 성공할 수 없는 법이다. 반드시 네 가지 이념이 균형을 이루어 지켜졌을 때 성공한 사람이 될 수 있다.

어느 날, 낯선 사람이 스승에게 물었다. "당신이 사는 도시에서 살고 싶습니다. 이 도시에는 어떤 사람들이 살고 있나요?"

스승이 다시 물었다. "당신이 사는 곳 사람들은 어떻소?" "그들은 좋은 사람들이 못 됩니다. 거짓말 잘하고 남을 속이며 남의 물건을 훔칩니다. 그래서 그곳을 떠나려는 겁니다."

그러자 스승은 웃으면서 이렇게 대답했다. "여기도 똑같소. 내가 당신이라면 떠나는 대신 계속해서 지켜보겠소." 얼마 후, 또 한 사람이 다가와 스승이 사는 도시의 사람들에 대해 물었다. 이번에도 스승은 그 사람이 사는 도시 사람들은 어떠냐고 물었다.

그가 대답했다. "그들은 놀라운 사람들입니다. 언제나 서로 돕고 누구에게든 정직하며 모든 일에 성실합니다. 난 그저 세상의 다른 곳을 보고 싶을 뿐입니다." 스승이 말했다. "내가 사는 곳도 똑같소. 다시 그곳으로 돌아가는 게 어떻겠소. <u>어디 있든 당신은 자신이 생각하는 모습을 볼 수 있소!</u>"

바버라 피어스 부시는 "아이에게 책을 읽어주는 습관을 만들어라. 같이 책을 읽는 시간을 가져라. 책을 읽을 때 글자 위로 손가락을 함께 움직인다. 아이들이 직접 책장을 넘기게 한다. 교대로 글자, 문장, 페이지를 읽는다. 책을 읽다가 멈추고 자녀에게 질문한다. 그림을 보고 그에 관한 이야기를 나눈다. 등장인물의 성격에 따라 목소리를 바꾼다. 이때 아이들이 목소리를 만들어 보게 한다. 글에 맞는 행동을 취하면서 이야기를 살아 있게 한다.

자녀를 돌보는 사람에게 책을 읽어주라고 부탁하라. 정기적으로 도서관을 함께 방문하라. 부모가 독서하는 모습을 자녀에게 보여주라."라고 했다.

어느 위인치고 독서를 게을리한 사람은 없다.

미국의 루스벨트 대통령은 재임 중 바쁜 일정 속에서도 틈을 내서 독서를 했다고 한다. 그는 방문객이 끊어지면 단 몇 분이라도 책을 읽을 수 있도록 책상 위에 책을 펴놓고 있었다.

미국의 정치가이자 저술가였던 벤저민 프랭클린도 거의 광적인 독서열이 있었기 때문에 그를 위대하게 만들었다. 그는 자서전에 이렇게 쓰고 있다.

"나는 형에게 나한테 배당된 식대의 반을 돈으로 주면 좋겠다고 말했더니 형은 곧 이에 동의해주었다. 나는 그 돈으로 책을 샀다. 형이나 다른 사람들이 인쇄소에서 식사하러 밖으로 나가면 나는 혼자 남아 간단히 식사하고 그들이 돌아올 때까지 책읽기에 힘썼다."

프랭클린은 집이 가난하여 중도에 학업을 포기하고 형이 경영하던 인쇄소에서 일하며 독학한 인물이다.

베이컨은 "책에 따라 어떤 책은 맛을 보고, 어떤 책은 삼키고, 어떤 책은 잘 씹어서 소화해야 한다. 너무 빨리 읽거나 느리게 읽으면 아무것도 이해하지 못한다."라고 했다.

러시아의 소설가이자 극작가인 고리키는 어려서 양친을 여의고 온갖 직업을 경험하면서 각지로 옮겨 다니며 독학한 인물이다. 그런 환경 때문에 그의 말에는 어떤 우수 같은 것이 묻어난다.

"삼가 어머니에게 고개 숙여라. 어머니는 모세를 낳았고, 마호메트를 낳았으며, 예수를 낳았다. 지칠 줄 모르고 우리를 위해 위대한 인물을 이 세상에 낳아주신 어머니에게 고개를 숙여라."라는 그의 말은 어머니에 대한 경의의 마음을 드러내고 있다.

어릴 적 어머니가 가르쳐준 순수하고 올바른 사고방식은 어머니가 죽은 뒤에도 아이에게 계승된다. 비록 자신의 추억 이외에는 아무것도 남겨줄 수 없을지라도 자식은 그 추억들을 의지 삼아 떨치고 일어나서 어머니의 이름을 기리는 것이다.

인간은 인생의 모든 단계에서 타인과의 교류를 통해 커다란 감화를 받는다. 자신의 인격형성에 미치는 어머니의 영향은 실로 큰 것이다. 자식의 육체 역시 어머니의 건강관리에 의해 성장하며 정신은 어머니가 집안에서 만들어내는 따뜻한 분위기를 호흡하며 살찐다. 여성은 아이에게 있어서는 교사이다.

또한, 청소년들에게 좋은 상담자가 되어 주는가 하면, 성인이 된 남성에게는 누이요, 연인이자 아내가 되어 무엇이든 서로 대화를 나눌 수 있는 둘도 없는 친구가 되기도 한다. 한마디로 말해 좋든 싫든 여성은 남성의 성공을 좌우하는 영향력을 가지고 있다.

새뮤얼 팅은 "학생들에게 무엇보다 중요한 것은 실천능력을 갖추는 것이다. 이는 문제의 발견과 해결, 경쟁 참여에 있어서 필수불가결한 조건이다. 자연과학을 연구하기 위해서는 책을 있는 그대로 외워서는 절대 안 되며 객관적 물리현상에 대해 깊이 있고 독자적인 견해를 가져야 한다."라고 했다. 꾸준하게 실천하면 이 세상 어떤 것도 이룰 수 있다.

피카소가 역사상 가장 위대한 화가가 된 것은 말을 배우기 전부터 그림을 그렸고, 이미 열네 살에 미술학교 선생님을 경악시킨 천부적 재능을 갖고 있었다. 그러나 그는 매일 녹초가 될 때까지 그림을 그렸다.

청년시절에는 새벽 6시까지 그림을 그렸고, 낮에는 잠자고 깨어나면 9시간

이상 서서 그림을 그렸다. 74세에도 다른 화가들이 100일 동안 그리는 그림을 며칠 만에 그렸다. 82세에도 젊은 시절 그린 양만큼이나 그림을 그렸던 것이다.

발타자르 그라시안은 "집중력은 항해의 돛이다. 배는 돛을 올려서 바람의 힘을 이용할 때 더욱 빠르게 항해한다. 집중력은 마치 바람을 끌어안는 돛과도 같다. 무슨 일이든지 성과를 올리기 위해서는 집중력이 반드시 요청된다. 자기 생각을 한 자리에 모아서 집중력을 기르는 것은 어쩌면 가장 먼저 해야 할 인생의 목표이다. 집중력을 발휘할 수 있는 사람은 이미 많은 고난을 극복하고 있는 셈이다. 그러나 집중력이 부족한 사람은 아무리 성공하기를 원해도 결국 실패로 끝날 것이다. 지금 처리하고 있는 일에 대해 생각하고 있어야 할 시기에 다른 잡념이 머릿속에서 마구 돌아다니고 있다면 아무리 뛰어난 능력을 갖추고 있더라도 아무짝에도 쓸모가 없다. 욕망이나 무절제한 감정에 이끌린다면 집중력을 발휘하기 힘들다. 오직 눈앞의 문제에만 완전히 몰입되어 있어서 두뇌가 그 이외의 일에는 전혀 신경 쓰지 않을 때 돛은 더욱 펄럭거리고 배의 속도는 한결 빨라진다."라고 했다.

어떤 일을 하든지 쓸데없는 고민으로 마음이 어지럽다면 아무 일도 할 수 없다. 마음을 어지럽히지 않기 위해서는 조금 더 강한 인내심이 필요하다. 마음을 가라앉히고 자신의 상황을 분명히 인식하고 침착하게 기회를 기다려야 한다.

꾸준히 노력하면 어떤 일이든 잘해낼 수 있고 자신의 최종 목표를 이뤄낼 수 있다. 조급한 마음을 조금씩 가라앉혀 이것을 희망으로 바꿀 수 있어야 한다.

성공에 대한 희망은 무엇보다도 중요하다. 조급함을 억제하는 일은 우리가 성공을 얻기 위해 치러야 하는 고난의 과정이다. 이런 과정을 거쳐야만 비로소 참을성과 의지력을 키워 성공에 가까이 다가갈 수 있다. 또한, 온갖 유혹을 이겨내고 방황하지 않을 수 있으며 최종 목적지에 도달하기 위해 세부목표를 세울 수 있다. 이렇게 작은 목표를 하나씩 달성하다 보면 난관을 뚫고 최후의 성공을 얻을 수 있는 법이다.

32
두려움을
없애라

아이아코카는 "지난달에는 무슨 걱정을 했지. 지난해에는? 그것 봐라. 기억조차 못 하잖니. 그러니까 오늘 네가 걱정하고 있는 것도 별로 걱정할 일이 아닐 거야. 잊어버려라. 내일을 향해 사는 거야."라고 했다.

한 청년이 성공하기 위해 마을을 떠나기로 했다. 그는 작별 인사를 하기 위해 촌장을 찾아갔다. 촌장은 그에게 쪽지를 하나 건넸다. "두려워 마라!"라고 종이에 적혀 있었다. 촌장은 청년에게 말했다. "인생을 살아가면서 명심해야 할 두 문장의 말이 있네. 그중 하나는 쪽지의 내용일세. 꼭 기억하게나."

그 후 30년이라는 세월이 흘렀다. 청년은 어느 정도의 성공도 거두었을 뿐 아니라 삶의 어려운 역경과 시련도 많이 겪었다. 문득 촌장의 말이 생각나 마을을 방문했다. 마을 촌장은 이미 이 세상 사람이 아니었다. 촌장에게 남은 한 가지 문장의 말을 알지 못해 아쉬웠던 그는 다행히 촌장이 남긴 쪽지 한 장을 발견할 수 있었다. 그 쪽지에는 한 문장이 선명하게 적혀 있었다. "후회하지 마라!"

두려움과 후회는 모두 자신이 스스로 만드는 것이다. 우리의 자유를 제한하는 것은 바로 우리 자신이다.

우리는 자유를 얻기 위해 갖가지 장애물을 헤쳐나가는 영웅적인 인물에 대한 모험담을 좋아한다. 우리가 마음속에서 만들어낸 제약들은 악마의 모습으로 구체화한다. 그러나 현실에서 이러한 적들은 대부분 우리 내부에 살고 있다. 사랑과 순결, 보물과 목숨을 앗아가려는 악의 무리를 멋지게 제압하는 영웅들의 이야기는 장애물을 극복해가는 우리의 힘을 상기시킨다. 제약을 가하는 대상에 맞서 자유를 획득한 사람들의 이야기는 우리의 마음과 영혼에 영감을 불어넣는다.

생명력을 느낀다는 것은 인생에서 자유를 얻기 위해 계속해서 노력하고 있다는 의미다. 그 느낌이 줄어들면 자유를 포기하게 된다. 인간의 몸은 선천적으로 보호본능을 갖고 있다. 목이 마르면 물을 찾고 배가 고프면 음식을 찾아 헤맨다. 피곤하면 잠을 자고 위협을 느끼면 도망가거나 싸우려고 한다.

몸의 욕구는 단순하다. 배가 고플 때 음식을 먹고 나면 내일 배가 고플 때 어떻게 할지는 생각하지 않는다. 그러나 마음은 과거와 미래의 욕구와 위협에 관한 걱정으로 우리를 고민하게 한다. 정신적 고뇌는 속박에서 비롯된다.

불편한 현재를 가능성이 충만한 미래로 바꾸어야 한다. 현재를 있는 그대로 받아들이기가 쉬운 일은 아니지만, 몸의 감각에 관심을 모으는 방향을 익혀라. 불편한 현재의 감정을 처리하기 위해서는, 현재를 있는 그대로 받아들여라. 주변환경과 몸이 조화를 이루도록 하라.

일단 주변의 소리를 들어보자. 그리고 자신의 숨소리에 귀를 기울여라. 몸의 감각을 느껴보자. 주변과 자신의 몸에서 풍기는 미세한 냄새를 맡으면서 주의를 집중하라. 숨 쉬는 것을 관찰하면서 지금 이 순간에 완전히 몰두하라. 몸의 신호를 받아들여라. 저항하지 말고 그 감각을 모두 자연스럽게 느껴야 한다.

책임을 받아들여라. 모든 것이 다 자신의 책임이라고 생각하라. 변화를 받아들여라. 모든 걱정과 근심, 불안한 마음은 모두 나의 책임이다. 어떠한 난관에 부딪히더라도 즐거운 일을 하면서 자신의 운명을 스스로 개척해 나아가야 한다.

성공의 길에서 가장 커다란 장애물은 바로 자기 자신이다. 움직이지 않으면 아무 일도 일어나지 않는다. 책상머리에 앉아 아이디어에 골몰하는 사람보다 지금 당장 한 가지라도 행동으로 옮기는 사람에게 기회는 찾아온다. 완벽한 순간이란 절대 오지 않는다.

최고의 기회는 바로 지금이다. 일단 행동하라. 그러면 의지가 따라온다. 행동하면 중요한 사람과 만나게 되고 문제해결의 실마리가 떠오르며 결정적인 기회를 줄 수 있고 자신도 몰랐던 천재성이 솟아난다. 마법 같은 현상에 우주가 힘을 보탠다. 계속해서 반복된다면 결국 성공으로 이어진다. 무조건 행동하라. 지금 즉시!

성공의 법칙은 집중과 단순함이다. 성공은 이미 자신의 마음속에 존재하고 있다. 진정으로 성공을 원한다면 자신의 내면을 고요하게 한 후 생각을 집중하라. 외부의 복잡한 것들에 좌우되지 말고 올바르게 자신을 인도하는 내면의 소리에 귀 기울인다면 성공은 가까이에 있다.

지나친 욕심을 없애라. 모든 욕망을 줄이고 진실한 욕구가 떠오르게 하라. 부유하다고 좋아할 것도 없고, 가난하다고 슬퍼할 필요도 없다. 없다고 의기소침하지 말고, 있다고 자만하지 말라.

스승이 제자들을 모아 놓고 이야기를 하고 있었다. 부잣집 아들인 한 학생이 친구들에게 자기 집은 엄청나게 넓은 땅을 갖고 있다고 자랑했다. 그러자 스승은 지도 한 장을 꺼내며 말했다. "아시아가 어디 있는 줄 아는가?" 학생이 자신 있게 대답했다. "이 넓은 땅 전부 아닙니까." 스승이 다시 물었다. "그럼 일본은 어디 있는가?" 학생은 지도에서 일본을 가리키며 말했다. "여기 있습니다." 스승이 다시 말했다. "동경은 어디 있는가?" 학생은 지도의 한 점을 가리키며 말했다. "아마 이쯤일 것 같습니다." 그러자 스승이 학생을 바라보며 이렇게 물었다. "그럼 이제 자네가 말한 그 넓은 땅이 어디 있는지 알려 줄 수 있는가?" 학생은 식은땀을 흘리며 아무 대꾸도 하지 못했다. 지도에서 그 땅은 그림자조차 찾아볼 수 없었다. 학생은 우물거리며 말했다. "스승님, 제가 잘못했습니다."

무엇인가를 이루어내는 사람이라고 해서, 그 사람이 뛰어난 능력을 갖추고 있는 것은 아니다. 그는 단지 포기하지 않는 사람이다. 결실을 맺게 하는 끈기이다. 어떤 난관이나 방해에도, 아무리 오래 걸리는 일이라 해도 포기하지 말고 완성해야 한다.

하고 싶은 일, 되고 싶은 것, 특별한 바람이 있으면 소리 내어 말을 해야 한다. 소리 내어 말하는 순간, 나아갈 방향이 보인다. 누군가에게 털어놓거나 일기로 쓰는 등 <u>자기 생각을 말로 표현</u>하면 그것은 구체적인 목표로 바뀐다. 구체적인 목표가 생기면 당장 무엇부터 해야 할지 알게 된다.

말로 하면 길이 보인다. 스스로 시동이 걸린다. 자기가 원하는 것을 주변사람에게 구체적으로 알리면 한 걸음씩 기회로 이어진다. 바로 성공의 출발점이다.

복잡한 사건의 진실은 아주 단순한 것에 있다. 그것을 바라보는 사람이 복잡하게 만든다. 내일은 내일의 태양이 떠오른다. 고민 속에서 불면의 밤을 보내지 말라. 마음의 밭에 희망을 가꾸어라. 새벽에 육체의 눈을 뜨고 저녁에는 마음의 눈을 밝혀라. 부지런히 살되 마음의 밭을 일구는 일에 온 힘을 다하여라. 자기 일이 만족스럽지 못하더라도 낙심하지 말라. 낙심하는 마음이 가득하면 소심해질 수밖에 없다. 소심함에 길들면 적극성이 사라져 육체는 지치고 마음의 눈은 점점 멀어질 것이다.

실망스런 일이 있어도 지혜롭게 대처하라. 체념의 지혜를 익혀라. 그래야 다시 일어설 수 있다. 체념은 신비롭게도 마음속에서 고요히 움직이며 희망의 밭을 다시 일구어 준다.

오히라 미쓰요는 "만약 자신이 바라지 않던 길을 이미 걷고 있다고 해도 결코 늦은 것이 아니다. 손을 씻고 다시 한 번 새로운 인생을 시작할 수 있다. 지금까지의 모든 고통을 견뎌왔듯이 앞으로 닥쳐오는 역경을 헤치고 두 손에 행복을 가득 담을 힘을 우리는 가지고 있다. 절대로 포기해서는 안 된다. 우리 인생은 <u>단 한 번밖에 없는 소중한 것</u>이기 때문이다."라고 했다.

한 남자가 있었다. 독재자 같은 아버지 밑에서 어린 시절을 힘들게 보냈다. 그는 항상 우울하고 주눅이 들어 있었고 친구도 없었다. 책이 친구였고 피난처였다. 아버지가 죽는 날, 그는 충격으로 간질 발작을 일으켰으며 평생 간질로 고통받았다. 그는 어떤 모임에 가담했다가 발각되어 사형선고를 받았다. 사형집행 1분 전에 구사일생으로 살아났다. 그러나 수형자로서 유배지 생활을 했고 6년간의 강제노동에 시달렸다.

그를 유일하게 구원해준 것은 글과 도박이었다. 돈이 생기면 도박장으로 달려갔고 빈털터리가 되어 돌아왔다. 그는 가족의 생계를 위해 글을 썼다. 사랑하는 아들이 간질로 세상을 떠났고 자신 또한 간질로 고통받았다. 하지만 그는 질병과 가난에 시달리며 비참한 삶을 살면서도 자신을 이겨내고 불후의 명작을 만들어 냈다. 그의 이름은 도스토옙스키다.

슬펐던 일, 분하고 화가 났던 일을 누구에게라도 호소하고 싶을 때는 전화를 하거나 만나서 직접 얘기하는 것도 좋지만 글로 적어보라. 구체적으로 대상을 정해서 편지를 쓰면 무슨 일이 있었는지, 왜 그렇게 됐는지, 어떻게 느꼈는지, 어떻게 하고 싶은지 등 자기의 생각과 감정이 하나씩 정리된다. 두서없어도, 길지 않아도 된다. 생각과 감정을 정리하면서 편지를 작성한다. 다 쓰면 처음부터 읽어보고, 하룻밤을 묵힌 다음 아침이 되면 차근차근 읽어보라.

만약 '이런 걸 보내기는 창피하다.'라고 생각된다면, 어제보다 한 걸음 전진한 것이다. 정답은 안 보일지 몰라도 많은 발전이 있다. 마음이 행복함으로 가득해서 뭐든지 가능할 것만 같은 날이 있지만, 내일 따위 없을 것만 같은 우울한 날도 있다.

자신감과 소심함의 밸런스는 날씨처럼 변덕스럽다. 1년 365일 자신만만한 사람은 이 세상에 아무도 없다. 언제나 강해 보이고 냉정하고 침착해 보여도 사실은 자신감과 소심함의 밸런스를 유지하고 있는 것뿐이다.

33
배려하는
마음을 가져라

시각장애우가 밤에 물동이를 머리에 이고 한 손에는 등불을 들고 길을 걸었다. 그와 마주친 사람이 물었다. "정말 어리석군요. 앞을 보지도 못하면서 등불은 왜 들고 다닙니까?" 그가 말했다. "당신이 나와 부딪히지 않게 하려고요. 이 등불은 나를 위한 것이 아니라 당신을 위한 것입니다." 남을 배려하는 마음은 아무리 강조해도 지나치지 않다.

한 여행자가 천국과 지옥을 방문하게 되었다. 식사 시간에 천국과 지옥의 식당에 가보았다. 천국과 지옥은 식당 크기, 식탁의 모양, 밥과 반찬, 수저까지도 똑같았다. 그런데 두 식당의 모습은 너무 달랐다. 지옥의 식당은 음식들이 바닥에 내팽개쳐진 채 서로 으르렁대는 난장판이었다.

그러나 천국의 식당은 매우 평화로웠다. 이유는 수저에 있었다. 천국과 지옥의 수저는 아주 길어서 혼자서 밥을 먹을 수 없었다. 지옥에 있는 사람들은 수저로 자기 입에 밥을 넣으려고 난리를 치는 바람에 음식을 흘리고 밥을 제대로 먹지 못하였다. 반대로 천국에서는 사람들이 다른 사람의 입에 밥을 서로 떠먹여 주고 있었다. 천국사람들은 배부르고 평화롭게 밥을 먹을 수 있었다.

사람은 오직 자신만 특별한 대우를 받는다고 생각할 때 기분 좋아한다. 누구에게나 특권의식을 불어넣어 주면 마음을 사로잡을 수 있다. 권한이나 자격을 부여받으면 매우 기뻐한다. 사소한 일에 특별대우를 받으면 만족감은 더욱 높아진다.

고급식당에서 종업원이 "고객님은 특별하신 분입니다. 잘 모시겠습니다." 라고 말하면 마음이 흐뭇해진다. 상대방을 특별하게 칭찬하면 누구나 다 기분이 좋아진다. 상대방의 마음을 사로잡으려면 칭찬만큼 좋은 것이 없다. 사람들은 누구나 다 칭찬에 목마르다.

칭찬은 타이밍이 생명이다. 상대방이 칭찬받고 싶은 순간에 지체 없이 '잘했다'고 칭찬해야 한다. 지체하거나 머뭇거려서는 안 된다. 칭찬의 말은 즉시 해주어야 상대방이 기분 좋아한다.

세상에서 가장 행복한 사람은 자기 인생의 주인공인 사람들이다. 자신이 원하는 인생을 살아가기 위해서는 선택에 능해야 한다. 타인이 이끄는 대로 끌려다니지 말고 생각에 놀아나서도 안 된다. 어떤 상황이든 감정을 조절해서 용감하게 자신의 운명을 개척하는 주인공이 되어야 한다.

인생에서 성공을 거두는 것은 오로지 자기 자신에게 달려 있다. 명확한 목표를 세우고 앞을 향해 나아가라. 목표를 등대 삼아 독자적으로 생각하라. 사람은 저마다 고유의 생각이 있으며 무엇이든지 스스로 문제를 해결할 수 있는 능력을 갖추고 있다.

자신의 인생은 주인공인 자기가 만드는 것이다. 자아를 잃는 것은 인생에서 가장 큰 불행이다. 자주성을 잃는 것은 인생 최대의 비극이다. 자신만의 색깔과 세상을 창조하라. 스스로 거듭날 수 있다고 굳게 믿고, 자신이 주인공인 것을 증명해 보여라.

에이브러햄 매슬로는 "내부로의 진정한 몰입을 경험한 자는 온전히 현재에 빠지며 그 순간에는 과거도 미래도 모두 잊고 전적으로 여기, 그리고 지금의 순간에 살 수 있다."라고 했다.

돈은 유일한 태양이다. 그것은 어디든지 비추고 어디에서든 빛난다. 그것이 비추지 않는 곳은 바로 당신이 본 유일한 어두운 곳이라는 말이 있다.

어떤 사람이 갑자기 얻은 큰 병으로 얼마 살 수 없게 되었다. 유일한 핏줄인 아들은 멀리 있어서 돌아오려면 시간이 오래 걸렸다. 그는 아들이 돌아오지 못한 채 죽음을 맞게 되었다. 그는 이렇게 유언장을 작성했다.

"나는 아들에게 내 재산 중 오직 하나만을 선택할 기회를 줄 것이다. 나머지 재산은 모두 하인에게 물려주겠다." 그가 세상을 떠나자, 하인은 재산을 물려받은 기쁜 마음으로 유언장을 들고 직접 주인의 아들을 찾아갔다.

주인의 아들은 천천히 유언장을 읽고 난 후 하인에게 말했다. "내가 선택할 한 가지를 결정했소. 바로 당신이오."

돈은 자신을 알아주는 주인을 섬긴다. 돈의 가치를 진실로 아끼고 사랑하는 주인을 위해 증식하면서 부지런히 그리고 만족스럽게 주인을 위해 일한다. 하지만 아무렇게나 불어나는 것은 아니다. 돈을 다루는 현명한 능력을 갖추고 투자하는 주인에게만 달라붙는다.

검소함은 일종의 미덕이고 지혜이며 고귀한 정신이다. 검소함은 심신 수양과 감정을 다스리는 데 큰 도움이 된다. 검소의 반대말은 사치다. 사치가 습관이 되면 패가망신의 지름길이 된다. 탐욕이 점점 커지면 연이어 화가 미친다. 검소하다가 사치를 부리기는 쉽지만 사치스럽다가 검소해지기는 어렵다. 검소한 사람은 간결하고 소박하게 살지만, 남에게 도움을 구하지 않고 자신에게 부끄럽지 않다. 또한, 물질에 대한 욕심이 얽매이지 않기 때문에 모든 에너지를 자신이 추구하는 사업에 쏟아부을 수 있다. 반면 사치스럽고 욕심이 끝이 없는 사람에게서 고상한 이상이나 성공을 위한 분투 정신을 찾아보기란 거의 불가능하다.

한 청년이 있었다. 어느 날, 신문을 보다가 우연히 『부자가 되는 비결』이란 책 광고를 보았다. 그는 오랫동안 힘들게 아르바이트를 하면서 모아둔 돈을 몽땅 털어 서점으로 달려가 힘들게 이 책을 구매했다. 집으로 돌아온 청년은 서둘러 단단히 봉해져 있는 『부자가 되는 비결』의 포장을 뜯었다. 그러나 책에는 그가 원하는 정답은 들어 있지 않았다. 책에는 오직 '근검절약'이라는 말만 적혀 있을 뿐이었다.

그는 큰 실망과 함께 분노가 밀려왔다. 그는 책을 집어 던지고 당장 서점 주인을 찾아가 항의하고 이 책의 저자를 고소해야겠다고 마음먹었다. 그러나 이미 늦은 시간이었으므로 서점 문은 닫혀 있을 터였다. 할 수 없이 항의하는 일은 다음 날로 미뤄야 했다.

밤이 깊어 잠자리에 누운 청년은 도저히 잠을 이룰 수가 없었다. 자신이 피땀 흘려가며 힘들게 번 돈을 이런 상술 때문에 낭비한 것이 너무 억울했다. 그러나 시간이 지나면서 서서히 분노가 가라앉기 시작했다. 그는 다시 한 번 천천히 생각해 보았다. 왜 하필 '근검절약'인가? 생각할수록 근검절약이란 말이 예사롭지 않게 느껴졌다. 청년이 정답을 찾는 순간 날이 밝아 왔다.

그는 벌떡 일어나 바닥에 떨어져 있던 책을 주워 가슴에 꼭 껴안았다. 그리고 근검절약을 자신의 좌우명으로 정했다. 그는 돈을 벌면 꼭 필요한 곳이 아니면 한 푼도 허투루 쓰지 않았다. 그리고 그는 세계에서 제일 부자가 되었다. 청년의 이름은 바로 그 유명한 록펠러였다.

"이 세상에서 성공한 사람은 그들이 원하는 기회를 찾기 위해 노력한 사람들이다. 행여 기회를 찾지 못하면 그들 스스로 기회를 만들어 나갔다." 버나드 쇼의 말이다.

아파트 앞에서 치킨 체인점으로 성공한 사람이 있었다. 7평도 채 안 되는 구멍가게 같은 곳에서 하루에 60만 원 이상을 판매한다. 그의 장사비결은 너무 장사가 안돼 어떻게 하면 손님에게 가게를 알릴까 연구하는 것에서 시작되었다. 비가 오는 날이면 우산을 잔뜩 준비했다가 비를 맞고 귀가하는 아이들에게 달려가 우산을 씌워줬고 할머니가 짐을 들고 가면 달려가 도와주었다. 6개월이 지나자 손님들이 항상 그 가게 치킨만 시켜다 먹게 되었다.

세상에서 대인관계처럼 복잡하고 미묘한 일도 없다. 까딱 잘못하면 남의 입에 오르내리려야 하고 때로는 이쪽 생각과는 엉뚱하게 다른 오해도 받아야 한다. 그러면서도 이웃에게 자신을 이해시키고자 일상의 우리는 한가롭지 못하다.

사랑하는 사람들은 서로가 상대방을 이해하려고 노력한다. 그리고 그러한 순간에서 영원히 살고 싶어 한다. 그러나 그 이해가 진실한 것이라면 항상 불변해야 할 텐데 번번이 오해의 구렁으로 떨어진다. '나는 당신을 이해합니다.'라는 말은 어디까지나 자유에 속한다. 그러나 남이 나를 또한 내가 남을 어떻게 온전히 이해할 수 있는가. 사람은 저마다 자기중심적인 고정관념을 가지고 살아간다. 하나의 현상을 가지고 여러 가지 말이 많은 걸 봐도 저마다 자기 나름의 이해를 하고 있기 때문이다.

연인들은 자기만이 상대방을 속속들이 이해한다고 생각한다. 누가 나를 추켜세운다고 해서 우쭐댈 것도 없고 헐뜯는다고 해서 화를 낼 일도 못 된다. 그건 모두가 한쪽만을 보고 성급하게 판단한 오해이기 때문이다. 오해가 대립의 불씨를 낳는다.

말다툼하게 될 때에는 먼저 자제심을 기르도록 해라. 말다툼이 점차 가열되면 이성을 잃어버리게 되어서 불을 끌 수 없게 된다. 한순간의 감정을 억누르지 못해서 평생 상처로 남는 때도 있다.

자제심은 돌이킬 수 없는 실언으로부터 자신을 지켜준다. 위험을 내다볼 줄 아는 사람은 항상 조심스럽게 행동한다. 지혜가 그와 더불어 동행하고 있는 것이다. 흥분에 휩싸인 채 던지는 격렬한 말은 경솔함을 드러내고 아무렇지도 않게 내뱉는 말이지만 그 말을 듣는 사람은 심각하게 받아들인다.

말 속에 담긴 가시는 반드시 자신에게 되돌아온다. 한번 쏘아버린 화살은 되돌릴 수 없다. 한번 내뱉은 말도 주워담을 수 없다. 언제나 신중하게 말을 선택하라. 말은 마치 전령 비둘기와도 같아서 처음 떠났던 둥지로 반드시 돌아오게 마련이다.

예리한 칼에 의해 생긴 상처는 의사의 치료를 받을 수 있지만, 말에 의해 생긴 상처는 도저히 치유할 수 없다. 오해의 씨앗은 말에서 시작된다. 절대로 남을 해롭게 하는 말은 삼가야 한다.

그러므로 항상 남을 배려하는 말, 칭찬하는 말, 긍정적인 말, 희망적인 말 등을 할 수 있는 사람이 대인관계에서 성공할 수 있다.

34
무엇이든
배워라

마리 퀴리는 "나는 최고의 목표를 향한 노력의 끈을 절대 놓지 않을 것이다. 나는 우리의 생명이 짧고 나약하며 결국에는 아무것도 남지 않는다는 사실을 알고 있다. 다른 사람의 견해가 나와 다르고 나의 노력이 반드시 진리와 연결된다는 보장은 없지만 그래도 꾸준히 이 길을 가야 한다. 그렇게 할 수밖에 없는 이유가 분명 있기 때문이다. 마치 누에가 고치를 트는 것이 당연하게 여겨지는 것처럼 말이다."라고 했다.

영원히 살 것처럼 배우고 내일 죽을 것처럼 살아라. 사람이 배우려는 자세가 되어 있다면 나이가 많고 적음은 아무런 문제가 되지 않는다. '나이가 많아서 이제 더 이상 배울 것이 없다.'라고 하는 것은 나의 삶에 아무런 목표나 희망이 없는 이미 정신적인 사망인 것이다.

사람은 배움을 통해서 한 가지 중요한 것을 알게 된다. 그것은 항상 의문을 가지고 질문하는 일이다. 의문을 갖는 것은 배움의 첫걸음이다. 배우면 배울수록 의문을 갖게 되며 물음이 늘어난다. 그 때문에 질문은 사람을 성장시킨다. 좋은 일이든 나쁜 일이든 일어난 모든 일은 가르침을 주고 성장하게 한다. 그것은 어떤 자세로 그 일을 받아들이느냐에 달렸다.

살면서 경험한 모든 도전을 감사하게 생각하라. '이 일을 통해서 배울 수 있는 것은 뭐가 있을까?'라는 질문이 떠오르는 일은 뭐든지 해보라. 자부심은 자신이 이룬 성공에 따라 늘어나는 것도 아니고 실패한다고 해서 줄어드는 것도 아니다. 위험을 감수하고 두렵기도 하지만 시도해야 한다. <u>다른 사람들을 존중하고 받아들여야 한다.</u>

상대방을 변화시키려 하지 말고 있는 그대로 받아들여라. 이 세상 무엇이든 배워야 한다. 우리는 배우지 않고서는 한순간도 살아갈 수 없다. 성공은 자신이 얼마나 많이 배우느냐에 따라서 결정된다.

병원에 입원하면 반드시 일찍 자고 일찍 일어나게 한다. 일찍 일어나는 것이 치료의 효율을 높이기 때문이다. 몸의 면역력은 새벽에 가장 강해진다. 아침에 빛을 쪼이는 것만으로도 어긋난 체내 리듬이 조정되어 몸의 균형이 잡힌다. 아침 해를 쪼이면 태양 빛의 자극이 눈의 망막에서 뇌로 전달되어 세로토닌 신경이 활성화된다. 그러면 마음을 온화하게 만드는 세로토닌이 생성된다. 100세 이상의 장수자 대부분이 밤 8시에 자고 아침 4시에 일어난다고 한다.

벤저민 프랭클린은 "일찍 자고 아침에 일찍 일어나는 일은 사람을 건강하게 만들고 부자로 만들고, 또한 현명하게 만든다."라고 했다.

인생은 끊임없는 반복연습이다. 스포츠도 모두 반복연습이다. 학교 공부도 반복연습이며 일을 배우는 것도 반복연습이다. 그리고 외국어 공부는 반복연습의 극치라고 할 수 있다. 영어 단어는 외우면 그 즉시 잊어버린다. 하지만 열 개 중 아홉 개를 잊어버리고 하나를 남기는 작업을 끊임없이 되풀이하는 것이 반복연습이다. 지금 자신의 몸과 머리에 남아 있는 것은 <u>지금까지 쌓아온 반복연습의 결과다.</u>

옮겨 심는 나무는 뿌리를 깊이 내리지 못하고 옮겨 다니는 사람은 자기 가치를 높일 수 없다. 부정적인 사람은 다른 곳에 가서도 부정적일 수밖에 없다. 현재 위치에 불만인 사람은 다른 자리도 만족하지 못한다. 긍정적이지 못한 사람은 결코 성공할 수 없다. 승자란 결국 정상에 올라가서 웃는 사람이다. 자신의 몸값을 올리는 것이 가장 중요하다.

물은 장애물을 감싸 안고 흘러 나뉘어 갈라지며 오로지 자신의 목적지를 향해 끊임없이 흘러간다. 웅덩이를 만나면 웅덩이를 다 채워 놓고 흘러가며, 엄청난 낭떠러지를 만나면 머뭇거림 없이 뛰어내린다. 산산조각이 난 것 같지만 물은 다시 힘을 합쳐 묵묵히 흘러간다. 조용하면서도 힘차고, 쉬는 듯하면서도 끊임없이 자신의 꿈을 향해 흘러가는 물의 지혜를 배워야 한다.

모든 생명은 직선이 아니라 곡선이다. 매일매일 흥겨운 리듬을 따라가면서 늘 새로운 것을 만나기 위해 떠나며, 과감한 실행을 감행하는 것이 바로 생명이다. 곡선의 파고와 굴곡의 여정은 수많은 실행의 역사다. 우리 삶은 직선코스가 아니라 소중한 경험과 상처로 얼룩진 곡선이다.

비밀이란 발설하는 순간 이미 비밀이 아니다. 비밀로 지켜지기를 바라는 것이 있다면 어떤 경우라도 타인에게 말해서는 안 된다. 비밀이란 혼자서 알고 있는 동안에만 효력이 있다. 비밀을 지킨다는 것은 과묵을 의미한다. 말수가 적은 것이 미덕이다. 사람들은 비밀을 지켜주지 못한다. 그것은 비밀의 속성과 한계 때문이다.

비밀을 지켜주지 못하는 이유는 비밀에 해당하는 것일수록 누구에게 말하고 싶은 충동이 들기 때문이다. 그것이 은밀한 비밀일수록 더욱 그렇다. '당신만 알고 있으라.' 털어놓은 순간, 그것은 비밀이 아니다. 과거의 일은 오직 당신의 머릿속에만 존재한다.

과거는 죽었지만, 당신은 살아 있다. 과거를 놓아버리고 과거를 통해 배우고 앞으로 나아가야 한다. 지금까지 무슨 일이 있었는지 당신의 미래와 앞으로 당신의 생각이 지금부터 당신이 하는 일의 직접적인 결과가 될 것이다.

미래는 당신의 소원과 생각, 꿈, 행동, 말의 결과가 분명해지면서 서서히 모습을 갖추게 될 것이다. 과거는 당신이 허락하지 않는 이상 당신에게 영향을 미치지 않는다. 과거의 일을 잊을 수 없을지는 몰라도 생각하지 않을 수는 있다. 더는 과거에 대해서 자신의 실수와 불행했던 이야기는 하지 말라. 무엇보다 자신을 불행한 사람으로 표현해서는 안 된다.

그러기 위해서는 이런 암시를 자신에게 해보라. "나는 과거를 놓아주고 현재를 충실히 살 것이다." 시간이란 기회를 잘 잡아야 부에 대한 안목과 부를 획득하는 능력을 키울 수 있다.

같은 상품이라도 시간의 기회를 포착하는 안목에 따라 어떤 사람에게는 금으로 보이고 어떤 사람에게는 은으로 보인다. 시간 기회를 포착하는 것은 어렵지 않다. 시간이란 기회를 잘 포착하면 성공의 기회를 잡는 데 유리하다. 시간적 가치의 기회를 포착하는 것이 다르면 성공으로 나아가게 되는 길도 달라진다.

아인슈타인은 "모든 것은 가능한 한 단순하게 만들어져야 한다. 그러나 그것은 그렇게 간단하지만은 않다."라고 했다.

어떤 사람이 선배를 찾아왔다. 후배가 선배에게 말했다. "형, 나 그만 때려치울까 봐요." "왜? 무엇 때문에." 후배가 대답했다. "형, 세상에서 무서운 사람이 경찰이나 검찰인 줄 알았는데, 영업하는 사람인 것 같아요. 친구들이 내가 전화하면 받지를 않아요. 내가 세일즈맨인 줄 알고서는 그런 것 같아요."

선배가 물었다. "너는 목표가 뭐니?" "돈 벌어서 집도 사고, 차도 사는 거요." "무슨 차 타고 싶은데?" "벤츠요." "집은 어디에 살고 싶은데?" "고급 아파트요." 선배는 후배를 데리고 벤츠 매장에 갔다. 벤츠를 타보라 하고 리스로 계약하게 하였다. 그리고 근처에 있는 주상 복합 오피스텔에 데리고 가서 집을 보여주고 월세로 계약하게 했다. 자동차 리스 비용과 오피스텔 집세를 합하면 한 달에 꽤 많은 돈이 필요했다.

선배가 후배에게 이렇게 말했다. "부자 마인드를 가져라. 자신이 원하는 게 있으면 그것부터 먼저 사고 난 후, 돈을 갚을 생각만 하면 되는 거야! 용기를 바로 행동으로 옮겨야 부자가 될 수 있는 법이야!" 그 후 후배는 보란 듯이 성공하여 아주 풍요롭게 살고 있다.

인간관계에서 가장 중요한 것 중의 하나가 바로 타인의 장점을 배우고 타인의 단점을 너그럽게 받아들이는 것이다. 상대방에게 자신보다 못한 점이 있다 해서 그 사람과 교류하지 않는다면 영원히 원만한 인간관계를 형성할 수 없다.

타인의 과오를 받아들인다는 것은 그에게 개과천선의 기회를 주는 것이다. 타인의 과오를 일일이 마음에 담아 두거나 사소한 일에 목숨 걸고 복수하려 한다면 결국 자신의 영혼을 지치게 할 뿐이다. 타인을 포용할 줄 아는 사람은 자신을 포용할 수 있다. 자의든 타의든 나에게 상처를 준 사람을 포용할 수 있다는 것은 분명 대단한 도량이다.

나를 적대시하고 원수처럼 여겼던 사람을 포용할 수 있다는 것은 분명 고상한 인격의 표현이다. 그러므로 우리는 타인을 포용하는 법을 배워야 한다. 가족이나 친구는 물론 처음 만나는 사람에게도 포용력을 발휘해야 한다. 우리가 모두 타인에게 친절하고 타인의 잘못을 너그럽게 이해한다면 우리 사회에 아름답고 화기애애한 인간관계가 유행처럼 번질 것이다. 포용력을 발휘할 수 있는가, 아니면 발휘할 수 없는가가 현명한 사람과 어리석은 사람의 가장 큰 차이점이다.

포용력이란 옳고 그름에 상관하지 않고 원칙이 없는 포용이 아니다. 지나치게 관용을 베풀어 제멋대로 행동하도록 내버려 두는 것이 아니다. 작은 일에 연연하거나 모든 일을 마음속에 담아 두지 말라는 의미다. 바다는 수백 개의 하천을 받아들이고 더 많은 하천을 받아들일수록 더 커진다. 그러므로 사람도 반드시 포용력을 길러야 한다.

너그럽고 도량이 넓으며 주변사람과 잘 지내는 사람은 주변사람들에게 인정받고 존경받는다. 성공하기 위해서는 너그럽게 타인을 받아들일 수 있어야 한다. 사소한 것을 따지지 않고 지나치게 추궁해서는 안 된다. 진심으로 마음을 열고 너그럽게 타인을 대해야 더 큰 성공을 이룰 수 있다.

35
눈앞의 이익을
탐하지 말라

행복은 거창한 그 무엇에 있지 않다. 우리가 하찮게 여기는 사소한 것에서 행복을 발견해야 한다. 행복은 주어지는 것이 아니라 우리가 찾아내는 것이다.

감사하는 마음은 위대한 것들을 끌어당기는 위대한 마음이다. 또한, 인생을 풍요롭게 만든다. 감사는 인생에 좋은 일을 자주 생기게 해주는 창조적인 힘이 된다. 감사하면서 살 때 감사할 일이 더욱 많이 생긴다.

우리는 마음의 힘과 축복을 만들어 낼 수 있는 능력을 갖추고 있다. 좋은 생각은 더 좋은 것을 찾아낼 가능성을 갖고 있다. 좋은 생각을 하면 할수록 더 좋아지게 된다. 좋은 것을 자주 보고 감사할수록 창조적인 에너지는 더욱 긍정적인 결과로 이어진다. 힘들고 어려운 상황에서도 좋은 면을 찾아서 감사하라. 좋은 것에 관해 고마워하라. 그러면 좋은 일이 더욱 많이 생길 것이다.

사랑의 기초는 자신의 삶을 축하하는 것이다. 자신의 삶을 축하하는 행위는 자신을 사랑하는 하나의 방법이다. 그 바탕에서 내 안의 사랑을 밖으로 내보낼 수 있다. 삶의 기쁨을 인식했을 때 행복감은 물론 실제로 자신의 건강과 수명에 지대한 영향을 미친다.

타인의 존재가 내 삶에 끼치는 긍정적인 영향을 인식하고 표현했을 때 사회적 성공과 함께 치유의 효과가 있다.

사람에게 물고기를 주면 하루를 살 수 있지만, 물고기를 잡는 방법을 가르쳐 주면 평생을 살아갈 수 있다는 말이 있다. 타인의 성장을 돕는 일이 무엇보다 중요하다. 삶을 새롭고 아름답게 가꾸도록 누군가를 보살피는 것은 사랑의 횃불을 전해주는 값진 사람이다. 남을 보살폈을 때 많은 보상을 받는다.

용서는 인생 전반에 걸쳐 평정심과 평화와 자유를 가져다준다. 사람은 누구나 실수를 하고 남에게 상처를 준다. 용서는 이를 사랑으로 환원하는 방법이다. 죄책감과 분노, 고통을 평화와 해방으로 이끈다. 용서는 덤으로 치유와 사랑을 우리에게 되돌려 준다. 사랑은 용기가 필요하다. 용기는 사회정의다. 도덕적 행동, 사랑을 실천하는 에너지가 된다. 용기는 위기와 역경을 이겨내는 힘이다.

사랑에는 작전도 꼼수도 통하지 않는다. 무조건 자신의 마음을 보여주는 것이 중요하다.

일본에서는 여성이 독신으로 행복하게 살아가려면 세 명의 남자가 필요하다는 말이 있다. '발 남자' '밥 남자' '바치는 남자'다. 발 남자는 필요할 때 자동차를 몰고 와 목적지에 데려다 주는 발이 되어주는 남자다. 밥 남자는 자기 돈으로는 엄두가 나지 않는 비싼 음식을 사주는 남자다. 바치는 남자는 필요한 명품을 선물로 사서 바치는 남자다. 그런데 왜 세 명의 남자인가? 한 남자에게 이런 대접을 받으면 결혼해야 하기 때문이다.

좋은 아내는 가정을 진정한 휴식처로 만들 수 있는 능력을 지니고 있어야 한다. 그러기 위해서는 사소한 집안문제로 남편을 심려케 해서는 안 된다. 특히 금전 문제에 대한 것은 가능한 한 남편의 귀에 들어가지 않도록 하는 재치가 필요하다. 언제나 남편에게 편안한 모습을 보여주고 남편의 취미생활을 만족하게 해줄 수 있어야 한다. 기호와 취미의 문제는 남자에게 있어 매우 깊은 의미가 있다. 어떤 문제가 발생했을 때, 만일 그 가정에 사랑이 없으면 그곳은 휴식처가 되지 못한다. 따뜻한 애정에 둘러싸일 때만이 비로소 머리를 편안히 눕힐 수 있으며 마음은 평화를 회복하게 된다. 남편은 화려하고 야단스러운 것보다는 아내의 진정한 이해와 센스 있는 배려와 편안함을 바라며 정열적인 성격보다는 온화하고 상냥스러운 품성을 원하는 것이다. 재기만이 넘치는 아내는 일에 지친 남편에게 심한 자극을 주며 정열은 번거로움을 느끼게 한다.

행복한 가족은 최고가 되기보다는 항상 근면하게 사는 태도를 강조한다. 가족 모두의 사생활은 존중하며 필요할 때는 남들이 방해를 받지 않고 자기 공간에서 조용히 시간을 보낼 수 있다. 집 안에 가족이 주로 모이는 공간이 있고, 이곳에서는 외부인도 따뜻하게 환영받는다는 느낌을 받는다. 서로의 차이를 인정하고 마음에 들지 않는 사람에게도 관대하게 대해 누구나 자신만의 자리가 있다는 사실을 알고 있다.

생일이나 시험 합격 등을 축하하는 자리를 마련해 축하 인사와 이야기를 나누며 즐거운 시간을 보낸다. 가족이 지켜야 하는 규칙을 정해 놓는다. 아이들에게 벌을 내릴 때는 일관성 있고 공정하게 대하며 벌을 받는 이유와 시간, 방법을 확실하게 알려 준다. 화초나 사진 등을 이용해 가족 모두가 이용하는 공간을 꾸미는 것이 좋다.

행복한 사람은 낙관적이다. 비관적인 사람과는 달리 자기가 좋은 결과를 얻고 문제를 신속하게 해결하리라고 굳게 믿는다. 일을 잘해내면 스스로 격려하고 좌절을 겪어도 심각하게 생각하지 않는다.

행복한 사람은 자신감이 넘치고 자기 자신을 좋아한다. 이들의 자신감은 높은 자존감에서 우러나며 자신을 남들보다 친절하고 너그럽다고 생각한다. 행복한 사람은 사교적이다. 이들은 다른 사람과 사귀면서 얻은 에너지를 적극적으로 활용하고 모임에 가입하거나 남을 돕는 일을 잘한다. 행복한 사람은 자기효능감이 높다. 이들은 단순히 목표를 세우는 데서 끝나는 것이 아니라 자기에게 그 목표를 이루는 데 필요한 능력이 있다거나 그것을 달성하는 방법을 배울 수 있다고 믿는다.

빌리 브란트는 "단순히 평화를 사랑한다고 떠드는 것만으로는 부족하다.

우리는 반드시 평화를 구축하기 위해 실질적인 노력을 해야 한다."라고 말했다. 평화는 치열한 전투에서 죽거나 다친 수많은 사람의 영원한 희망이다.

미국 남북전쟁 때의 일이다. 링컨 대통령이 부상을 당한 병사를 만났다. 죽음을 앞둔 병사에게 자신이 도울 일이 없느냐고 물었다. 병사는 죽기 전에 어머니에게 보낼 편지를 대신 써 줄 수 있느냐고 물었다. 링컨은 정성 들여 병사가 불러 주는 대로 편지를 받아썼다. 편지의 끝에 "당신의 아들을 대신해 에이브러햄 링컨이 씁니다."라고 적었다. 병사가 놀라서 물었다. "정말 대통령인가요?" 링컨은 더 도울 일이 없느냐고 묻자 병사는 자신의 손을 잡아 주면 편히 세상을 떠날 수 있겠다고 말했다. 링컨은 병사가 숨을 거둘 때까지 그의 손을 잡고 있었다.

화와 복은 동전의 양면처럼 떼려야 뗄 수 없는 관계이다. 복이 오면 좋고, 화가와도 상관없다. 화와 복은 아주 순식간에 일어나고 눈 깜짝할 사이에 위치가 뒤바뀐다. 이해하지 못하는 사람은 평생 화와 복에 농락당할 것이다. 우리 인생에는 수많은 일이 복잡하게 뒤섞여 있다. 그래서 사람들은 종종 망연자실하거나, 당황하거나, 꿈을 잃고 방황한다. 우리 인생은 언제나 고난의 연속이다.

어쩌다 작은 성공을 거두고 의기양양해 있으면 갑자기 어디선가 찬물이 쏟아져 정신을 쏙 빼놓는다. 또 꿈을 잃거나 실패하여 방황하고 있을 때 갑자기 막혔던 앞길이 확 트이면서 순식간에 성공을 거머쥐기도 한다.

화와 복의 상생관계에는 "사물이 극에 달하면 반전이 있다."라는 세상의 이치가 담겨 있다. 사물의 발전이 최고에 다다르면 정반대 방향으로 흘러간다는 뜻이다. 사람은 뜻을 이루면 아주 기쁜 나머지 자신의 처지를 잊는다. 그래서 바로 옆에 와 있는 재앙을 발견하지 못한다.

우리 주변에는 이런 일들이 수도 없이 많이 일어난다. 복이 부드러운 미소를 지으며 다가오면 우리는 모든 일이 순조롭게 진행되고 있다고 생각한다. 마치 눈앞에 놓인 거금을 내 호주머니에 집어넣는 것처럼 짜릿하고 꿀처럼 달콤한 유혹이 다가온다. 그러면 사람들은 자신의 상황을 완전히 잊어버린다.

이후에 어떤 결과가 펼쳐질지 아무도 장담할 수 없다. 복의 뒷면에는 반드시 화가 있음을 명심해야 한다. 기쁨에 취해 큰소리로 자신 있게 호언장담하지만 얼마 지나지 않아 곧 화가 닥칠 것이다. 재물에 대한 욕심을 버리는 것은 예상치 못한 화를 대처하는 가장 좋은 방법의 하나다. 모든 일에 조금 더 담담해지고 눈앞의 이익을 탐하지 말라. 그리고 좋은 일이 생겼을 때는 반드시 편안할 때 위기를 생각해야 한다는 진리를 잊지 말고 재물의 유혹에 담담해져야 한다. 조금 더 담담하게 지혜롭게 행동하고 항상 평상심을 잃지 말아야 한다.

이렇게 하면 불행이 닥쳤을 때 자연스럽게 대처할 수 있고 뜻하지 않은 난관이 다가와도 무너지지 않을 것이다. 성공은 수많은 고난과 역경 속에서도 무슨 일이 있더라도 한 걸음 한 걸음 전진해 나가야 얻을 수 있다.

36
인내하고
기다려라

루돌프 오이켄은 "인내심을 가지고 목표를 향해 부단히 진보해 나가는 무한의 과정에서 인류는 놀라운 위대함을 발산한다."라고 했다.

귀가 잘 안 들리는 어린아이가 있었다. 아이는 학교에서 돌아와 주머니 속에 넣어두었던 쪽지를 어머니에게 내밀었다. 학교 선생님이 써 보낸 쪽지에는 이렇게 적혀 있었다. "토미는 저능아입니다. 정상적인 학교교육을 받을 수 없으니 학교에 보내지 마십시오."

토미의 어머니는 이렇게 생각했다. "우리 아들 토미는 결코 바보가 아니야. 토미는 배울 수 있어. 내가 직접 가르칠 거야." 훗날 토미는 위대한 발명가가 되었다. 토미는 바로 저 유명한 토머스 에디슨이다. 에디슨이 받은 정규 학교교육은 고작 석 달 뿐이었다. 그리고 그는 잘 듣지도 못했다.

어떤 목표도 세우지 않고 사는 사람은 <u>인생을 그냥 스쳐 보내는 사람</u>이다. 대부분 사람은 자기가 인생을 낭비했다는 사실을 뒤늦게야 깨닫기 때문에 어떻게든 다시 한 번 인생을 살고 싶다고 말한다.

한 유명한 과학자가 있었다. 어느 날 사교모임에 참석했는데 몇몇 사람이 그에게 입에 발린 아부들을 늘어놓았다. 그들은 최고의 실력을 갖춘 과학자라며 그를 추켜세웠다. 그러자 과학자는 급하게 일어나며 말했다. "방금 들은 말들을 진짜라고 믿는다면 내가 미친 것일 거요. 허나 나는 미치지 않았소. 그러니 그 말들도 믿지 않겠소."

어느 날 방송국 기자가 1,000달러의 사례금을 약속하며 연설을 부탁했다. "내 연설은 그렇게 비싸지 않은데." 과학자는 거절하며 말했다. 그러자 기자가 말했다. "선생님은 돈을 좋아하지 않으시는군요?" 과학자는 웃으면서 이렇게 대답했다. "얼마 전 사례금으로 1,500달러짜리 수표를 받았는데, 그때 정말 기뻤지요. 그런데 그걸 책갈피로 사용하다가 그 책이랑 잃어버렸지 뭐요." 기자는 "정말 안됐군요. 아깝지 않으십니까?" 그러자 과학자가 태연하게 말했다. "아니 조금도요. 내가 볼 때 돈이 있으면 그만큼 귀찮은 일이 생기는 법이오."

현명한 사람은 돈을 절약하며 남에게 빌리지도 않는다. 수입이 적더라도 분수에 맞게 욕망을 조절할 수 있다면 결코 가난하다고 할 수 없다. 남에게 돈을 꾸거나 외상으로 물건을 사는 습관은 의지가 박약한 사람들이 하는 행동이다. 그들은 지급할 돈도 없으면서 물건을 사고 싶다는 욕망을 이겨내지 못하는 사람들이다.

윌리엄 해즐리트는 "가진 돈을 하룻밤을 넘기지 못하고 다 써버리는 인종. 그는 주저 없이 맨 처음 눈에 들어온 물건을 사는데 기세 좋게 있는 돈을 다 써버린다. 그렇기 때문에 언제나 돈 결핍증에 걸려 있다. 남의 지갑에서 손을 떼지 않는 인종. 그는 자신이 가진 돈을 모두 써버린 뒤 주위 사람들로부터 닥치는 대로 돈을 빌리고 다닌다. 결국, 그렇게 남의 돈을 빌리는 재능이 그 사람을 다시 일어서지 못하게 만들어 버리고 만다."라고 했다. 자신의 수입한계를 넘어서는 안 된다. 가진 것도 없으면서 부자처럼 행세하거나 하려고 해서는 곤란하다. 근검절약하는 습관이야말로 성공으로 가는 길이다.

단테는 "불굴의 인내는 정치가의 두뇌며, 군인의 칼이며, 발명가의 비밀이며, 학자의 비밀 열쇠이다."라고 했다.

무슨 일이든 포기하여서는 안 된다. 포기하지 않기 위해서는, 먼저 합리적인 계획을 세워야 한다. 계획 없이 일하면 방향성을 잃고 일이 흐지부지된다. 합리적인 계획표를 작성하면 일의 속도를 조절할 수 있고 진행상황을 파악하여 빨리 일을 마무리할 수 있다.

계획을 세울 때는 시간을 갖고 자신의 장점에 대해 깊이 생각해야 한다. 계획표가 너무 허술하게 짜이지 않았는가. 살펴보고 일의 속도가 느리게 진행되는지를 살펴보아야 한다. 계획대로 지키려고 노력해야 한다. 도중에 계획을 멋대로 바꾸기도 하는데 이는 포기하는 것이나 마찬가지다. 어려움을 핑계 삼아 계획을 바꾸면 안 된다. 내면의 두려움을 버려라. 계획에 따라 목표를 완수했으면, 또 다음 목표를 달성하기 위해 노력해야 한다.

계획을 달성하기 위해 오랜 시간 노력했다면 조금만 더 참고 노력해야 한다. 가장 힘들 때가 성공에 제일 가까운 때다. 고비를 넘겨야 한다. 끝까지 성장을 멈추어서는 안 된다. 인간은 도전하기 때문에 살아 숨 쉬는 것이다. 인간으로 태어난 이상 죽을 때까지 도전해야 한다. 실패하면 안 된다는 생각은 전혀 쓸모가 없다.

한 젊은이가 있었다. 그는 스스로 할 줄 아는 게 아무것도 없다고 생각하고 있었다. 어느 날 스승을 찾아가 자신의 고민을 털어놓았다. 그러자 스승은 이렇게 말했다. "말을 타고 시장에 가서 이 반지를 팔아오게. 내가 급하게 빚을 갚을 일이 생겼거든. 값을 잘 쳐서 팔아야 하네. 아무리 못해도 금화 한 닢 이상은 받아와야 해."

그는 반지를 들고 길을 나섰다. 한 노인이 그에게 다가와서 금화를 그 반지와 바꿀 어리석은 사람이 어디 있느냐며 은화와 구리 몇 개를 주면 팔겠느냐고 했다. 그러나 스승의 당부를 기억하고 있던 그는 거절했다. 돌아와서 맥이 빠진 목소리로 스승에게 말했다. "죄송합니다. 금화 한 닢 받고 반지를 파는 것은 무리입니다. 은화 몇 개를 받을 수 있을 뿐이에요."

스승이 미소를 지으면서 말했다. "지금 당장 말을 타고 보석가게로 가서 그 반지를 팔고 싶다고 말하고 얼마까지 쳐 주겠느냐고 물어보게. 반지는 절대 팔지 말고 그대로 가지고 돌아와야 하네." 그는 보석가게를 찾아갔다. 가게 주인은 반지를 꼼꼼히 살핀 뒤 말했다. "젊은이, 자네 스승에게 말하게. 이 반지를 팔 용의가 있다면 내가 최고 금화 쉰여덟 닢까지 주겠다고 전하게." 그는 스승에게 달려와 보석가게 주인이 한 말을 전했다.

그러자 스승이 대답했다. "자네가 바로 이 반지와 같네. 이 세상에 둘도 없는 가치를 지닌 최고의 보석이라고 할 수 있지. 그러나 진정한 프로만이 자네의 가치를 발견할 수 있는 거야. 우리 인간은 모두 이 반지와 마찬가지라네. 인생이라는 거대한 시장에서는 늘 자기 자신을 아끼고 자기 안에 있는 가치를 끊임없이 표출하려고 노력해야 하네. 그래야만 삶의 길에서 만나는 다양한 사람들이 나의 진정한 가치를 발견할 수 있거든."

홀로 살아가는 사람은 인생을 누리기 어렵다. 다른 마음과 서로 어울리고 교류하지 않으면 그의 마음은 메말라 버린다. 자기 사상의 틀에만 갇혀 있다 보면 다른 이의 마음을 얻지 못하고 그의 마음은 결국 시들게 된다는 말이 있다.

멘토란 극적인 상황에서 내게 손길을 내밀어 주는 존재가 아니다. 멘토는 내가 부르지 않으면 절대 대답하지 않는다. 진정한 스승의 역할은 가르침을 주는 데 국한되는 것이 아니라 제자가 스스로 해낼 수 있을 때까지 인내하고 기다리는 것이다.

우리는 자신이 다다를 수 있는 최상의 모습에 대한 위대한 꿈을 꾸고 그것을 이루고야 말겠다는 의지가 있어야 한다. 삶은 내가 의도한 대로 살 수 있을 때에야 내 것이 된다. 꿈을 꾸지 않으면 꿈은 절대로 실현되지 않는다. 무언가 되기 위해서는 무엇인가를 반드시 해야 한다.

성공하고 싶다면 성공한 것처럼 행동하라. 성공하기 위해서는 나쁜 일은 그냥 흘러가게 내버려 두라. 잘못은 내 탓이다. 당신을 지겹게 하는 사람은 바로 당신이다. 자신이 잘하지 못하는 분야를 파고들지 말라. 일이 생길 때마다 모든 사람과 상담하고 비위를 맞추는 메모를 보내는 것을 잊지 말라.

친하지도 않은 사람들을 만나는 것보다는 외로움이 낫다. 의미 없는 어떤 몸부림도 하지 말라. 다른 사람의 동의를 구하기 위해 쓸데없이 어정거리지 말라. 문제의 핵심을 찔러라. 학연, 지연, 경력부터 따지는 사람을 가까이하지 말라. 어느 사람도 시샘하지 말라. 모든 사람을 믿어라. 상대방에게 도움이 될 거라는 걸 안다 해도 다른 사람을 개선하려 하지 말라. 모두가 뜯어말리는 일은 하지 말라. 친구에게 그 친구를 중상하는 소식을 전해 주는 사람이 되지 말라. 누군가를 거짓말쟁이라고 부르는 순간 그 사람은 거짓말쟁이가 되어 버린다.

브라이언 트레이시는 "당신이 생각하고 느끼고 행동하고 성취하는 모든 것의 95%는 습관의 결과다. 어린 시절부터 당신은 거의 모든 상황에서 자동으로 반응하는 일련의 조건반사를 발전시켜 왔다. 간단히 말하면 성공하는 삶은 성공하는 습관을 지니고 있고 실패하는 사람은 실패하는 습관을 지니고 있다. 성공한 사람은 딱 맞는 때에, 딱 맞는 방법으로, 딱 맞는 일을 쉽고도 자동으로 하는 사람이다. 그 결과로 아직 이런 습관을 배우지도 하지도 못한 사람보다 10배, 20배의 성공을 거둔다."라고 했다.

세상이 자기를 위해 좋은 일을 하려고 작정하고 있다고 믿어야 한다. 어떤 상황에서든 모든 일이 자신의 성공을 돕기 위해 유익하거나 교훈을 주기 위해 하늘이 준 선물이라고 생각하라. 높은 성과를 올리는 사람들은 다 이렇게 생각하고 행동한다.

매일 아침 자신에게 "오늘은 내게 무언가 정말 멋진 일이 분명히 일어날 거야!"라고 말하라. 그러면 실제로 대단히 좋은 일들이 생기기 시작한다. 종일 무엇인가 멋진 일이 생길 것으로 생각하라. 자신의 기대가 바라는 것과 일치하도록 하라.

항상 자신에게 최고를 기대하라. 앞으로 당신이 돈을 버는 것에 대해 생각할 때마다 새로운 이미지가 단단하게 자리 잡히게 할 것을 굳게 다짐하라! 그리고 명심하라. 인내는 성공의 지름길이다. 무엇이든 참고 견디고 인내하라!

37
살아야 할
이유는 무엇인가

앙드레 지드는 "사람들은 모두 놀라운 잠재력을 지니고 있다. 당신 자신의 역량과 청춘을 믿어라. 그리고 모든 일은 나에게 달려 있다고 계속해서 자신을 다독여라."라고 했다.

음악가 두 사람이 유배를 떠났다. 한 사람은 어느 농촌으로 보내져 그곳에서 7년 동안 가축에게 먹일 건초를 작두질했다. 유배생활이 끝나고 다시 집으로 돌아왔을 때 사람들은 여전히 혈색이 좋고 건강한 그를 바라보며 놀라워했다. 그는 웃으면서 말했다. "이 세상 어디에든 음악이 있는데 어떻게 늙을 수가 있겠습니까? 나는 매일 신 나게 박자를 맞추면서 작두질을 했답니다." 하지만 다른 한 사람은 유배지에 도착한 후 얼마 지나지 않아 자살하고 말았다. 그는 자신의 전부라고 믿었던 음악을 할 수 없게 되자 실망하여 그만 자신의 목숨을 내 던지고 말았다.

우리는 어두운 밤길을 혼자 걷는 것처럼 외롭고 고통스러운 환경에서 누구의 도움도 받을 수 없는 때가 있다. 이 순간 우리에게 희망의 메시지를 건네주며 환하게 웃어주는 사람은 바로 우리 자신이다. 자신에게 희망과 용기를 주어 포기하지 않고 굳게 나아가는 것이 무엇보다도 필요하다.

베르디는 그의 마지막 작품인 오페라 〈팔스타프〉를 여든 살에 작곡하였는데 당시에는 너무 어렵다고 평가받았다. 베르디에게 누군가 물었다. "이미 훌륭한 음악가로 명성을 구축하셨는데 또 이 어려운 오페라 곡을 작곡하셨습니까?"

그러자 베르디는 "나는 음악가로 살아오면서 늘 완벽하게 작곡하려고 애썼지만, 작품이 완성될 때마다 아쉬움이 남았지요. 그래서 한 번 더 도전해봐야 할 의무가 있다고 생각했습니다. 지금 이 순간도 결코 끝은 아닙니다. 완벽을 향한 나의 노력은 아직 끝나지 않았습니다."라고 말했다. 이 소식을 전해 들은 피터 드러커는 베르디의 음악과 말에 충격을 받았다.

피터 드러커는 "베르디는 18세 때 이미 빼어난 음악가였지만 나는 그 나이에 앞으로 뭘 하게 될지 짐작조차 할 수 없는 미래가 불투명한 청년이었어요. 30대 초반이 되어서야 나는 나의 갈 길을 정할 수 있었습니다. 내가 잘할 수 있는 일을 드디어 찾았던 것이지요. 나는 베르디의 그 말을 나의 평생 지침으로 삼기로 마음먹었습니다. 아무리 나이가 들어도 절대 포기하지 않고 앞으로 계속 전진하기로 했지요. 물론 완벽을 추구하기 위해 노력하는 것도 포함됩니다." 라고 그때의 상황을 회상하며 말했다.

피터 드러커는 95세로 사망하기까지 평생 자신을 이끌었던 정신적인 스승으로 '주세페 베르디'로 삼았다. 작고 사소한 승리는 남과의 경쟁에서 이긴 사람의 것이다. 그러나 크고 위대한 승리는 언제나 자신과의 경쟁에서 이긴 사람의 것이다.

상대방을 향해 있던 칼끝의 방향을 자신에게로 돌려라! 숨통을 조여 오는 스트레스는 작아지고 성공의 확률은 점점 높아질 것이다. 자신과 싸우며 새로운 가치를 만들어 내야 한다. 자신과 싸우는 큰 싸움을 해야 한다.

윈스턴 처칠은 "나 자신의 책임감과 신념에 따라 행동하고 있는 한 다른 사람들에게 어떠한 욕을 먹더라도 전혀 개의치 않는다. 왜냐하면, 그러한 비난들은 나에게 해가 된다기보다 오히려 유익하기 때문이다."라고 했다.

두 명의 장군이 있었다. 장군들은 전쟁에서 승리하기 위해 병사들을 훈련하는 일에 열중하였다. 한 장군은 전쟁을 대비하여 매일 강도 높은 훈련을 실시했다. 병사들의 불평과 원망이 많았다. 다른 장군은 거의 매일 휴식과 여흥을 베풀어 부하들로부터 인기를 얻었고, 병사들을 대상으로 한 부대별 만족도 조사에서 항상 1등을 차지하였다.

어느 날 실제 전쟁이 벌어졌다. 강도 넘친 훈련을 받은 부대는 병력 손실 하나 없이 완전한 승리를 거두었다. 반대로 인기 있는 장군 때문에 훈련을 소홀히 한 부대는 전쟁에서 전멸하였다. 지휘관이 병사들에게 해줄 수 있는 가장 큰 복지는 훈련이다. 전쟁터에 나가서 죽거나 다치지 않고 패배하지 않도록 평소에 병사들을 단련시켜주는 것이 리더의 역할이다. 회사도 마찬가지다. 직원들이 인생과 비즈니스라는 전쟁터에서 살아남을 수 있도록 교육하고 조언해 주는 것이 진정한 리더와 선배의 의무이다. 그리고 직원은 상사나 선배의 혹독한 조련을 고맙게 받아들여야 할 것이다.

실패하는 사람들은 시도하기도 전에 할 수 없다고 생각한다. 항상 책임을 미룬다. 자신이 원하는 것을 설명하지 못한다. 하루를 아무런 계획 없이 산다. 좋은 아이디어가 생각나도 실행으로 옮기지 않는다. 일확천금을 꿈꾸고 행동하지 않는다. 시도했던 일이 잘 안 되었을 때 다른 사람과 환경을 비난한다. 자기계발에 관심이 없다. 생각과 행동에 여유가 없다. 인생을 비참하게 만드는 것은 가난에서 오는 슬픔도 아니고 실패에서 오는 고통도 아니다. 재능이 모자라서도 아니다.

가장 큰 이유는 바로 상대방과 나를 비교하는 데에서 온다. 비교는 인간이 선택할 수 있는 가장 어리석은 행동이다. 삶은 단순하게 살아야 한다. 욕심을 버리고 마음이 이끄는 대로 즐겁고 편안하고 단순하게 사는 것이 현명하다. 돈이든 인간관계든 복잡한 사람들이 문제가 많다. 할 일은 제대로 하고 쓸데없는 일에는 나서지 말아야 한다.

삶은 있는 그대로 소박하게 살아가는 것이 아름답고 멋지게 인생을 사는 것이다. 겉모양에만 신경 쓰면 위선이 나타나고 가면을 쓰게 된다. 사람들은 그것을 쉽게 알아본다. 그 사람이 진짜 모습인지 가면을 쓴 모습인지는 금방 알 수 있다. 순수한 사람들이 벗과 우정을 나누며 이해타산 없이 재미있게 살아간다.

관계가 좋으려면 처음과 끝이 변함이 없어야 한다. 생각만 해도 기분 좋은 사람, 일하고 싶은 사람이 되어야 한다. 삶을 단순하게 살지 않고 복잡하게 살면 마음이 약해지고 위축된다. 복잡하게 얽히면 문제가 생긴다.

가야 할 길을 제대로 알고 가는 사람이 큰일을 하고 그 속에서 보람을 얻게 된다. 원망하고 시기하고 질투로 세상을 살아가면 인생이 자꾸 복잡해진다. 거짓 없고 꾸밈없는 진실한 사람이 단순하게 산다.

존 스타인벡은 "인생은 높은 산을 등반하는 것과 같아서 개미처럼 부지런히 움직여야 한다. 발을 헛디뎌 100번 떨어졌다 하더라도 묵묵히 101번째 발걸음을 내딛어야 한다."라고 했다. 거미가 그물을 만들기 위해서는 첫 줄이 가장 중요하다. 첫 줄이 질기고 강해야 다음 줄을 엮을 수 있다. 거미는 첫 줄을 칠 때 가장 많은 힘을 쏟는다. 약하다 싶으면 걷어내고 몇 차례 줄을 치고 걷어내기를 반복하여 질기고 강한 첫 줄을 완성한다. 천 리의 먼 길도 한 발자국에서 시작한다.

첫발이 어디를 향하느냐, 첫 계획을 어떻게 꾸미느냐, 첫 말이 어떤 의미가 있느냐, 첫인상을 어떻게 심느냐에 따라 성공과 실패가 좌우된다.

앤서니 라빈스는 "행복이 빠진 성공은 실패다."라고 말한다. 성공은 행복과 지속적인 성장 그리고 사회적 기여에 달려 있다. 성공은 현재의 자기 모습과 하는 일에 만족하는 것이며, 개인으로서 지속해서 성장하는 것이며 의미 있는 일로써 타인에게 이바지하는 것이다.

한 남자가 있었다. 그는 사업에 실패하고 강물에 몸을 던져 목숨을 끊으리라 결심했다. 강으로 가기 위해 건물을 나설 때였다. 건물 앞에는 두 다리가 없는 초라한 행색의 남자가 스케이트보드 위에 앉아 있었다. 그는 가난하고 절망적인 처지임이 틀림없었지만 환한 미소를 지으며 말했다. "선생님, 연필 필요하지 않으십니까?" 그는 1달러짜리 지폐를 꺼내주고는 강을 향해 계속 걷기 시작했다. 남자는 스케이트보드를 굴려 그를 따라오며 소리쳤다. "선생님! 연필을 안 받으셨는데요." 남자는 계속 따라오며 연필을 받든지 아니면 돈을 받으라고 계속 권했다. 무엇보다 놀라운 점은 남자가 계속 웃고 있었다는 것이다.

마침내 그는 연필을 받았고 더는 자살하고 싶은 생각이 없어졌다. 훗날 성공한 그는 이 일을 이렇게 회상했다. "두 다리가 없어도 웃을 수 있는 그 남자를 보고 나에게도 살아야 할 이유가 생겼습니다."

38
꿈이 있는가

현재 자신이 처해 있는 상황이나 환경이 자기 인생의 장애물로 여겨질 때가 있다. 그러나 자신의 앞길을 막는 것은 외부의 상황이 아니라 <u>내면의 두려움과 걱정</u> 때문이다. 두려움은 걱정한다고 해결되는 것은 아니다. 우리는 용기 있게 두려움에 맞서 행동해 나아가야 한다.

한 남자가 아내와 함께 작은 배로 뱃놀이를 하고 있었다. 주변의 경치를 마음껏 즐기며 아름다운 시간을 보내고 있었다. 남편은 낮잠을 즐겼고 아내는 경치를 구경하고 있는데 갑자기 하늘이 어둡기 시작하더니 바람이 거세졌다. 하늘은 먹구름으로 뒤덮였고 파도는 두 사람을 삼켜 버릴 것처럼 넘실거렸다. 아내는 급하게 남편을 깨웠다. "당신은 걱정되지도 않나요. 우리가 죽을지도 모르는 상황에서 어떻게 그렇게 태평스럽게 코를 골며 잘 수 있나요?"

잠을 깬 남편은 낮잠을 깨운 것에 화가 났는지 순간적으로 아내의 목에 칼을 겨눴다. 아내는 두려워하기는커녕 작은 미소를 입가에 머금었다. 남편이 물었다. "당신은 내가 칼을 들이댔는데도 두려워하지 않고 미소를 짓는 것이오?"

아내가 말했다. "당신이 <u>나를 사랑하기 때문에 죽이지 않을 것</u>을 아니까요." 그러자 남편은 이렇게 말했다. "나도 그렇다오. 신이 나를 사랑한다는 것과 그렇기 때문에 나를 죽이지 않으리라는 것을 아는데 내가 왜 두려워하겠소. 혹

내가 이 파도에 죽는다 하더라고 그것은 내가 이 땅에서의 사명을 다 마쳤기 때문에 신이 부르신 것이니 그것 또한 기쁜 일이 아니겠소. 그러니 내가 두려워해야 할 이유가 무엇이 있겠소."

오다 노부나가는 인재를 선발하고 정보를 분석하는 일에 능했다. 그는 자신감과 투지에 기반을 둔 강력한 카리스마로 조직을 이끌어 천하통일의 초석을 다졌다. 오다 노부나가는 어느 날, 4만 대군의 공격을 받았다. 그의 병사는 4천 명에 지나지 않았다. 비상회의를 열었으나 참모들의 의견은 비관적이었다. 열 배나 되는 적에 맞서 싸우는 것은 무모하기 그지없는 일이니 모두 함께 자결하자는 의견이 지배적이었다.

그러나 그는 출정 명령을 내리고는 승리를 기원하는 기도를 올렸다. 신의 계시라도 받은 것처럼 흰 비둘기가 날아올랐다. 초조함과 두려움이 섞인 심정으로 대기하고 있던 병사들의 사기가 진작되었다. 신의 도움이 있으니 어쩌면 승리할 수도 있다는 분위기가 생겨난 것이었다. 적진을 향해 진군을 계속하던 도중 비가 내렸다. 그는 "빗소리 때문에 적은 우리의 기습을 눈치채지 못할 것이다. 하늘도 우리 편이다!"라고 말한 후, 공격명령을 내리고 그대로 적진으로 돌격해 갔다.

목숨을 아끼지 않는 리더의 모습에 병사들의 전의가 불타올랐다. 예기치 않은 급습에 적군들은 우왕좌왕했다. 적장의 목을 앞세운 오다 노부나가의 병사들은 해가 지기 전에 본진으로 돌아왔다. 열 배가 넘는 적 앞에서도 당황하지 않고 솔선수범해 적진으로 돌격한 그의 용기와 투지가 승리의 원동력이었다.

기회와 위기는 함께 찾아온다. 위험을 감수하지 않으면 기회는 찾아오지 않는다. 궁지에서 벗어나기 위해서는 위험을 감수해야 한다. 위험에 맞설 용기가 있어야 비로소 기회가 찾아오는 법이다.

우드로 윌슨은 "당신이 두 주먹을 불끈 쥐고 온다면 난 더 굳게 주먹을 쥘 것이다. 하지만 내게 '앉아서 천천히 이야기해 봅시다. 우리 생각이 다른 이유는 어디에 있을까요?'라고 말한다면 곧 우리 생각의 <u>차이점보다 공통점이 더 많은 것을 알게 될 것이다.</u>"라고 했다.

마음에 거리낌이 없는 사람은 무슨 일을 하든 떳떳하다. 어떤 사람은 가슴 속에 걸림돌을 묻어 두고 옮기지 않는다. 좀처럼 웃지 않고 어떤 것을 봐도 부정적으로 보는 사람도 있다. 스스로 떳떳하지 않으며 마음이 우울한 까닭이다. 자신의 마음이 투명하다면 그는 반드시 매우 즐거운 사람이다. 일을 처리할 때 떳떳하고 정당하면 다른 사람이 무슨 말을 해도 두려워하지 않는다. 자신이 한 일에 대해서 어떠한 원망이나 후회도 남겨서는 안 된다.

주위 사람을 진심으로 대하면 행복한 인생을 살 수 있다.

남에게 부끄러운 일을 했으면 항상 마음이 불안하고 양심의 가책을 받게 된다. 이렇게 평생을 보내는 것은 벌을 받는 것이나 다름없다. 마음에 거리낌이 없는 사람은 정성으로 남을 대하고 일을 할 때도 성실하다.

정정당당하게 살아야 한다. 순간의 이익 때문에 평생을 고통 속에서 보내는 어리석은 사람이 되지 말아야 한다. <u>자신에게 물어 부끄러움이 없다면 남이 무엇이라고 해도 아무 상관이 없다.</u>

잘못을 깨닫지 못하는 사람은 멋진 삶을 살 수 없다. 그들의 생각은 잘못된 상식이나 편견을 따른다. 그런 까닭에 세상을 바라보는 눈도 부정적이다. 그런 사람에게는 통찰력이나 지혜가 있을 수 없다. 그들은 그저 평범하게 평생을 보낼 뿐이며 어떠한 성공도 이룰 수 없다. 유연한 시선으로 세상을 바라보고 폭넓게 생각하는 사람이 되어야 한다.

길가에 서성거리고 있는 노부인이 있었다. 그녀는 차를 몰고 가다가 타이어에 문제가 생겨 누군가의 도움을 바라고 있었다. 하지만 한 시간이 지나도록 한 사람도 차를 세우고 그녀를 도와주지 않았다. 그러던 중 그 광경을 보고 어떤 남자가 자신의 차에서 내려 서서히 다가갔다. 그러나 그녀는 남자의 초라한 모습을 보고 그를 경계했다.

남자는 노부인이 자신을 무서워하고 있음을 알아차리고는 걸음을 멈추었다. 그러고 나서 천천히 노부인에게 다가가 말했다. "저는 부인을 도와드리려는 것입니다. 안심하세요. 부인, 차에 무슨 문제가 있나요?" 남자는 차 밑으로 기어들어가 살펴보며 몇 번인가 차 밑을 들락날락했다.

잠시 후, 그가 마지막 나사를 조이자 부인은 그제야 마음을 놓고 남자에게 보답을 하고 싶다며 그에게 얼마를 원하느냐고 물었다. 남자가 말했다. "만약 부인이 저에게 정말 고맙다고 생각한다면 다음에 <u>누군가 부인의 도움이 필요한 사람</u>을 만났을 때 그 사람을 아낌없이 도와주세요."

세상에서 가장 무서운 것은 절망이다. 물질, 지식, 기술 문제로 고민하고 있으나 실제는 의식과 가치관의 문제에 시달리고 있다. 바른 가치관을 세우면 절망이 사라지고 희망과 행복을 경험하게 될 것이다.

샤를 드골이 알제리를 방문했다. 독립을 열망하고 있던 알제리는 프랑스와 언제 충돌할지 모르는 상황이었다. 서로 대치하고 있던 유럽인들과 아랍인들이 엄청나게 모여들었다. 드골은 마이크를 잡았다. 그리고 단지 한마디만 했다. "저는 여러분을 이해합니다!" 군중은 환호성을 지르며 좋아했다. 기독교인들과 이슬람교도들이 함께 감사의 눈물을 흘렸다. "드골이 우리를 이해한다잖아. 됐잖아. 뭐가 더 필요해!" 군중은 그 한 마디에 모두 감격을 한 것이다.

적을 인정하라. <u>적을 무시하거나 차서 떨어뜨리려고</u> 할수록 평판만 나빠진다. 운명이 걸려 있을 때 정정당당하게 맞서 싸워야 한다.

마틴 루서 킹은 백인 우월주의자들과의 투쟁에서 전략적인 면을 매우 중시했다. 그는 비폭력주의를 주장했으나 가끔 시위가 유형 충돌로 번지는 경우가 있었다. 그는 두 번이나 체포되고 세 차례나 옥고를 치렀다. 그는 투쟁을 전개할 때마다 정부 당국이 민감한 반응을 보일만 한 장소를 택했다. 경찰들이 맨주먹의 무고한 군중을 강제 진압하고 경찰견이 여인네와 아이들을 물어뜯는 장면이

텔레비전 화면에서 생생하게 방송될 때 이를 목격한 시청자들이 어떠한 반응을 보일지에 대해 그는 너무나 잘 알고 있었다. 그의 짐작대로 정부의 강제진압은 사회여론을 들끓게 했으며 결국 투쟁은 성공하였다.

그는 "증오는 삶을 마비시키지만 사랑은 삶에 생기를 불어넣어 준다. 증오는 삶을 혼란스럽게 어지럽히지만 사랑은 삶을 화목하게 변화시킨다. 증오는 삶에 어두운 그늘을 드리우게 하지만 사랑은 삶에 빛을 비추어 준다. 일찍이 억압하는 자가 자유라는 은혜를 베풀어준 적은 한 번도 없었다. 자유는 억압받는 자가 주도적으로 나서서 쟁취해야 한다. 죄악을 소극적으로 받아들이는 사람은 다른 이가 범죄를 저지르도록 도와주는 사람과 다를 게 없다. 죄악을 접하고도 반대하지 않는다면 나쁜 무리에게 물들 가능성이 매우 크다. 나는 계곡이 모두 메워지고 높이 솟은 고원들이 평평해지는 날이 올 것이라고 상상한다. 그러면 울퉁불퉁한 길은 평평해질 것이고 험난한 지형은 훤히 트일 것이다. 만일 그대가 아직 뭔가 자신을 헌신할 만한 것을 발견하지 못했다면 진정한 삶을 살고 있다고 볼 수 없다."라고 했다.

그는 25만 명의 흑인 시위대를 이끌고 취업보장과 자유 쟁취를 위한 평화 행진을 벌였다. 당시 그는 링컨기념관 앞에서 유명한 〈나에게는 꿈이 있습니다〉라는 연설을 남겼다. 이 연설에는 인간평등의 꿈을 실현하고자 하는 그의 애절한 마음이 잘 나타나 있었다.

마틴 루서 킹은 평화를 위한 투쟁으로 전 세계 유색인종에게 바람직한 본보기를 수립했다는 공로를 인정받아 1964년 노벨평화상을 수상했다. 그의 이런 영웅적 행동은 대학시절, 비폭력 저항주의를 제창하는 간디의 사상에 매료되어 위대한 성공을 이루게 된 것이었다.

39
열정을 뜨겁게
달구어라

알프레트 아들러는 "인간의 가장 놀라운 특성은 마이너스를 플러스로 바꾸는 힘이다."라고 했다.

밀턴은 시각장애우였기 때문에 『실낙원』을 쓸 수 있었다. 베토벤은 청각장애우였기 때문에 뛰어난 작곡을 할 수 있었다. 찰스 다윈은 "만일 내가 심한 병약자가 아니었다면 그처럼 많은 일을 성취할 수 없었을지도 모른다."라고 했다.

행운을 끌어들이는 사람은 철사처럼 굵은 끈을 끌어내어 아픔을 견디며 피가 나도록 잡아당기는 노력을 하는 사람이다. 실패해도 자신의 잘못으로 인정하며 더욱 노력하는 사람이다.

그러나 불운을 끌어들이는 사람은 운명에서 부드러운 끈을 잡아당기고 있어 손바닥에 상처가 나지 않는다. 실패하면 주변사람과 운명을 원망한다. 자신의 잘못으로 돌리는가 아니면 남의 잘못으로 돌리는가에 따라서 성공한 사람과 실패한 사람이 구분된다.

항상 자신은 운이 좋다고 믿고 무엇이든지 행동으로 옮기는 사람이 되어야한다. 성공한 사람은 행운을 만나든 불행을 당하든 극단적인 행동을 취하지 않는다. 성공했다고 해서 함부로 기뻐 날뛰거나 하지 않으며 실패했다고 해서 그대로 좌절하거나 하지 않는다.

위험은 특별히 피하려 하지 않으나 즐겨 구하지도 않는다. 이는 마음에 거리끼는 것이 아무것도 없기 때문이다. 말을 할 때는 천천히 이야기하며 필요하다고 생각될 때는 숨김없이 대담하게 발표한다. 남의 장점 역시 순수하게 인정한다. 모욕을 당하더라도 무시하거나 아무 말을 하지 않는다. 자신이 칭찬을 듣거나 남이 상처받는 것을 좋아하지 않기 때문이다. 하찮은 일로 금방 야단스럽게 설쳐대지도 않는다.

반대로 어리석은 사람은 남을 칭찬하는 데도 인색하다. 약한 자나 무방비 상태에 놓인 사람에게는 발길질을 해댄다. 부정한 방법으로 높은 자리에 오른 경우, 그러한 경향이 더욱 심하다. 그들은 인간미가 없으며 거만하고 방자한 태도를 보이며 무엇을 하든 오만한 모습을 보인다.

결국, 무엇을 하든 그것을 행하는 태도와 방법이 중요한 것이다. 관대한 마음으로부터 나온 행위는 친절하게 받아들여지지만, 마지못해 하는 행위는 보기에 너무 민망하다. 가득 찬 그릇은 소리를 내지 않는다. 비어있는 그릇이 요란한 소리를 내는 법이다.

지혜로운 사람은 가만히 있어도 저절로 빛이 난다. 사향을 담은 주머니는 열지 않아도 향기가 흘러나온다. 스스로 영웅을 자처하는 사람일수록 아무 성과를 남기지 못한다. 많은 사람이 영웅을 자처하고 있지만 실패하는 것은 인정받을 수 있는 공적이 없기 때문이다.

로맹 롤랑은 "가장 위대한 사람은 강인한 인격 속에서 다양한 인류 영혼의 재산을 소유한 사람이다. 창조만이 진정한 기쁨이며 창조된 생명만이 진정한 생명이다. 나머지는 모두 생명과 무관하게 표류하는 그림자일 뿐이다. 창조는 인생이 갖는 유일한 즐거움이다. 사랑, 천재, 행동 모두가 창조라는 열정의 불꽃에서 분출된 것이다. 가장 지혜롭고 위대한 사람은 전 인류의 정신에 흩어져 있고 감추어져 있는 보물들을 끌어모아 건강한 인격으로 융합시키는 방법을 아는 사람이다."라고 했다.

한 영국 군함의 함장이 두려움을 극복하는 방법에 대해 이렇게 말했다. "사람은 두려워도 전혀 두렵지 않은 것처럼 가장할 수 있으며 시간이 지나면 가장하던 것이 어느새 진실한 모습으로 바뀌게 된다."

담배를 끊게 하고 싶은 사람이 있다면 담배가 해롭다는 것을 인식시키는 광고를 보여주라. 한 개비의 담배에서 니코틴을 뽑아 닭다리에 투여하였더니 몇 분 지나지 않아 닭의 부리에서 피가 흐르기 시작했고 닭은 죽어 갔다고 한다. 매일 아니면 일주일에 몇 번이라도 그러한 영상물을 보여주게 되면 광고 속의 폐가 붓고 썩어가는 영상이 자꾸 떠올라 어느 시점에 가서 고민하게 되고 결국에는 금연을 결심하게 된다. 때에 맞춰 담배 때문에 고생하는 사람들의 솔직한 충고의 목소리도 들려주라. 사랑하는 사람을 위해서 깜짝 이벤트를 준비해 충격요법을 주는 것도 좋다. 그는 담배를 피우지 않을 것이고 담배 냄새도 방안에서 사라질 것이다.

자제심이 가장 분명하게 나타나는 것은 성실한 삶 속에서이다. 자기희생의 미덕이 없으면 방종한 욕망의 노예가 될 뿐만 아니라 자신과 아주 비슷한 사람의 포로가 된다. 누구의 흉내를 내거나 자신도 그와 같은 수준이 되어버린다.

자신의 수입은 생각하지 않고 허세를 부리고 돈을 마구 뿌려댄다. 주위 사람들이 하는 일에 사사건건 참여하며 그것을 그만둘 용기도 갖지 못한다. 그들은 마침내는 옴짝달싹하지 못할 상황에 빠지게 된다. 우유부단한 성격, 독립성의 결여가 모든 원인이 된 것이다.

현명한 사람은 자신의 거짓된 모습을 단호히 거부한다. 가진 것도 없으면서 부자처럼 행세하거나 하려고 하지 않는다. 부정한 방법으로 돈을 벌려고도 하지 않으며, 자신의 수입 범위 내에서 성실하게 살아간다. 인간의 탐욕은 스스로 무덤을 파게 한다. 반대로 탐욕을 버리면 위험에서도 벗어날 수 있다.

누구든 욕심이 지나치면 마음이 비뚤어지고 결국 탐욕에 얽매여 본래의 의도와 전혀 상관없이 일을 처리하게 된다. 이렇게 되면 일을 그르치는 것은 물론 큰 화가 미칠 수도 있다.

그러므로 우리는 반드시 탐욕을 버려야 한다. 사치와 과도하게 풍족한 생활을 하지 말고 자신의 처지에 맞게 행동해야 한다. 우리는 탐욕을 버려야 물질에 지배당하지 않고 스스로 자신의 감정을 절제할 수 있다. 내면의 정신수양에 힘쓰면 끝없는 탐욕을 버리고 고상한 인품을 가질 수 있으며 지혜를 키울 수 있다.

재물이 귀중한 것은 우리가 바라고 욕심내는 재물 그 자체 때문이 아니라 우리 자신이 그것을 간절히 바라기 때문이다. 돈 버는 것을 최고의 목표로 삼는 사람은 자신도 모르는 사이 그들의 생명과 영혼을 부자들이나 금전을 대표하는 단체에 팔아넘기게 된다. 노동의 대가 없이 손에 넣은 물건은 진정한 수확이라 할 수 없다. 희생을 치르고 얻은 것만이 진정한 소유물이 될 수 있다. 지나친 탐욕을 버리고 노력의 대가로 얻어진 결실이야말로 정말로 값진 보물이다.

헤밍웨이는 "태양은 또다시 떠오른다. 태양은 저녁이 되면 석양이 물든 지평선으로 지고 아침에 되면 다시 떠오른다. 태양은 결코 이 세상을 어둠이 지배하도록 놔두지 않는다. 태양은 밝음을 주고 생명을 주고 따스함을 준다. 태양이 있는 한 절망하지 않아도 된다. 희망이 곧 태양이다."라고 했다.

물과 불이 땅속에서 만났다. 그들은 서로 부딪히면서 고통스러워했다. 물은 너무 뜨거워서 참기 어려웠다. 반대로 불은 너무 차가워서 견디기 힘들었다. 물줄기와 불줄기가 뒤엉키면서 소동이 벌어졌다. 서로 지지 않겠다고 옥신각신하며 야단법석이었다.

그런데 갑자기 불줄기는 기운이 빠지는 듯하더니 온몸이 부드러워지는 걸 느꼈다. 물줄기도 불을 만나 뒤엉키면서 어느새 차갑던 자신의 온몸이 따뜻해지는 걸 느꼈다.

얼마 후, 불과 만나 뜨거워진 물이 땅속에서 솟아나기 시작했다. 하얀 김이 무럭무럭 피어났다. 물과 불은 땅속의 어둠을 벗어나 밝은 세상을 보게 되었던 것이다. 그 후 몸을 다친 노루가 찾아와 몸을 담그고 갔다. 놀랍게도 노루의 상처가 아물게 되었다. 노루는 고맙다는 인사를 하고 돌아갔다. 물과 불은 비로소 지난날 서로 다툰 일이 부끄러워졌다. 그 둘은 서로 꼭 껴안으며 따스한 온기를 오래오래 간직하였다. 물줄기와 불줄기가 만나 서로 뒤엉키는 고통을 겪고 치유의 생명수인 온천이 만들어지게 된 것이다.

아널드 폭스는 "나는 환자들에게 과거의 부정적인 생각을 극복할 최고의 방법은 열정, 믿음, 사랑, 용서, 끈기의 명령들을 활용하는 것이라 말한다. 매일 하루 다섯 번씩, 매끼 식사 전 그리고 오후 중반과 잠자리에 들기 전에 이 명령을 영적으로 주입하라고 말한다. 명령들을 읽으면서 마음의 문으로 그것들을 보고, 온 마음을 다해 그것들을 느끼라고 지시한다. 열정을 위해 '나는 오늘 아주 열정적이며, 내가 만난 모든 이들에게 열정적으로 행동한다.' 사랑을 위해 '나는 나 자신과 모든 인간에게 강한 사랑을 느낀다. 나는 모든 이를, 심지어 나와 나쁜 이들까지도 존경하고 사랑한다. 죄는 미워할지라도 죄인은 사랑할 것이다. 나는 나의 최고권능자이신 하나님을 사랑한다. 나는 내 앞길이 더욱 수월해지도록 길을 닦아준 모든 선조를 존경하고 사랑한다. 나는 오늘을 이토록 달콤하게 만들어준 이들을 사랑한다.' 믿음을 위해 '나는 정상을 향해 행진하면서 극복하기 어려운 장애들을 이겨내고 발생하는 모든 새롭고 흥미롭고 도전적인 경험에 쉽게 대처할 수 있다고 강하게 믿는다.' 용서를 위해 '나는 나도 모르게 행한 나의 잘못들을 용서한다. 또 잘못을 저질렀다 해도 그것을 되돌리기 위해 최대의 노력을 다하고 자신을 용서할 것이다. 다른 모든 이들이 내게 저지른 실수와 나쁜 짓들을 용서한다.' 끈기를 위해 '끈질기게 매달리는 능력을 내 신조로 삼고 내가 시작하는 모든 일을 인내하여 끝까지 해낼 것이다. 나는 모든 이들을 다정하고 친절하게 대할 것이다. 그것이 옳은 일이기 때문이다.' 나는 이제 자유롭다!"라고 했다.

40
희망의 문을
향해 걸어라

핑계를 대지 말라. 핑계는 실패나 실수의 책임을 지지 않으려는 비겁함에서 나오는 것이다. 실패에 좌절하지 말고 희망의 문을 찾아 나서라. 희망의 문을 만들어서 걸어가다 보면 저 멀리서 성공의 그림자가 나를 반겨 줄 것이다.

신발회사 직원 2명이 시장을 개척하기 위해 아프리카에 도착했다. 현지인들은 그들의 예상과 아주 다른 모습이었다. 아프리카 사람들은 아예 신발을 신지 않았다. 눈이 오나 비가 오나 일 년 내내 맨발로 다녔다. 한 사람은 "이 나라에는 시장이 없군. 사람들이 신발을 아예 신지 않잖아."라고 불평을 했다. 그러나 다른 사람은 이렇게 말했다. "정말 거대한 시장이로군. 신발을 신은 사람이 단 한 명도 없다니!"

모든 문제는 자기 자신에서부터 생겨나고 있다. 당신은 세상이 짊어지고 있는 곤란한 문제를 크게 만들 수도 있으며, 그것을 해결하기 위해 도움이 되어 줄 수도 있다. 당신은 전혀 무력하지도 않다. 적어도 자신의 힘으로 <u>자기 주변의 세계는 바꾸어 나가는 힘</u>이 당신 안에 존재한다.

세네카는 "운명의 장난은 재물을 빼앗아 갈 수는 있지만, 마음의 용기까지는 빼앗아 가지 못한다."라고 했다. 그는 고대 로마 스토아학파 철학자이며 유명한 변론가였다.

세네카는 네로 황제의 교사, 집정관이 되었다. 네로의 폭정으로 은퇴하고 저술에 전념하였다. 그 후 네로에게 의심받아 자살하였다. 그는 운명에 대해서 여러 가지 말을 남겼다. "인생의 참된 재산은 무엇보다 용기이다. 용기가 있는 한은 실패 앞에서 탄식하지 않고 운명을 박차며 나갈 수 있다. 탄식만 한다고 엎질러진 물이 다시 그릇에 담기지는 않는다. 인생에서 가장 쓸데없는 게 바로 탄식이다. 무엇을 얻을까 하고 주위를 두리번거리기 전에 먼저 탄식을 버려라. 그러면 앞이 환하게 트일 것이다. 운명을 이기는 길은 먼저 자기를 누르고 자신을 아끼는 데 있다. 운명이란 외부에서 오는 것 같지만 알고 보면 자기 자신의 약한 마음과 게으른 마음, 성급한 버릇 따위가 결국 나쁜 운명을 만든다. 어진 마음, 부지런한 습관, 봉사하는 마음은 좋은 운명을 만드는 열쇠이다. 운명은 용기 있는 자 앞에서는 약하고 비겁자에게는 강하다."라고 했다.

세상을 올바르게 살아가기 위해서는 굳은 지조와 용기를 가져야 한다. 의지가 박약한 사람은 아무 일도 할 수 없다. 위대한 정신을 가진 정력적인 사람의 일생은 세상을 비추는 빛의 궤적과도 같다. 그러한 사람들의 사상이나 정신, 용기는 자손 대대로 계승되어서 사람들에게 감동을 안겨 준다.

열정적인 기적을 낳는 것은 활력이다. 활력은 인격의 원천이며 자신의 행동을 떠받쳐주고 있다. 강한 의지를 지닌 사람은 눈앞의 수많은 적에게 절대로 굴복하는 일이 없다. 이루어낼 수 있다는 믿음으로써 수많은 역경을 헤쳐나간다. 늠름한 용기는 곧바로 다른 사람들에게 전염된다. 불굴의 용기를 지니고 있으면 비록 반대에 부딪히더라도 좌절하거나 물러서지 않는다.

미켈란젤로는 "세상이 부여하는 보증 따위는 그 대부분이 허망한 한때의 꿈에 지나지 않는다. 자신의 힘을 믿고 가치 있는 인간이 되려고 노력하는 것이 가장 안전한 길이라는 것을 나 자신도 절실하게 느끼고 있다."라고 했다.

속도의 시대이다. 빨라야 살아남는 경쟁의 시대이다. 남보다 더 열심히 일하지 않으면 낙오자가 된다. 그러나 속도와 경쟁만이 능사는 아니다. 틈틈이 휴식의 시간을 만들어낼 줄 알아야 어느 날 갑자기 멈춰서는 위기를 막을 수 있다. 세상은 당신의 정체, 과거 전적에는 관심이 없다. 언제 어디에 살든 당신을 노린다. 멍하니 앉아 있다가 속수무책으로 당하지 말라.

판세를 읽어라. 빈틈을 발견하고 패턴을 분석한 다음, 즉시 행동하라. 시시각각 진화하라. 현상유지는 실패로 가는 지름길이다. 용기, 집중력, 불굴의 의지를 갖고 속도전에 임하라. 직관, 대담성, 시행착오에 대한 보상으로 효율성을 얻게 될 것이다.

무엇이든 일단 시작하라. 점점 나아지면 된다. 고객의 마음을 움직이고 도움을 주라. 고객과의 의미 있는 연결고리를 만들어라. 신속하게 대처하려면 몸집을 줄이고 간소화하라. 인내심과 절제는 필수요건이다. 중요한 세부사항에 집중하여 끊임없이 가다듬고 고쳐라. 심플한 해결책을 찾아라. 변명의 여지는 처음부터 만들지 말라.

기업이 살아남기 위해서는 신속한 의사결정 구조가 필요하다. 혁신적인 아이디어를 원한다면 중대한 결정의 순간에 두둑한 배짱이 필요하다. 상상력과 호기심으로 무장한 채 맹렬히 전진하라. 옳다고 생각하는 일을 언제나 진심을 다해 실천하라. 우주에서 가장 강력한 힘은 상상력이다.

와인은 기원전 4,000년경, 고대 페르시아에서 우연히 탄생했다. 어느 날 왕이 제철이 아닐 때도 언제나 포도를 먹겠다고 단지 안에 포도를 보관하게 했다. 포도 생각이 간절해진 겨울날 왕은 포도단지를 열었다. 그러나 포도는 상해 있었다. 왕은 '독약'이라는 표시를 하고 단지를 봉해 버렸다. 보관한 창고에 드나들던 하녀가 있었다. 그녀는 두통으로 큰 고생을 하고 있었는데 독약이라는 표시의 단지를 발견하였다. 하녀는 두통에 시달리느니 차라리 죽는 게 낫다 생각하고 그것을 마셨지만 오히려 몸과 마음이 편안해졌다. 왕은 그 사실을 알게 되었고 포도주를 시음했다. 그 이후부터 와인을 마시게 되었다.

술은 삶의 활력소다. 많이 마시면 몸에 좋지 않지만 적당하게 마시는 것은 건강에도 좋고 인간관계도 원활하게 해준다. 음식을 먹고 마시는 것은 건강한 사람에게 크나큰 즐거움이다. 먹는 것을 즐기지 못하는 사람은 어떤 종류의 향락이나 유용함도 받아들일 수 없는 사람이라는 말이 있다.

어떠한 상황을 만나더라도 설사 하늘이 무너져 내린다 해도 두려움 없는 어조와 변함없는 냉정한 태도를 지녀야 한다. 그것이 근거 없는 것이든 두려운 것이든 언제나 자신이 서술한 내용에 대해 한 치의 의심도 없어야 한다. 신념 그 자체보다 더 설득력 있는 것은 없다.

열 살의 흑인 소녀가 부모님과 함께 백악관을 구경하고 있었다. 백악관 주위를 서성이며 건물을 살피던 소녀가 말했다. "아빠, 제가 저 안으로 들어가지 못하고 이렇게 밖에서 백악관의 겉모습만 구경해야 하는 건 피부색 때문이죠? 하지만 두고 보세요. 저는 반드시 백악관 안으로 들어갈 거예요."

25년 후, 소녀의 예언은 그대로 적중했다. 그녀는 소비에트 체제가 붕괴되고 독일이 통일되던 시기에 미국 대외 정책을 주도하는 백악관 수석 보좌관으로 근무하게 되었다. 그리고 11년 후에는 국가 안보 보좌관으로 백악관에서 근무하였으며, 그 후 미국 국무장관을 지냈다. 흑인 소녀의 이름은 콘돌리자 라이스이다.

인간의 길흉화복은 하늘에 의해 결정되는 것이 아니라 자신이 무엇을 어떻게 하느냐에 달려 있다.

한 농부가 우연히 매 알을 주웠다. 농부는 매 알을 집으로 가져가 닭장 안에 있는 계란 사이에 두었다. 얼마 후 이 알에서 새끼 매가 태어났다. 무럭무럭 자라 어른이 된 매의 행동은 다른 닭들과 똑같았다. 닭처럼 꽥꽥 소리 지르고 가끔 날개를 파닥거리며 공중을 향해 뛰어오르지만, 닭처럼 얼마 날지 못하고 떨어졌다.

그리고 닭처럼 땅에 떨어진 곡식 낟알이나 곤충을 잡아먹었다. 어느 날 매는 고개를 들어 하늘을 바라보다가 높은 하늘 위에서 큰 원을 그리며 날고 있는 매를 발견했다.

매가 구름 사이를 뚫고 날아다니는 것을 보며 부러운 듯 옆에 있는 닭에게 물었다. "저게 무슨 새니?" 그러자 닭은 그것도 모르느냐며 큰 소리로 말했다. "저건 바로 매야. 세상에서 가장 훌륭한 새지."

"정말 대단해. 나도 매처럼 되고 싶어!" 그리자 닭이 한심한 표성으로 이렇게 말했다. "꿈 깨. 우리 닭은 매하고는 근본적으로 달라!"

환경의 지배를 받는 것은 사람이나 동식물이나 다 마찬가지다. 열악한 환경 속에서 놀라운 능력을 발휘하는 사람이 세상에는 많이 있다. 사람의 능력에는 한계가 있다. 그러나 이 점을 간과하고 허세를 부리며 굳이 어려운 임무를 맡으려 한다면 공연히 힘만 낭비할 뿐 절대 좋은 결과를 얻을 수 없다. 능력에 맞지 않는 행동이란, 능력이 부족한데 어려운 일을 맡으려 하거나, 자신의 힘이 미치지 않는 일에 도전하거나, 자신이 할 수 없는 부탁을 받았을 때 무턱대고 수락하거나, 능력이 미치지 않는 높은 자리에 오르는 것을 의미한다.

이것은 모두 자신의 능력 범위를 벗어난 행동으로 작게는 자신을 망치고 크게는 다른 사람과 사회에 손해를 끼칠 수 있다. 어떤 일이든 반드시 자신의 능력에 맞게 행동해야 한다. 절대 미약한 능력으로 과중한 임무를 맡으려 하지 말라. 이것은 스스로 불행을 자초하는 일이 된다.

에필로그

왜 성공하지 못할까

"정신없이 일하는 대신 가끔 넥타이를 풀고 책상에 편히 발을 올리고 이렇게 자문하라. 더 많은 돈을 벌기 위해 내가 할 수 있는 일은 무엇인가?" 록펠러의 말이다.

자신에게 질문을 던지고 어떻게 하면 자기가 하는 일에 성과를 낼 수 있는지 끊임없이 생각하고 공부하고 연구해야 한다. 왜 성공하지 못할까? 정답은 자신이 하는 일이 재미가 없어서이다.

많은 사람이 자기가 하는 일을 좋아하지 않기 때문에 몰입할 수 없다. 성공한 사람들은 주어진 일에 집중하고 열심히 일하다 보니 그 일이 좋아졌고, 그래서 성공하게 된 것이다.

하고 싶은 일은 무엇인가? 그 일을 하지 못하면 안 되는 이유는 있는가? 그일을 위해 하루 몇 시간이나 생각하고 있는가? 매일 시간을 정해서 자기 일을 더 잘하는 방법을 찾아보자. 항상 기록하고 분석하고 세밀하게 검토하라.

공부를 잘하고 싶으면 1등 하는 친구를 가까이해야 하고, 부자가 되고 싶으면 성공한 사람과 어울려야 한다. 이루고 싶은 꿈에 대한 생각의 끈을 놓지 않고 하루하루 실천하다 보면 언젠가는 성공할 수 있을 것이다.

날마다 실천해야 할 목표는 무엇인가? 목표 달성을 위해 작은 일을 매일 꾸준하게 하는 것은 위대한 성공으로 가는 길이다. 10년 후를 위해 지금 당장 해야 할 일은 무엇인가?

당장에라도 시작할 수 있는 작은 일 한 가지를 찾아보자. 그리고 그 작은 일을 지금 당장 실천해보자. 매일 한 가지씩 실천하다 보면 어느 날 자신도 몰라보게 성장한 자신의 모습을 보게 될 것이다.

작은 성공은 큰 성공을 불러오고, 성공경험들이 쌓이다 보면 지금까지는 상상하지 못한 큰 성과를 거두게 된다. 작은 일 한 가지씩이라도 꾸준히 실천하다 보면 언젠가는 자신도 놀랄 정도의 엄청난 큰일을 거둘 수 있다. 우리는 날마다 더 나은 삶을 계획하고 실행에 옮기고 결과를 얻기 위해 온갖 노력을 기울인다.

자신의 삶을 성장시키고 사람들을 감동하게 하고 세상을 바꾸는 데 과연 내가 할 수 있는 일은 무엇인가?

참고문헌

1 『나를 위한 습관』 맹한승, 이너북, 2016년

2 『내 편이 아니라도 적을 만들지 마라』 스샤오옌, 다인, 2012년

3 『Passion 백만불짜리 열정』 이태욱, 랜덤하우스, 2007년

4 『쿠션』 조신영, 비전과리더십, 2008년

5 『인생의 고비에서 망설이게 되는 것들』 이영만, 페이퍼로드, 2011년

6 『가슴 뛰는 삶』 강헌구, 쌤앤파커스, 2008년

7 『꿈꾸는 다락방 2 실천편』 이지성, 국일미디어, 2008년

8 『멘토』 스펜서 존슨, 비즈니스북스, 2007년

9 『경청』 조신영, 위즈덤하우스, 2007년

10 『공병호의 인생강독』 공병호, 21세기북스, 2010년

11 『떨어진 사과를 팔아라!』 하코다 다다아키, 미들하우스, 2008년

12 『부의 잠언』 리처드 템플러, 세종서적, 2014년

13 『10미터만 더 뛰어라』 김영식, 중앙북스, 2008년

14 『자신감』 안상헌, 경향미디어, 2008년

15 『4시간』 티모시 페리스, 부키, 2008년

16 『하버드의 사생활』 장바오원, 라의눈, 2016년

17 『음식이 정치다』 송영애, 채륜서, 2016년

18 『굿니스』 샤리 애리슨, 덴스토리(DENSTORY), 2016년

19 『상대적이며 절대적인 인간관계 지식특강』 카도 아키오, 황금부엉이, 2016년

제9요일
이봉호 지음 | 280쪽 | 15,000원

4차원 문화중독자의 창조에너지 발산법 천 개의 창조에너지가 비수처럼 숨어 있는 책! 창조능력을 끌어올리는 세상에서 가장 쉬운 방법이 소개되어 있다. 음악, 영화, 미술, 도서, 공연 등의 문화콘텐츠로 우리 삶뿐 아니라 업무능력까지 향상시키는 특급비결을 일러준다.

광화문역에는 좀비가 산다
이봉호 지음 | 240쪽 | 15,000원

4차원 문화중독자의 좀비사회 탈출법 대한민국의 현주소는 탈진사회 1번지! 천편일률적인 탈진사회의 감옥으로부터 손쉽게 탈출하는 방법을 담고 있다. 무한속도와 무한자본, 무한경쟁에 함몰된 채 주도권을 제도와 규율 속에 저당 잡힌 이들의 심장을 향해 날카로운 일침을 날린다.

나는 독신이다
이봉호 지음 | 260쪽 | 15,000원

자유로운 영혼의 독신자들, 독신에 반대하다! 자기만의 행복한 삶을 창조한 독신남녀 28人을 소개한다. 외로움과 사회의 터울 속에서 평생을 씨름하면서도 유명한 작품과 뒷이야기를 남긴 그들의 스토리는 우리의 심장을 울린다.

H502 이야기
박수진 지음 | 284쪽 | 15,000원

어떻게 하면 살아남을 수 있을까? 낙오하는 즉시 까마귀밥이 되는 끔찍한 삶을 사는 장수풍뎅이들. 매일 살벌한 싸움을 할 수밖에 없는 상자 속은 마치 인간사회의 단면 같다. 주인공인 H502 장수풍뎅이는 그 안에서 피나는 노력 끝에 능력과 힘을 키우며 점점 강해지고 단단해지는 법을 익힌다. 그러던 어느 날 상자 밖으로 탈출할 절호의 기회가 찾아오는데 과연….

나쁜 생각
이봉호 지음 | 268쪽 | 15,000원

4차원 문화중독자의 세상 훔쳐보는 방법 컬처홀릭의 작지만 발칙한 중독일기 41 . 미련하게도 인간 스스로 자유와 행복을 구속하기에 복잡다단한 삶 속에서 중독의 지배를 받는다. 악성중독균과 쓸 만한 중독균을 비교분석해 당신의 미래를 꿈꾸게 하고 삶을 지탱하는 힘을 줄 것이다.

그는 대한민국의 과학자입니다
노광준 지음 | 616쪽 | 20,000원

황우석 미스터리 10년 취재기 세계를 발칵 뒤집은 황우석 사건의 실체와 그 후 황 박사의 행보에 대한 기록. 10년간 연구를 둘러싸고 처절하게 전개된 법정취재, 연구인터뷰, 줄기세포의 진실과 기술력의 실체, 죽은 개복제와 매머드복제 시도에 이르는 황 박사의 최근근황까지 빼곡히 적어놓았다.

대지사용권 완전정복
신창용 지음 | 508쪽 | 48,000원

고급경매, 판례독법의 모든 것! 대지사용권의 기본개념부터 유기적으로 얽힌 공유지분, 공유물분할, 법정지상권 및 관련실체법과 소송법의 모든 문제를 꼼꼼히 수록. 판례원문을 통한 주요판례 분석 및 해설, 하급심과 상고심 대법원 차이, 서면작성 및 제출방법, 민사소송법 총정리도 제공했다.

음악을 읽다 이봉호 지음 | 221쪽 | 15,000원

4차원 음악광의 전방위적인 음악도서 서평집 40 음악중독자의 음악 읽는 방법을 세세하게 소개한다. 40권의 책으로 '가요, 록, 재즈, 클래식' 문턱을 넘나들며, 음악의 신세계를 탐방한다. 신해철, 밥 딜런, 마일스 데이비스, 빌 에반스, 말러, 신중현, 이석원을 비롯한 수많은 국내외 뮤지션의 음악이야기가 담겨 있다.

남편의 반성문 김용원 지음 | 221쪽 | 15,000원

잘못된 결혼습관, 바로 잡을 수 있다! 일상을 들여다보고 잘못된 결혼관이 있다면 지금 당장 버려라. 부부의 이름으로 살다가 실패한 수백 쌍의 이혼사례로부터 얻은 '결혼생활을 지키기 위해 조심해야 할 행동유형 지침'을 공개했다. 알면 지킬 수 있고, 모르면 망치게 된다. 모든 남녀문제가 술술 풀린다.

몸여인 오미경 지음 | 서재화 감수 | 239쪽 | 14,800원

자녀와 함께 걷는 동의보감 길! 동의보감의 음양오행 시선으로 오장육부를 위화수목금토일, 7개의 요일로 나누어 몸여행을 떠난다. 몸 중에서도 오장(간, 심, 비, 폐, 신)과 육부(담, 소장, 위장, 대장, 방광, 삼초)가 마음과 어떻게 연결되고 작용하는지 오장육부와 인문학 여행으로 자세히 탐험한다.

대통령의 소풍 김용원 지음 | 205쪽 | 12,800원

노무현을 다시 만나다! 우리 시대를 위한 진혼곡 노무현 대통령을 모델로 삶과 죽음의 갈림길에 선 한 인간의 고뇌와 소회를 그렸다. 대통령 탄핵의 실체를 들여다보고 우리의 정치현실을 보면서 인간 노무현을 현재로 불러들인다. 작금의 현실과 가정을 들이대며 역사 비틀기와 작가적 상상력으로 탄생한 정치소설이다.

어떻게 할 것인가 김무식 지음 | 239쪽 | 12,800원

포기하지 않는 자들의 자문법 정상에 오르기 위해 스스로를 연마하고 자기와의 싸움에서 승리한 자들의 인생지침을 담았다. 절대로 포기하지 않고 끈질기게 도전하면서 할 수 있다는 자신감과 열정을 끌어올린 이들의 자문자답 노하우를 익힐 수 있다. 포기하지 않는 한 누구에게나 기회는 있다. 공부하고 인내하면서 기회를 낚아챌 준비를 하라. 당신에게도 신의 한 수는 남아 있다!

탈출 신창용 지음 | 221쪽 | 12,800원

존재의 조건을 찢는 자들 자본의 유령에 지배당하는 나라 '파스란'에서 신분이 지배하는 나라인 '로만'에 침투해, 로만의 절대신분인 관리가 되고자 진력하는 'M'. 하지만 현실은 그에게 등을 돌리고 그를 비롯한 인물들은 저마다 가진 존재의 조건으로부터 탈출하려고 온몸으로 발버둥치는데…. 그들은 과연 후세의 영광을 위한 존재로서 역사의 시간을 왔다가는 자들인가 아닌가…

이 책을 읽을
당신과 함께
하고 싶습니다!

이 책을 읽은
당신과 함께
하고 싶습니다!